浙江省普通本科高校"十四五"重点立项建设
21世纪高等学校国际经济与贸易系列规划教材

Special Topics in International
Trade Theory and Applications

国际贸易理论专题及应用

主　编　孙　林

副主编　丁小义　岑丽君

ZHEJIANG UNIVERSITY PRESS
浙江大学出版社
·杭州·

图书在版编目（CIP）数据

国际贸易理论专题及应用 / 孙林主编. -- 杭州 ：
浙江大学出版社，2024. 12. -- ISBN 978-7-308-25604
-9

Ⅰ. F740

中国国家版本馆 CIP 数据核字第 2024X8A962 号

国际贸易理论专题及应用

GUOJI MAOYI LILUN ZHUANTI JI YINGYONG

主　编　孙　林

副主编　丁小义　岑丽君

责任编辑	朱　玲
责任校对	傅宏梁
封面设计	春天书装
出版发行	浙江大学出版社
	（杭州市天目山路 148 号　邮政编码 310007）
	（网址：http://www.zjupress.com）
排　　版	杭州朝曦图文设计有限公司
印　　刷	杭州捷派印务有限公司
开　　本	787mm×1092mm　1/16
印　　张	13.75
字　　数	293 千
版 印 次	2024 年 12 月第 1 版　2024 年 12 月第 1 次印刷
书　　号	ISBN 978-7-308-25604-9
定　　价	49.00 元

前　言

改革开放 40 多年来,中国对外贸易取得了举世瞩目的成就。中国对外贸易货物总额比 1978 年增长了 200 余倍,出口位列全球第一,进口也排名全球第二。党的二十大报告强调了"推进高水平对外开放""加快建设贸易强国"。《区域全面经济伙伴关系协定》(RCEP)在 2022 年 1 月 1 日正式生效。如何理解和解释中国对外贸易和其中的独特现象,国内外学者做出了艰苦卓绝的探索,国际贸易理论也在蓬勃发展。当然,国际贸易理论的发展也进一步推动了中国对外贸易转型升级和贸易高质量发展。在教学中我们发现,在国际贸易经典前沿理论学习和应用理论解释中国对外贸易现象之间存在一个缺口,那就是缺少一本在梳理国际贸易经典理论基础上,聚焦经典文献,给刚接触理论学习的本科生和研究生予以指导的教材。这导致部分学生学习理论时感觉枯燥,理论学习和应用脱节,甚至一知半解。解决读者学习中的这些问题,正是本教材编写团队撰写本教材的初衷,期望通过我们的努力,通过优选国际贸易经典文献,聚焦国际贸易经典理论专题的现实应用,提高学生的阅读效率,促进学生对国际贸易前沿理论相关经典文献的理解,增加理论应用的实践成效,显著提升学生在阅读文献之后的获得感。

大约五年前,我和部分老师以及研究生一起,对国际贸易理论的经典文献进行了分类,展开从新贸易理论到多产品企业理论的经典文献研读,并将相关研究内容和心得编撰成读书报告,启动了国际贸易理论专题文献的选编工作。实施过程中,高年级本科生和研究生的反馈与实际效果都非常好。随着国家一流本科专业建设和课程建设的不断深入,对课程教学的质量要求不断提升,学生在学习中也需要一本能契合实际的教材,引导理论专题学习,于是我们开始编写这本教材。初稿在形成之后,于 2021 年和 2022 年在浙江工业大学国际经济与贸易专业本科生中试用,广泛征求学生的意见。在授课教师的指导下,同学们将他们使用中认为存在的问题详细认真地反馈给教材编写团队。经过多次讨论,教学编写组对教材内容进一步做了修订,以契合本科院校学生阅读经典国际贸易文献的需求。

经过反复斟酌,确定这本教材涵盖的内容包括新贸易理论及其应用、异质性企业与新新贸易理论、需求与国际贸易模式、全球价值链分工与测度、贸易与经济增长、贸易产品质量、区域贸易协定及效应、数字贸易规则与数字贸易出口。每章内容由导读、名词解释、正文节选、扩展与应用及扩展性阅读等几个主要部分构成。在每一章的"正文节选"

部分,我们都精选了一篇经典文献,并向出版方购买了论文的版权。此外,第 4 章和第 5 章的经典文献分别得到了世界贸易组织前首席经济学家库普曼(Koopman)教授和普林斯顿大学格罗斯曼(Grossman)教授的使用授权。

本书各章撰写者如下:

第 1 章,孙林(博士,浙江工业大学教授);

第 2 章,詹淼华(博士,浙江理工大学讲师);

第 3 章,孙林(博士,浙江工业大学教授);

第 4 章,丁小义(博士,浙江工业大学副教授);

第 5 章,王莉(博士,浙江工业大学副教授);

第 6 章,岑丽君(博士,浙江工业大学副教授);

第 7 章,杨莉(博士,浙江树人学院讲师);

第 8 章,吴杰(博士,浙江工业大学副教授)。

以上编写者都是各个学校的国际贸易专业教学科研骨干,理论水平高,实践应用能力强,每位作者都熟悉国际贸易学术前沿专题文献。同时,他们各自负责编写的内容都是其科研工作中最熟知和擅长的。考虑到每位作者的知识背景、学术偏好有一定的差异,在编写过程中编写团队进行了多次研讨和协商,最终的成稿在理论和应用比例上虽略有差别,但各章在风格和内容框架上还是保持了较好的一致性。在教材编写过程中,我指导的研究生李昫和吕雅洁花了大量的时间整理文字和相关文献,在此表示感谢。浙江大学出版社朱玲编辑为本书编校完善花费了大量时间,浙江工业大学程惠芳院长为本书的编写提出了很多建设性意见,同时资助了本书的出版,在此一并表示感谢。

本书无意于提供一个文献阅读的标准范式,但我们希望能够提供一个助力读者进一步深入阅读某个领域的专业学术文献的方法和工具,提高理论应用和实证分析的能力和水平。对书中存在的疏漏或者不当之处,甚至错误,请各位读者在使用中给我们反馈,我们将不忘初心,努力完善,以飨读者。

孙林

2024 年 5 月于浙江工业大学屏峰校区

目　录

图目录

表目录

1 新贸易理论及其应用

1.1 导读

随着时间的推移，一方面，传统的国际贸易理论已经不能很好地解释许多重要的贸易现象。例如，20世纪60年代后，世界贸易绝大部分是发生在偏好、技术和禀赋都比较相似的发达国家之间，而差异比较大的发达国家和发展中国家之间的贸易在世界贸易中的比重不断下降。另一方面，随着各国贸易限制的逐步放松和一体化进程的加快，国际贸易流量中，产业内贸易，即发生在属于同一产业类别中的双向贸易，已成为主流。

关于产业内贸易，早在20世纪60年代中期，一些经济学家就注意到并开始研究了。其中，Grubel和Lloyd(1975)提出了一种测量产业内贸易密集度的指标，简称G-L指数。两位学者根据测算的结果，将产业内贸易分为三种类型。第一类是消费上的替代性商品，即对消费者来说，这类商品替代性比较强，如化纤类服装与棉类服装。第二类是生产中投入系数相似的商品，即要素密集度比较相似的商品，如焦油与汽油。第三类是既具有消费替代性又具有技术类似性的商品。其中，第一类商品的产业内贸易早在20世纪60年代就由Linder(1961)提出的重叠需求理论①给予了解释。而对于单纯第二类商品的产业内贸易，有学者指出这并不与要素禀赋理论相冲突，它完全可以用修正后的要素禀赋理论来加以解释。但对于第三类商品的产业内贸易，格鲁贝尔(Grubel)和劳埃德(Lloyd)这两位经济学家则认为只有规模经济和产品差异化才能解释，而这又在一定程度上与传统的国际贸易理论相抵触，因而需要发展一种新的贸易理论来解决这一问题。

另外，产业组织理论的发展为国际贸易新理论的出现奠定了坚实的理论基础。事实上，早在斯密(Smith)关于"贸易扩大市场规模从而提高劳动生产率"的著名论断中，就已经提出了规模经济的思想。但后来随着新古典学派的兴起，规模经济思想由于与完

---

① 重叠需求理论(the overlapping demand theory)是从两国的需求结构与收入水平来研究相互之间贸易关系的理论。两个国家人均收入水平越是接近，彼此需求结构的重叠部分就越大，因而两国的贸易关系就越密切。国际贸易往往会在收入水平相当的国家间展开。

全竞争市场结构相对立,所以一直被排除在以竞争性均衡为核心的一般均衡理论之外。虽然古诺、张伯伦等经济学家在不完全竞争分析方面做出了巨大的贡献,但长期以来,不完全竞争分析一直被游离于主流经济学之外。

可以说,20世纪40年代兴起的产业组织理论填补了这方面的空白。简单地说,产业组织理论可看作是微观经济学中市场结构理论的一个后续发展,它主要以不完全竞争市场结构为考察对象,分析市场结构、厂商行为和市场绩效三者之间的因果关系。20世纪70年代中期,产业组织理论出现了一次大发展,特别是博弈论方法被引入产业组织理论之后,对于不完全竞争市场结构下针对寡头市场厂商行为的描述与研究取得了巨大的成功,大大丰富了经济学的理论基础。其中,针对水平差异产品的消费需求,迪克西特—斯蒂格利茨模型(Dixit-Stiglitz Model,简称 D-S 模型)假定产品市场是垄断竞争市场,运用"品种偏好模型"进行研究。他们认为,并非消费者偏好一个品种胜过另一个品种,而是消费者偏好尽可能多的品种,即"多多益善"。比如,如果一个消费者对于白色、黄色和蓝色的衬衫都喜欢,而不是对三者偏好有高低,那么这个消费者的偏好就是迪克西特—斯蒂格利茨偏好。实际上,现实中以上两种偏好都是存在的。新产业组织理论的兴起对经济学许多分支的发展都产生了巨大的推动作用,国际贸易领域自然也不例外。1978年,克鲁格曼(Krugman)在其麻省理工学院的博士毕业论文中,首次将迪克西特(Dixit)和斯蒂格利茨(Stiglitz)两人所共同提出的将产品差异化和内部规模经济考虑在内的垄断竞争模型推广到开放条件下,提出了一套全新的贸易理论即国际贸易新理论。该理论指出,规模经济是国际贸易产生的原因。它通过垄断竞争模型分析规模经济及产业内贸易,深入阐述了规模经济、不完全竞争市场结构与国际贸易之间的关系。2008年克鲁格曼因为提出该理论而获得诺贝尔经济学奖。

本章的目的在于引导学生从新贸易理论出发研究国际贸易,主要讨论规模经济和垄断竞争理论在国际贸易中的具体体现,节选了 Krugman(1979)这篇经典文献中的主要内容,从规模经济和垄断竞争角度解释进出口企业的生产和经营,以期为后续的学习与研究提供借鉴作用。

1.2　名词解释

(1)规模经济(economies of scale)

规模经济是指在一定的产量范围内,随着产量的增加,平均成本不断降低的事实。外部规模经济指的是单位产品成本取决于行业规模而不是单个厂商的规模。行业规模扩大引起该地区厂商的规模收益递增,会导致某种行业在同一地点大规模而高度集中,形成外部规模经济;内部规模经济则指的是单位产品成本取决于单个厂商的规模而不是其所在的行业规模。

（2）垄断竞争（monopolistic competition）

垄断竞争是不完全竞争市场结构（垄断竞争、寡头垄断、完全垄断）中的一种。垄断竞争是介于完全竞争和完全垄断之间的一种市场结构。这种结构下的市场既存在垄断，又存在竞争。这是一种很普遍的市场结构形式，其主要特征是：①市场上，一个行业中存在许多企业。②这些企业生产差异化产品，即它们虽然是同一类产品，但在产品的商标、包装、设计、质量、性能、声誉、服务、销售渠道等方面具有差别。一方面，由于产品具有不同特色，因此不具有完全替代性；另一方面，又因为它们具有相似之处，从而具有高度的可替代性。③企业所具有的市场势力的大小，取决于其产品与其他企业的产品相比是否具有很大的差别。产品差别越大，垄断程度就越高；产品差别越小，替代性越强，竞争程度就越高。每个企业既是垄断者，又是竞争者。④不存在企业进出市场的障碍。

（3）产业内贸易（intra industry trade）

产业内贸易是指在国际贸易活动中，不同国家之间就同一产业产品所进行的贸易。按照传统的贸易理论，各国分别生产各自具有比较优势的产品，并进行国际交换。而在现实的国际贸易活动中，发达国家之间的贸易是国际贸易的主体，同一产业内的产品贸易又在其中扮演了极其重要的角色。针对这一事实，克鲁格曼提出了新贸易理论，认为规模经济推动了产业内的贸易活动，且在国际贸易活动中比较优势发挥着更重要的作用。这进一步补充和发展了传统的贸易理论。此外，产业内贸易也与各国消费者对差异产品的追求或偏好有关。

（4）经济地理（economic geography）

近年来，经济学家对区际贸易和国际贸易、城市崛起及经济间的空间影响等现象建立模型加以研究，这种方法被称为经济地理。

20 世纪 90 年代以来，以克鲁格曼为代表的"新经济地理学"的兴起标志着"空间问题"正在成为主流经济学关注的核心问题。一方面，"新经济地理学"严格遵循新古典经济学基于理性人行为假设的均衡模型建造的方法论传统，是"新古典主义"传统的继续；但另一方面，"新经济地理学"充分吸收了 20 世纪 70 年代以来主流经济学在收益递增与外部经济、内生增长理论、新贸易理论等诸多方面的理论成果和建模技术，提出了一个同时包括收益递增、不完全竞争、运输成本和要素流动等内容的规范分析框架，从而在新经济学和地理学领域，激发了以"新古典经济学"为基础的"空间经济学"研究高潮。

（5）扩展边际（extensive margins）

扩展边际是指出口产品种类的增加或出口到新的出口市场。在企业层面也将进出口企业数量称为扩展边际。

1.3　正文节选

原文：Krugman P. Increasing returns，monopolistic competition，and international trade[J]. Journal of International Economics，1979，9(4)：469-479.

第一个同时用规模经济和不完全竞争分析当代国际贸易，并建立理论模型的经济学家是克鲁格曼。他的这篇论文是当代国际贸易理论发展史上一篇具有里程碑意义的论文，对国际贸易理论的发展具有深远影响。这篇论文假定劳动是唯一的生产要素，同时两国具有相同的 D-S 偏好和技术，厂商的生产具有边际成本递减的特性。它从劳动力增长、贸易和要素流动三个方面考察贸易引发的市场规模扩大对封闭条件下均衡的影响，得出即使国家之间不存在偏好、技术和要素禀赋的差异，规模经济也可作为解释贸易产生的原因并从中获利的结论。这篇论文所构造的模型精巧，简洁而流畅地揭示了以差异化产品和以规模经济为基础的产业内贸易产生的原因及其影响，是对占据半个多世纪的新古典贸易范式的冲击与革命，也从此奠定了克鲁格曼在新贸易理论发展中的地位。

1.3.1　理论基础与研究假设

克鲁格曼的理论模型中有两个与传统贸易理论不同的假设：一是企业具有内部规模经济。劳动力是唯一的生产要素，同时包含一个固定投入成本。从而，产品的平均成本会随着产量的增加而递减；二是假设市场结构是垄断竞争。同行业各个企业生产的产品不是同质的，而是具有替代性的差异化产品。产品的差异性保证了每个厂商在行业中都拥有一定的垄断地位。此外，每个企业都把其他企业的价格看作既定的，即在制定自己的价格政策时不考虑会影响其他企业的产品价格。

一条随产量增加而下降的平均成本曲线是一个代表性的垄断竞争企业具有规模递增的生产特性的关键假定。垄断竞争的市场结构并不限制企业的自由进入和退出，因此长期来看，垄断利润的存在会吸引新的进入者。这样一来，供给增多，价格下降，导致垄断竞争行业的垄断利润等于零。以行业总的市场规模为既定约束，克鲁格曼分析了导致垄断竞争行业长期均衡状态实现的两种关系：一是该行业的企业数目同该行业产品的平均价格之间的关系；二是该行业的企业数目同企业的平均成本之间的关系。克鲁格曼认为在垄断竞争的行业中，企业数目同产品的平均价格之间存在着反向变动的关系，因为行业中企业数目越多，竞争就越激烈，该行业产品的平均价格就越低。而垄断竞争行业中的企业数目同平均成本之间则存在着正向变动关系。因为在行业总市场规模固定的情况下，企业数量越少，则企业规模越大，从而产品生产的平均成本就越低。以这两个变动关系为工具,克鲁格曼构建了 PP-ZZ 模型分析框架,用以分析国际贸易对平均成本和产品价格,乃至福利的影响。

文章首先研究只有一个生产要素(劳动力)的封闭经济。假定:①该国经济能够生产任何数量的产品;②所有产品都以同样的成本函数生产;③实现充分就业,劳动力总量 L 全部用于各个产品的生产中。

随着新企业进入市场,利润最终会走到零的状态。这一过程可以用图 1-1 来表示。图 1-1 中横坐标表示某个有代表性的企业的产量,纵坐标是用工资单位来表示的收入及成本,直线 TC 表示总成本,OR 与 OR′ 表示每个企业在不同阶段面对的收益函数。根据市场上原有的企业数量,每个企业便可确定它的产量,以便使边际收益在点 A 上等于边际成本。在该点上,由于价格(平均收入)大于平均成本,企业于是可获得利润,但同时又会刺激新的企业进入市场。随着其他企业进入市场,收入的边际效用变大,收入函数变小。均衡就可能会在 B 点形成。在这个均衡点上,不但边际收益等于边际成本,而且平均收益也等于平均成本。

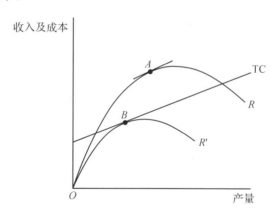

图 1-1 企业产量与收入及成本之间的关系

资料来源:Krugman(1979)。

为了更仔细地描述这一均衡的特征,需要说明是怎样用成本及效用函数求出某个有代表性的企业的价格及产量的。在图 1-2 中,横坐标表示某个代表性产品的人均消费量或需求量 c,纵坐标表示某个有代表性的产品以单位工资表示的价格 p/w。假设 ε 是需求价格弹性的绝对值,$\varepsilon > 0$ 且随着需求量 c 的增加,需求价格弹性下降。企业利润最大化的目标是:$\pi_i = p_i x_i - (\alpha + \beta x_i) w$,式中,$x_i$ 为产品 i 的产量,p_i 为产品 i 的价格,α 为生产产品 i 的固定成本,而 β 为生产产品 i 的边际成本,w 为单位劳动名义工资。

企业利润最大化的短期均衡条件:

$$p_i\left(1 - \frac{1}{\varepsilon}\right) = \beta w \tag{1-1}$$

整理后可得:

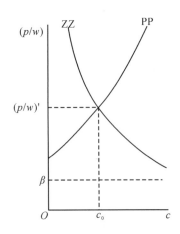

图 1-2 产品人均消费量(需求量)与价格之间的关系

资料来源:Krugman(1979)。

$$\frac{p_i}{w} = \beta \frac{\varepsilon}{\varepsilon - 1} \tag{1-2}$$

因为需求量 c 与 ε 的关系,可以得到需求量 c 与 p/w 的关系,在图 1-2 中用曲线 PP 来表示。价格曲线始终处在边际成本之上。个人对产品需求量越大,也即随着需求量 c 的上升,企业能出售的产品价格越高。因此,PP 曲线的斜率为正。

此外,从垄断竞争行业的长期均衡零利润条件$[\pi_i = p_i x_i - (\alpha + \beta x_i)w]$中,可以求出 p/w 与 c 之间的关系,即:

$$\frac{p}{w} = \beta + \frac{\alpha}{x} = \beta + \frac{\alpha}{Lc} \tag{1-3}$$

这是一个位于直线 $p/w = \beta$ 之上的直角双曲线,在图 1-2 中用 ZZ 表示。其中,L 为劳动力数量,个人对产品的需求量越大,企业生产规模越大,产品的价格就越低。因此,ZZ 曲线的斜率为负。

在均衡的情况下(交点),可以求出每个个人对该产品的消费需求量,由于 $Lc = x$,可以求出每个企业的生产率 x。在充分就业的假设下,企业数或产品种类数等于:

$$n = \frac{L}{\alpha + \beta x} \tag{1-4}$$

PP 与 ZZ 的相交点表示每项产品的个人消费量及每项产品的价格。

克鲁格曼的理论完整地描述了一国经济的均衡状态,可以用来分析劳动力增长和贸易的作用。

1.3.2 劳动力和国际贸易对产品价格的影响

上一节中所分析的模型是一个单要素模型,但它是一个规模经济模型。在本节中要分析市场规模扩大,也即劳动力增长和国际贸易对产品价格的影响。

1.3.2.1　劳动力增长的作用

假定在上一节所分析的国家经济中,劳动力出现增长,那么会产生什么效应呢？通过研究图1-3,可以分析劳动力增长所产生的某些效应。在图1-3中,曲线PP及曲线ZZ所构成的图形与图1-2中两条曲线所构成的图形具有相同的定义。劳动力增长前,均衡点在 A 上。劳动力的增长对曲线PP没有影响,但使曲线ZZ向左移动,并在 B 点上达到新的均衡。此时, c 下降, p/w 也下降。但是,由于劳动力的增长,每项产品的产量与所有已生产的产品的数量都在上升。

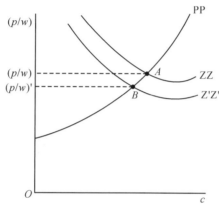

图1-3　劳动力增长的作用

资料来源：Krugman(1979)。

1.3.2.2　国际贸易的作用

假定存在另一个类似于上文分析的国家,并且这两个国家一开始并不能进行贸易。为了更强调这一点,假定这两个国家都有同样的偏好、资源禀赋及技术水平(因为这是一个单要素模型,故把要素禀赋的差别排除在外)。在这两个国家之间,从传统贸易理论的观点来看,应无法发生贸易,且不会从贸易中得到任何利益。然而,在这个模型中不但有贸易,而且还能从贸易中得到利益。

为了理解这一点,假定这两个国家之间进行贸易时,运输成本为零。因为对称性假设,这两个国家的工资率必须相同,两个国家已生产的产品的价格也必须相等,每个国家的劳动力增长所起的作用也相同。在存在国际贸易的情况下,贸易使每种产品的消费人口增加了 L^* ,导致ZZ曲线左移到Z'Z'(见图1-3),这样相对工资的产品价格和每个人的需求量 c 都下降了。所以,当存在国际贸易时,两个国家的福利都将增加,其原因有两个：一是实际工资 w/p 下降,二是可选择的产品种类增加(因为 $n=\dfrac{L}{\alpha+\beta L \cdot c}$)。

贸易的地理方向(哪个国家出口哪种商品)是不确定的。每种产品只在一个国家生产,因为(在这个模型中)企业没有必要争夺市场。由于所有货物都具有同样的价格,每个国家对产品的需求量与本国的经济实力成比例。由于每个人都是在有限的收入中实现其效用最大化,因此贸易达到平衡。在各国经济规模相等的条件下,世界贸易量作为世界收入的一部分实现了最大化。

从上述分析中可以得到一个重要的观点,即当国与国之间不存在偏好、技术或要素禀赋方面的差别时,可以用规模经济来解释这两国之间产生贸易的原因以及从贸易中得到的利益。这为进一步解释发达国家之间和同行业之间的贸易提供了新的维度。通过引入产品差异、垄断竞争和规模经济等概念,克鲁格曼建立了一个新的分析框架,有力地解释了工业化国家之间的贸易行为,为当代国际贸易理论的发展做出了开创性贡献。

1.3.2.3 要素流动(移民)的作用

如果允许劳动力在国家或地区之间流动,上述模型就会扩展。Mundell(1957)的模型已经说明,在赫克歇尔—俄林(Heckscher-Olin,简称 H-O)的世界贸易模型中,要素可以通过替代方式流动,诸如关税及运输成本等对贸易的阻碍会减少要素的流动。从该文这个模型中也能够得到同样的结论。

为了说明这一点,假定存在两个偏好与技术都基本相同的国家,它们都有机会从贸易中互相得到利益。因为本国产品与外国产品组合起来的市场不仅可以增加产品的品种,而且还可以扩大生产规模。但是,如果不进行贸易,只有在一个国家的人口可以向另一个国家移民的条件下,才可能得到同样的利益。在这个模型中,贸易及劳动力的增长这两者的作用基本相等。

如果出现了贸易障碍,则会刺激工人向已经有较大劳动力数量的地区移动。如果假定无法进行货物贸易但劳动力可以自由流动,在这种情况下,人口较多的地区实际工资 w/p 及产品的品种都高于人口较少的地区;在均衡条件下,所有工人都会集中在一个地区。哪个地区工人集中是由这个地区的最初条件决定的,关键因素是该地区历史上是否存在报酬递增。

在报酬递增条件下,要素流动表现为出现一个人口聚集的过程。如果模型是个多地区模型,人口仍然会趋向于只向一个地区聚集,这个地区就是通常所说的城市。这一模型提出的城市增长理论就是城市品种理论,即人口向城市移民的部分原因是城市可以提供更多品种的消费品。

总而言之,该文研究的模型与某些其他传统的贸易模型一样,要素流动可以替代贸易。如果存在贸易障碍,劳动力将会集中于一个地区。移向哪个地区则取决于这个地区最初的人口状况,故人口聚集的过程在一定程度上会导致人口向错误的地点集中。

1.3.3　主要结论

文章在规模报酬递增的基础上,通过分析垄断竞争市场结构所特有的垄断性质和竞争性质,推导出两个重要的市场均衡条件:①每个厂商最大化自己的利润,要求边际收益等于边际成本(MR=MC),厂商定价采用的是在边际成本基础上加成定价的方式。②当经济利润为正时,厂商可自由进入,所以长期均衡时利润为零,或价格等于平均成本(P=LAC)。

克鲁格曼新贸易理论最大的贡献是提高了理论解释现实的能力。特别是第二次世界大战之后,在发达国家之间的产业内贸易逐渐占据主体的情况下,该理论摆脱了传统贸易理论在解释相似国家之间贸易占主体时所遇到的困境。最明显的就是新贸易理论能够解释产业内的国际分工,很好地吻合了现实中的贸易模式。比如发达国家之间的汽车产品贸易。美国、日本和欧盟各国都是汽车生产和贸易大国,但它们相互之间也是进行汽车贸易的大国。新国际贸易理论有力地解释了这种相似国家之间的产业内贸易。另外,克鲁格曼的新贸易理论之所以具有强大的生命力,还在于他为其后的贸易理论发展提供了一个可扩展的分析框架。

1.4　各种贸易理论的比较分析

从"绝对优势理论"到"比较优势理论",进而到 H-O 四大定理,传统国际贸易理论的发展一直遵循着古老的假定:报酬不变、完全竞争、同质产品。但总的来说,传统国际贸易理论没有脱离比较优势的理论框架。

"里昂惕夫之谜"显露了传统国际贸易理论的局限性,促使经济学家超越 H-O 理论去寻求新的对贸易基础的理论解释,以求从根本上解答里"里昂惕夫之谜"。同时,自 20 世纪 60 年代以来,在国际贸易实践中也出现了许多新趋向,工业国家之间的许多贸易活动用传统的比较优势理论已无法给予适当的解释。这主要体现在:①绝大部分世界贸易是在要素禀赋相似的工业化国家之间进行的;②大部分贸易都是产业内贸易,即相似产品的双向贸易;③第二次世界大战后贸易的扩大绝大部分是在没有大规模的资源重新配置或收入分配影响的情况下形成的。其中,第三种趋向在欧盟地区和北美自由贸易区尤为明显。这种新的贸易倾向显然不能用传统的国际贸易理论来解释,而需要对其理论框架进行扩展或重构。

于是自 20 世纪 60 年代以来,一批经济学家从贸易实践出发,利用新的分析工具,尤其是借鉴了产业组织理论的重要模型,对国际贸易理论进行了新的发展。他们将贸易理论与产业组织理论联系起来,从而把规模经济纳入了国际贸易产生的原因之中,并把不完全竞争作为理论的核心。但是,国际贸易新理论涉及的范围甚广,也无法构成一个统一的理论体系。人们习惯上把 D-S 模型称为新贸易理论的开端。Dixit 和 Stiglitz (1977)建立了一个规模经济和多样化消费之间的两难选择模型。他们发现,即使两国的初始条件完全相同,国家之间不存在李嘉图(Ricardo)的比较优势,但如果存在规模经济,则两国可以选择不同的产业,从而产生后天的绝对优势。该模型一经发表,就成了研究新贸易理论的极为有用的工具。

而后,克鲁格曼等人将该模型应用到国际贸易分析中,极大地丰富了国际贸易理论,补充了传统贸易理论。作为促进国际贸易的手段,规模经济早已被大多数学者所认可,但是,由于以往按报酬递增条件建立的贸易模型往往都假定规模经济是企业的外生经济,因此市场始终处于完全竞争状态,从而使得规模经济与不完全竞争相抵触。因而,在国际贸易理论中引入规模经济就必然要打破以往的标准竞争模型。

克鲁格曼的新贸易理论是对传统贸易理论的继承与发展。一方面,新贸易理论从根本上打破了传统贸易理论中完全竞争和规模收益不变的假定,以规模经济和不完全竞争为前提,构建了更符合国际贸易现实、解释力更强的对外贸易理论框架;另一方面,新贸易理论又是比较优势理论在新情况下的具体运用,使贸易理论发展到一个新的阶段。经过多年的发展,新贸易理论已成为当今国际贸易理论的基础。

21 世纪初诞生的新新贸易理论突破了新古典贸易理论和新贸易理论以产业为对象的研究范畴,将分析变量进一步细化到企业,以异质企业的贸易投资作为研究重点。企业异质性有两种形式,即由于产业内部不同企业生产率的差异而产生的异质性和由于企业组织形式差异而产生的异质性,这两种异质性紧密相连。新新贸易理论通过异质企业贸易模型的建立,阐明了现实中只有部分企业选择出口和对外直接投资的原因;通过企业内生边界模型的建立和拓展,将产业组织理论和契约理论的概念融入贸易模型,很好地解释了公司内贸易模式,并在企业全球化生产研究领域进行了理论创新。

从研究范畴看,传统国际贸易理论没有对单独企业的研究,主要研究的是产业间贸易。在新古典贸易理论中,大多数研究都假定规模报酬不变,一般均衡模型只是限定了企业所在产业部门的规模,企业的规模则是模糊的。新贸易理论主要研究的是规模报酬递增和不完全竞争条件下的产业内贸易,虽然赫尔普曼(Helpman)—克鲁格曼(Krugman)差别产品模型对企业的规模做出了限定,但为简化起见,选用的是典型企业,且不考虑企业间的差异。近期的实证研究表明,考虑企业之间的差异对于理解国际贸易至关重要,同一产业部门内部企业之间的差异可能比不同产业部门之间的差异更加显著,而且现实中并非所有的企业都会从事出口,无论在企业规模还是企业的生产率方面,企业都是异质的。新新贸易理论将研究重点放在异质企业上,通过考虑企业层面异质性来解释更多新的企业层面的贸易现象和投资现象。

传统贸易理论和新贸易理论同样不涉及企业的边界问题,现有企业理论仅限于部分均衡分析而忽视了公司内贸易的国际维度。跨国公司在全球经济中的地位与重要性与日俱增,企业国际化过程中越来越复杂的一体化战略选择,以及中间投入品贸易在全球贸易中的份额不断上升,都使得研究国际贸易和国际投资中企业的组织形式和生产方式选择变得非常重要。企业如何在不同国家之间进行价值链分配?它们是通过国际直接投资(foreign direct investment,FDI)独立设厂,还是在企业内(intra-firm)进口中间投入品,或者以外包形式从独立供货企业(inter-firm)采购中间投入品?新新贸易理论较好地将产业组织理论和契约理论的概念融入了贸易模型,在企业全球化生产这一研究领域做出了重大的理论突破。

新新贸易理论与传统贸易理论、新贸易理论的区别在于无论是"传统贸易理论"还是"新贸易理论",都将"产业"(industry)作为研究单位,而"新新贸易理论"则将分析变量进一步细化到企业层面,研究企业层面"自我选择"进入国际市场的内在机制,实现了稀缺资源从低效率企业向高效率企业流动的优化配置,提高了社会福利,从而开拓了国际贸易理论和实证研究的新前沿。新新贸易理论更关注企业的异质性与出口和FDI决策的关系,关注企业在国际生产中对每种组织形式的选择。新新贸易理论有两个分支,一是以梅里兹(Melitz)为代表的学者提出的异质性企业贸易模型,另一个是以安塔斯(Antras)为代表的学者提出的企业内生边界模型。异质性企业贸易模型主要解释了为什么有的企业会从事出口贸易而有的企业不从事出口贸易;企业内生边界模型主要解释了是什么因素决定了企业会选择公司内贸易、市场交易还是外包形式进行资源配置。两者同时都研究了决定企业会选择以出口方式还是以FDI方式进入海外市场的因素。

国际贸易理论的比较分析见表1-1。

表1-1 国际贸易理论的比较分析

因素	古典贸易理论	新古典贸易理论	新贸易理论	新新贸易理论
代表性理论	1.绝对优势理论 2.比较优势理论	1.生产要素禀赋理论 2.要素价格均等化理论 3.里昂惕夫之谜	1.基于外部规模经济的新马歇尔模型 2.基于内部规模经济的新张伯伦模型 3.古诺双头垄断模型	1.异质性企业贸易模型 2.企业内生边界模型
基本假设(技术、要素、产品、市场、企业)	外生技术差异、一种要素、同质产品、完全竞争市场、企业同质	外生技术差异、两种要素、同质产品、完全竞争市场、企业同质	内生技术差异(规模经济)、多种要素、差异化产品、不完全竞争市场(垄断竞争)、企业同质	内生和外生技术差异、多种要素、差异化产品、不完全竞争、企业异质
贸易动因	劳动生产率差异——外生比较优势	生产要素禀赋差异——外生比较优势	规模经济——内生比较优势	企业异质性——外生和内生比较优势
生产率提升路径	高劳动生产率替代低劳动生产率	廉价生产要素替代昂贵生产要素	规模经济效应导致边际成本递减	企业优胜劣汰,留下生产率高的企业

1.5 扩展与应用

1.5.1 贸易边际分析

传统国际贸易理论从劳动生产率差异和要素禀赋差异(成本)的角度来解释产业间贸易发生的原因,实质上它关注的是贸易增长的集约边际。然而,20 世纪 60 年代产业内贸易的兴起,使得传统国际贸易理论无法对之进行全面解释。新贸易理论假设市场是不完全竞争的,规模收益递增,存在消费者偏好,企业仍然是同质的,但是产品是差异化的,这样一来出口产品种类的增加(扩展边际)也可用来解释贸易增长。

陈洁等(2019)借鉴 Hummels 和 Klenow(2005)的方法(三元边际是指扩展边际、价格边际和数量边际。扩展边际是指新产品的出现或产品种类扩张;集约边际是指出口贸易增长中现有产品出口额的增长,包括价格边际和数量边际),对 1995 年和 2015 年中国与前十大贸易伙伴的出口贸易数据进行了三元边际分解,发现中国的贸易增长以数量拉动为主(如表 1-2 最后一列所示)。

表 1-2 中国与前十大贸易伙伴的三元边际关系

贸易伙伴	1995 年			2015 年			增长率/%		
	EM	P	Q	EM	P	Q	$G(EM)$	$G(P)$	$G(Q)$
美国	0.856	0.704	0.104	0.962	0.918	0.245	12.39	30.49	135.89
中国香港	0.954	0.838	0.434	0.992	0.893	0.550	3.96	6.52	26.76
日本	0.887	0.789	0.161	0.864	0.889	0.339	−2.56	12.77	110.88
韩国	0.852	0.709	0.094	0.907	0.818	0.287	6.49	15.35	205.16
德国	0.755	0.692	0.046	0.882	0.886	0.126	16.81	28.08	175.50
越南	0.772	0.743	0.164	0.938	1.014	0.314	21.53	36.49	91.97
英国	0.743	0.655	0.025	0.861	0.790	0.151	15.83	20.75	504.90
荷兰	0.602	0.682	0.036	0.911	0.785	0.127	51.22	15.04	248.37
印度	0.562	0.929	0.055	0.843	0.972	0.198	50.07	4.64	260.09
新加坡	0.822	0.672	0.068	0.966	0.937	0.169	17.47	39.40	150.14

注:EM、P、Q 分别代表扩展边际、价格边际和数量边际;$G(*)$ 代表 $*$ 边际的变化。
资料来源:陈洁等(2019)。

曲如晓等(2015)则研究了中国文化产品出口贸易边际。他们从产品层面对二元边际进行了界定,将集约边际定义为:过去已经出口的产品继续出口到之前出口国或地区的市场(旧产品旧市场);将扩展边际定义为:过去未出口的产品出口到新市场(新产品新市场)以及过去出口的产品出口到未出口的国家或地区(老产品新市场)。研究发现,集约边际在中国文化产品出口中所占比重较大,始终维持在 97% 以上,而扩展边际占比均不到 3%,这说明与工业制造品类似,中国文化产品出口仍以集约边际为主(见表 1-3)。

表 1-3　2001—2011 年中国文化产品出口二元边际的增长与贡献率

年份	扩展边际增长 /亿元	集约边际增长 /亿元	出口增长 /亿元	扩展边际 占比/%	集约边际 占比/%
2001	3429.48	1405.75	4835.23	2.60	97.40
2002	852.92	173604.49	174457.41	1.65	98.35
2003	3195.43	48796.73	51992.16	2.18	97.82
2004	−4137.47	6585.01	2447.53	1.24	98.76
2005	−1862.73	144466.51	142603.78	0.62	99.38
2006	−118.05	134481.47	134363.41	0.49	99.51
2007	−322.21	53459.62	53137.42	0.41	99.59
2008	2490.38	263923.84	266414.22	0.55	99.45
2009	2848.59	−209399.58	−206550.99	1.02	98.98
2010	−3893.56	151650.68	147757.11	0.47	99.53
2011	1715.72	252992.12	254707.84	0.51	99.49

资料来源:曲如晓等(2015)。

Amurgo-Pacheco 和 Pierola(2008)分析了 24 个发达国家和发展中国家 1990—2005 年的贸易流量,发现这些国家的出口增长主要源自集约边际(86%),但在发展中国家,扩展边际随时间不断提升。Amiti 和 Freund(2010)利用中国对美国出口贸易数据(HS-10 位编码)的分析发现,自 1992 年以来,中国对美国出口的产品种类增加了 40%,但扩展贸易边际对中国出口增长的贡献最多不超过 15%,几乎中国对美国出口的所有产品出口增长都源于集约边际。Bernard 等(2003)对美国 1986—1992 年制造业的分析再一次证明了扩展边际的重要性。而 Kang 和 Kim(2010)采用韩国和中国台湾地区的出口数据,证明扩展边际在促进出口增长方面的作用比集约的边际更大。

1.5.2　产业内贸易

产业内贸易作为现代国际贸易的新形式,其理论研究在 20 世纪 70 年代得到广泛关注并迅速发展。

郭东杰(2010)测算了 2002—2008 年中国高技术产品、高技术服务的产业内贸易水平与国际竞争力的关系,发现高技术产品贸易的增长并不是产业内贸易水平提高的结果。高技术产业"里昂惕夫之谜"的出现是因为中国自主创新能力不足。

徐永利和张悦(2021)通过运用改进后的 G-L 指数测度了中国与金砖国家(巴西、俄罗斯、印度和南非)产业内贸易水平,并与不同发展水平的国家间的产业内贸易进行对比分析。结果显示,金砖国家产业内贸易水平显著低于发达国家,而且金砖国家内部不同国家、不同种类产品的产业内贸易水平具有较明显的差异(见表 1-4)。

表 1-4 2010—2019 年部分国家之间产业内贸易指数(G-L 指数)

国别		2010 年	2011 年	2012 年	2013 年	2014 年	2015 年	2016 年	2017 年	2018 年	2019 年
部分发达国家	美韩	0.5405	0.5335	0.5211	0.5212	0.5240	0.5108	0.5644	0.5871	0.5535	0.5326
	美日	0.4207	0.4131	0.3931	0.4045	0.4083	0.4115	0.4040	0.4006	0.4102	0.4242
	日韩	0.5436	0.5923	0.6019	0.6143	0.6593	0.6678	0.6562	0.6322	0.6682	0.6922
中国与发达国家	中美	0.2426	0.2527	0.2417	0.2566	0.2603	0.2473	0.2534	0.2506	0.2437	0.2806
	中日	0.7538	0.7895	0.7653	0.7152	0.7193	0.7183	0.7454	0.7850	0.8032	0.7750
	中韩	0.6825	0.6838	0.6596	0.6393	0.6604	0.6984	0.7248	0.7236	0.7179	0.7834
中国与金砖国家	中巴	0.1115	0.1095	0.1186	0.1038	0.0976	0.1469	0.1408	0.1091	0.0772	0.0723
	中俄	0.1738	0.1315	0.1329	0.1236	0.1233	0.1766	0.1582	0.1540	0.1342	0.1555
	中印	0.3078	0.2853	0.2801	0.3182	0.2743	0.2251	0.1957	0.2320	0.2631	0.2529
	中南	0.2209	0.1759	0.1573	0.1808	0.1940	0.2166	0.2283	0.1801	0.1584	0.1672

资料来源:徐永利和张悦(2021)。

1.5.3 贸易与技术创新

在国际经济最近几十年的发展中,工业化国家(特别是美国)的技术优势被逐渐动摇。国际贸易与技术创新在提高生活水平方面是显著的,这两者似乎也是相互关联的。关于国际贸易与技术创新的研究文献表明贸易促进了创新(Grossman and Helpman, 1991)。然而,对于贸易和企业创新类型之间的关系甚少有研究。

将技术引入贸易模型是一种创新。Nelson(1959)提出,企业的产品多样性与同一企业追求基本创新之间存在正相关关系。例如,Link(1982,1985)发现,公司产品的多样性对公司基础研究的强度有积极影响。Henderson 和 Cockburn(1996)进一步验证了 Nelson(1959)的结论,发现研究活动越广泛,公司研究的生产率就越高。当面临更高的进口渗透时,企业基础创新会变少。Liu 和 Rosell(2013)通过研究贸易如何影响企业创新的基本性质,将贸易和基础创新联系起来。研究结果显示(见表 1-5),进口渗透率的系数显著为负。在控制企业固定效应时,企业面临的进口渗透率增加 10 个百分点,会使基于 4 位数的 IPC(international patent classfication,国际专利分类)数据衡量的创新基本度(basicness)降低 0.4 个百分点,基于 2 位数的 USPC(US patent classification,美国专

表1-5 进口渗透率对基础创新的影响

创新基本度（innovation basicness）

因变量	基于赫芬达尔指数衡量								大学引文份额		非专利引用数量	
	4-digit IPC		2-digit USPC		1-digit USPC		2-digit USPC					
	(1)	(1')	(2)	(2')	(3)	(3')	(4)	(4')	(5)	(5')	(6)	(6')
进口渗透率	-0.074*** (0.014)	-0.042*** (0.015)	-0.040*** (0.012)	-0.052*** (0.016)	-0.090*** (0.013)	-0.031** (0.015)	-0.071*** (0.015)	-0.032** (0.015)	-0.021*** (0.002)	-0.008*** (0.003)	-1.556** (0.715)	-0.324 (0.639)
研发强度	0.124*** (0.037)	-0.102 (0.064)	0.140*** (0.044)	0.178*** (0.050)	0.049 (0.042)	-0.120*** (0.046)	-0.199*** (0.044)	-0.028 (0.049)	0.077*** (0.012)	0.031 (0.020)	31.569*** (8.411)	12.758*** (2.938)
销量对数值	0.002 (0.002)	-0.014*** (0.004)	0.002 (0.002)	-0.017*** (0.004)	-0.005** (0.003)	-0.013*** (0.003)	0.011*** (0.003)	-0.018*** (0.004)	0.002*** (0.000)	0.001 (0.001)	0.184 (0.196)	0.306*** (0.088)
利润对数值	-0.004 (0.003)	0.004*** (0.002)	-0.001 (0.002)	0.001 (0.002)	0.001 (0.002)	0.001 (0.002)	-0.010*** (0.003)	0.004** (0.002)	-0.001*** (0.000)	0.001 (0.001)	-0.110 (0.176)	0.026 (0.050)
公司FE	No	Yes	No	Ycs	No	Yes	No	Yes	No	Yes	No	Yes
技术FE	Yes	Yes	Yes	Ycs	Ycs	Yc	Yes	Yes	Ycs	Yes	Yes	Ycs
年份FE	Yes	Yes	Yes	Ycs	Yes	Yc	Yes	Yes	Yes	Yes	Yes	Yc
观测样本	151015	151015	151105	151105	151105	151105	159467	159467	177476	177476	203840	203840
R^2	0.076	0.128	0.058	0.106	0.047	0.107	0.175	0.244	0.033	0.057	0.086	0.194

注：**、*** 分别表示5%和1%的显著性水平，下同。
资料来源：Liu 和 Rosell(2013)。

利分类)数据经济的创新基本度降低 0.5 个百分点,1 位数的 USPC 降低 0.3 个百分点。此外,进口竞争增加使得从大学专利中获得的平均被引文献份额下降了 0.1 个百分点。总体而言,进口竞争导致企业更多地进行非基础类的创新行为,这在实证研究中得到了有力的支持。

贸易竞争的加剧导致基础研究相应减少,这是有警示性的。贸易自由化的深入,可能需要关注其对基本创新的影响,确保基础研究和对外贸易的最佳状态,促进中国对外贸易的转型升级和高质量发展。

1.5.4 新经济地理的产生和发展

克鲁格曼在 1979 年关于新贸易理论文章的最后提出了一个新的问题,即如果由于过高的运输成本和其他障碍使得贸易不能充分发生时会出现什么变化。他考虑到了在一个规模报酬递增的世界中要素流动将代替贸易并导致集聚发生的情形。实际上他讨论了在劳动力的流动情况下产业集聚的可能性,这其实就是新经济地理"中心—外围"模型思想的雏形(Krugman,1991)。克鲁格曼在他 1980 年的文章中提出了"本国市场效应",认为只要存在规模经济和运输成本,生产要素就会向大的市场集中。在存在 D-S 模型多样性喜好(love for variety)的情况下,"本国市场效应"使得拥有更多劳动力的地区会有更高的真实工资水平,同时能够生产更多的产品种类。这都会吸引劳动力向已经拥有更多劳动力的地区流动。这种流动可能导致城市的形成,也可能导致发展经济学中早已认识到的"中心—外围"体系的形成。

一般认为,克鲁格曼 1991 年发表的论文"规模收益递增与经济地理"标志着新经济地理学的诞生。Krugman(1991)在运用 D-S 模型和"冰山"运输成本的基础上,研究了影响经济行为集聚和分散的因素与均衡结果,考察了制造业在国民收入中的比例、差异产品之间的替代性以及运输成本三个因素对地理集聚的影响,解释了两个初始条件完全相同的地区如何在某种"偶然"的(移民)冲击下导致一个地区通过自我强化的循环累积实现集聚并成为相对发达的"中心"地区,而另一个则演变成相对落后的"外围"地区。模型的结果表明,当满足运输成本足够低、规模经济效应显著、制造业份额足够大的条件时,均衡结果将是形成制造业聚集在一个区域而农业则分散经营的"中心—外围"格局。此外,更重要的是,由于在该模型中区域(或国家)的大小及其演变都是内生的,模型的结论比一开始就假定国家的禀赋与规模是外生给定的新贸易模型大大推进了一步。

Krugman 和 Venables(1995)通过引入中间品对以关联效应为表现形式的外部经济进行了透彻的分析。文章中所建立的国际专业化模型解释了随着运输成本的降低,经济全球化对制造业生产布局及不同收入水平国家的福利影响。该模型与最初新经济地理的分析方法的区别在于它假定劳动力不可流动,因此适用于分析国际经济问题。它揭示了运输成本在国家间收入差异的 U 形关系,即随着运输成本的不断降低,在关联效应作用下制造业生产的全球布局将形成"中心—外围"的形式,中心国家的实际工资水平高于边缘国家的实际工资水平,且差距逐渐拉大;但随着运输成本的降低,关联效应减弱,当运输成本降低到一定临界值时,边缘地区的低工资足以弥补其远离市场和中间品供应商的劣势,这时制造业厂商将会离开中心地区而向边缘地区转移,导致不同地区工资水平从差异变为趋同。

Brülhart 和 Sbergami(2009)分别使用全球样本(105 个国家和地区 1960—2000 年的数据)及欧盟内部国家的样本(16 个国家 1975—2000 年的数据)来考察经济集聚和经济增长率之间的相互关系。在全球样本中他们用一个国家 75 万人口以上城市的人口份额和最大城市的人口份额作为经济集聚的代理变量,并使用了系统广义矩方法(GMM)来消除内生性问题。他们发现,城市化对于经济增长有着显著的正效应。在欧盟内部国家的样本中,他们使用泰尔指数衡量产业集聚程度,并使用差分广义矩方法消除内生性。结果显示,制造业集聚的经济增长效应随着国家收入水平的提高而降低,而金融服务业集聚的增长效应却随着收入水平的提高而上升。另外,所有产业的地理集中比相关产业的集中对于经济增长更为重要。

刘修岩和张学良(2010)发现地区的产业专业化、产业多样性和市场潜能等变量都对该地区期望进入的企业数量有着显著为正的影响,从而证实了企业区位选择中集聚经济效应的显著存在性。

以表 1-6 第 2 列来进行分析。首先,地区产业专业化变量(Spe)的系数为 0.0356,在 1% 的统计水平上显著,这意味着地区产业专业化水平提高 1 个单位,会使该地区行业的期望企业数量大约增加 3.56%,从而表明企业倾向于定位在其所属行业中企业较为集中的地区;地区产业多样性指数(div)的系数为 0.0241,也在 1% 的水平上通过了显著性检验,这意味着地区行业多样性水平提高 1 个单位,会使该地区期望企业数量大约增加 2.41%,表明地区的产业多样性也是吸引企业定位的重要因素。

表 1-6　泊松回归模型估计结果

被解释变量	NB$_{ijt}$			
解释变量	FE	RE	FE	RE
Spe$_{i,j,t-1}$	0.036572*** (0.00072)	0.035645*** (0.00072)	0.03616*** (0.00071	0.03526*** (0.00071)
div$_{j,t-i}$	0.02413*** (0.00059)	0.02413*** (0.00059)	0.02866*** (0.00051)	0.02865*** (0.00051)
Mp$_{j-1}$	0.00571*** (0.00006)	0.00571*** (0.00006)	0.00522*** (0.00005)	0.00522*** (0.00006)
Wage$_{j,t-1}$	-0.00016*** (1.36e-06)	-0.000016*** (1.36e-06)		

续　表

被解释变量	NB$_{ijt}$			
解释变量	FE	RE	FE	RE
capitaldum$_j$	0.23055*** (0.02100)	0.22993*** (0.02100)		
Portcitydum$_j$	0.38836 (0.02042)	0.38802 (0.02043)		
产业固定效应	是	是	是	是
时间固定效应	是	是	是	是
产业数量	167	167	167	167
地区数量	324	324	324	324
Loglikelihood	−78043554	−79134437	−78251444	−79341787
Wakl test	2189387	2179361	220352	2193437
企业数/家	162324	162324	162324	162324
Hausman test	Pro$>\chi^2=0.0010$		ichi2(5)$=-7.86$	

资料来源：刘修岩和张学良（2010）。

1.6　本章小结

　　李嘉图的比较优势理论将国际贸易的根本原因归结为技术差异，而 H-O 理论则把要素禀赋差异当成国际贸易的基础。但这无法解释第二次世界大战后绝大多数国际贸易发生在发达国家之间，而且贸易主要发生在同一行业和同类产品之间的事实。同时，传统的国际贸易理论也无法解释公司内贸易的作用和规模。理论和现实之间存在巨大的不一致。20 世纪 70 年代末到 80 年代，以克鲁格曼为代表的一些国际贸易理论家，通过在贸易理论模型中引进规模经济、不完全竞争和差异化产品，彻底改变了传统国际贸易理论的基本面貌。在这些理论模型中，影响力最大的是基于垄断竞争市场结构的新贸易理论。克鲁格曼为新贸易理论的发展做出了巨大的贡献。克鲁格曼垄断竞争贸易理论最核心的创新就是把规模经济的思想纳入国际贸易之中。克鲁格曼的成功之处在于将 Dixit 和 Stiglitz（1977）的"多样性喜好"应用到国际贸易理论中，从而能够用简单的技巧把规模报酬递增的思想模型化进行。

　　当然，克鲁格曼新贸易理论也有一定的弱点，其中最突出的就是在克鲁格曼的模型中所有的企业都是一样的，他没有考虑企业的异质性，对贸易开展之后企业之间的"竞争淘汰"效应和"规模变化"效应缺乏很好的解释，所以没有办法解释为什么有的企业规模会扩大,有的企业会被淘汰,也没有办法解释贸易开放后由于企业优胜劣汰导致生产效率提高的好处。而这些缺点正好促进了新新贸易理论在克鲁格曼理论基础上的进一步发展。

1.7　扩展性阅读

[1] Amiti M，Freund C. An anatomy of China's Export Growth[M]//Robert C. F & Wei S J (Eds.). China's Growing Role in World Trade. The University of Chicago Press，2010.

[2] Amurgo-Pacheco A，Pierola M. Patterns of export diversification in developing countries：Intensive and extensive margins[J]. Policy research working paper No. 4473，The World Bank，2008.

[3] Bernard A B，Eaton J J，Jensen B，et al. Plants and productivity in international trade[J]. American Economic Review，2003,93(4)：1268-1290.

[4] Brülhart M，Sbergami F. Agglomeration and growth：Cross-country evidence[J]，Journal of Urban Economics，2009，65 (1)：48-63.

[5] Crozet M，Koenig P. Structural gravity equations with intensive and extensive margins[J]. Canadian Journal of Economics，2010，43(1)：41-62.

[6] Dixit A K，Stiglitz J E. Monopolistic competition and optimum product diversity [J]. American Economic Review，1977，67(3)：297-300.

[7] Grubel H G，Lloyd P J. Intra-industry Trade：The Theory and Measurement of International Trade in Differentiated Products[M]. London：Macmillan，1975.

[8] Henderson R，Cockburn I. Scale，scope，and spillovers：The determinants of research productivity in drug discovery[J]. Rand Journal Econ，1996,27(1)：32-59.

[9] Hummels D，Klenow P J. The variety and quality of a nation's exports[J]. American. Economic. Review，2005，95 (3)：704-723.

[10] Kang K，Kim J H. Exploring the spectrum of export destination：The geographic spread of Korean exports, its determinants, and policy implications[J]. The Developing Economies，2010，48(4)：421-49.

[11] Krugman P. Increasing returns，monopolistic competition，and international trade [J]. Journal of International Economics，1979，9(4)：469-479.

[12] Krugman P. Scale economies，product differentiation，and the pattern of trade[J]. American Economic Review，1980,70 (5)：950-959.

[13] Krugman P. Increasing returns and economic geography[J]. Journal of Political

Economics, 1991, 99(3):483-499.

[14] Krugman P, Venables J. Globalization and the inequality of nations[J]. The Quarterly Journal of Economics, 1995, 110(4):857-880.

[15] Linder S B. An Essay on Trade and Transformation[M]. Uppsala: Almqvist and Wiksells, 1961.

[16] Link A N. An analysis of the composition of R&D spending[J]. Southern Economic Journal, 1982, 49(2): 342-349.

[17] Link A N. The changing composition of R&D[J]. Managerial and Decision Economics, 1985, 6(2): 125-128.

[18] Liu R, Rosell C. Import competition, multi-product firms, and basic innovation [J]. Journal of International Economics, 2013, 91(2):220-234.

[19] Melitz M J. The impact of trade on intra-industry reallocations and aggregate industry productivity [J]. Econometrica, 2003, 71(6):1695-1725.

[20] Melitz M J, Ottaviano G I P. Market size, trade, and productivity[J]. The Review of Economic Studies, 2008, 75(1):295-316.

[21] Mundell R A. International trade and factor mobility[J]. American Economic Review, 1957, 47(3): 321-355.

[22] Nelson R. The simple economics of basic scientific research[J]. Journal of Political Economy, 1959, 67(3): 297.

[23] 陈洁,刘彬,张懿,等.中国出口贸易增长及影响因素研究——基于三元边际视角 [J].上海管理科学,2019(2):44-49.

[24] 郭东杰.中国高技术产业内贸易与竞争力分析——"里昂惕夫之谜"的综合解释 [J].经济学家,2010(9):19-26.

[25] 刘修岩,张学良.集聚经济与企业区位选择——基于中国地级区域企业数据的实证研究[J].财经研究,2010(11):83-92.

[26] 曲如晓,杨修,刘杨.文化差异、贸易成本与中国文化产品出口[J].世界经济,2015 (9):130-143.

[27] 徐永利,张悦.中国与金砖国家产业内贸易水平测度及影响因素[J].河北大学学报(哲学社会科学版),2021(4):116-127.

练习题

参考答案

1.分析以下三例,判断是外部规模经济还是内部规模经济。

(1)集中在安徽马鞍山的钢铁制造企业。

（2）全球最大的汽车玻璃供应商福耀玻璃由位于中国和美国的工厂共同进行生产制造。

（3）浙江桐乡被称为"中国毛衫第一市"。

2. 垄断竞争与完全垄断之间的区别与联系是什么？

3. 人们经常说规模报酬的存在会使国家之间产生摩擦，因为每个国家都希望扩大其具有规模经济的行业的生产。请就这句话根据所学的规模经济模型进行评述。

4. 近些年来，我国劳动力资源的短缺使人力成本上升。假如这种趋势继续，你认为目前中国占据主导地位的经济行业会发生怎样的变化？

5. 有人提出缩小国家之间的技术差距，会使发达国家福利受损，故不能缩小国家之间的技术差距，请就这句话提出你的评述。

6. 从经济角度来看，印度和中国具有一定程度的相似性，都是工资水平低的大国，具有相似的比较优势模式。近些年，两国都相对更加融入了国际贸易中，中国先开放，之后印度也进行了对外开放，这会对中国的福利有何影响？

附录：新贸易理论模型推导[①]

模型推导分为三个部分。

第一部分是模型基本假设，基于效用最大化和利润最大化得出封闭经济中消费者和生产者的均衡结果；第二部分是两国模型，讨论开放经济下的均衡结果；第三部分引入专业化进行讨论。

附录 1.1　模型基本假设及封闭经济下的均衡

附录 1.1.1　消费者层面

（1）消费者行为（D-S 模型）

假设消费者效用满足：

$$\max_{q(\omega)} U = \max_{q(\omega)} \left[\int_{\Omega} q(\omega)^{\frac{\sigma-1}{\sigma}} \, \mathrm{d}\omega \right]^{\frac{\sigma}{\sigma-1}} \tag{1-A1}$$

式中，$\omega \in \Omega$ 表示消费者消费 Ω 个差异化产品 ω，其中，两种产品之间的不变替代弹性 $\sigma = \dfrac{1}{1-\rho} > 1$。

---

① 附录部分的参考文献见"1.7 扩展性阅读"。

在预算约束下：

$$\int_\Omega p(\omega)q(\omega)\,\mathrm{d}\omega = wL = PQ \tag{1-A2}$$

可得需求函数为：

$$\begin{cases} q(\omega) = \left[\dfrac{p(\omega)}{P}\right]^{-\sigma}\dfrac{wL}{P} \\[2mm] P = \left[\displaystyle\int_\Omega p(\omega)^{1-\sigma}\,\mathrm{d}\omega\right]^{\frac{1}{1-\sigma}} \end{cases} \tag{1-A3}$$

构建拉格朗日效用函数：

$$L = \left[\int_\Omega q(\omega)^{\frac{\sigma-1}{\sigma}}\,\mathrm{d}\omega\right]^{\frac{\sigma}{\sigma-1}} + \lambda\left[wL - \int_\Omega p(\omega)q(\omega)\,\mathrm{d}\omega\right]$$

定义 $\rho = \sigma - \dfrac{1}{\sigma}, 0 < \rho < 1$，得：

$$L = \left[\int_\Omega q(\omega)^{\rho}\,\mathrm{d}\omega\right]^{\frac{1}{\rho}} + \lambda\left[wL - \int_\Omega p(\omega)q(\omega)\,\mathrm{d}\omega\right]$$

求导：

$$\frac{\partial L}{\partial q} = \frac{1}{\rho}\left[\int_\Omega q(\omega)^{\rho}\,\mathrm{d}\omega\right]^{\frac{1}{\rho-1}} \times \rho q(\omega)^{\rho-1} - \lambda p(\omega) = 0 \tag{1-A4}$$

由式（1-A1）可知，因为 $Q \equiv U = \left[\int_\Omega q(\omega)^{\rho}\,\mathrm{d}\omega\right]^{\frac{1}{\rho}}$，所以式（1-A4）可化为：

$$Q = \lambda PQ$$

也就是说，$\lambda = \dfrac{1}{P}$，将其代入 $\dfrac{1}{\rho}\left[\int_\Omega q(\omega)^{\rho}\,\mathrm{d}\omega\right]^{\frac{1}{\rho-1}} \times \rho q(\omega)^{\rho-1} = \lambda p(\omega)$ 得：

$$q(\omega) = Q \times \left[\frac{p(\omega)}{p}\right]^{\frac{1}{\rho-1}} \tag{1-A5}$$

因为 $wL = PQ$，所以 $Q = \dfrac{wL}{P}$；因为 $\rho = \sigma - \dfrac{1}{\sigma}$，所以 $\sigma = \dfrac{1}{1-\rho}$。

因此，式（1-A5）可以转换成：

$$q(\omega) = \frac{wL}{P} \times \left[\frac{p(\omega)}{p}\right]^{-\sigma} \tag{1-A6}$$

式（1-A6）中，$p(w)$ 为消费者最优消费量；总体价格水平 $P = \dfrac{wL}{Q} = \dfrac{\displaystyle\int_\Omega p(\omega)q(\omega)\,\mathrm{d}\omega}{Q}$

$= \dfrac{\displaystyle\int_\Omega p(\omega)q(\omega)\,\mathrm{d}\omega}{\left[\displaystyle\int_\Omega q(\omega)^{\frac{\sigma-1}{\sigma}}\,\mathrm{d}\omega\right]^{\frac{\sigma}{\sigma-1}}} = \left[\displaystyle\int_\Omega p(\omega)^{1-\sigma}\,\mathrm{d}\omega\right]^{\frac{1}{1-\sigma}}$。

（2）消费者价格指数 P 的解释

P 是指消费者价格指数（也称"理想价格指数"），是产品价格 $p(\omega)$ 的积分，$P =$

$$\left[\int_\Omega p(\omega)^{1-\sigma}\mathrm{d}\omega\right]^{\frac{1}{1-\sigma}}\text{。}$$

由式(1-A1)可知，$U=\left[\int_\Omega q(\omega)^{\frac{\sigma-1}{\sigma}}\mathrm{d}\omega\right]^{\frac{\sigma}{\sigma-1}}$。

将式(1-A6)代入式(1-A1)，可得：

$$U=\left\{\left[\int_\Omega \frac{p(\omega)}{P}\right]^{-\sigma\frac{\sigma-1}{\sigma}}\left(\frac{wl}{P}\right)^{\frac{\sigma-1}{\sigma}}\mathrm{d}\omega\right\}^{\frac{\sigma}{\sigma-1}}$$

化简可得：

$$U=\frac{wl}{P}P^\sigma\left[\int_\Omega p(\omega)^{1-\sigma}\mathrm{d}\omega\right]^{\frac{\sigma}{\sigma-1}}$$

因为 $P=\left[\int_\Omega p(\omega)^{1-\sigma}\mathrm{d}\omega\right]^{\frac{1}{1-\sigma}}$，所以 $P^{-\sigma}=\left[\int_\Omega p(\omega)^{1-\sigma}\mathrm{d}\omega\right]^{\frac{\sigma}{\sigma-1}}$，

可得：

$$U=\frac{wL}{P} \tag{1-A7}$$

由式(1-A7)可知，总效用 U 等于实际收入。如果名义收入 wL 和价格指数 P 同时增长 $x\%$，则效用保持不变。

消费者在最优选择后，要特别注意以下两个方程：

$$\begin{cases} P=\left[\int_\Omega p(\omega)^{1-\sigma}\mathrm{d}\omega\right]^{\frac{1}{1-\sigma}} \\ U=\frac{wL}{P} \end{cases}$$

两种产品之间的不变替代弹性 $\sigma=\frac{1}{1-\rho}>1$，价格指数 P 小于简单平均价格 $p(\omega)$，即存在：

$$P=\left[\int_\Omega p(\omega)^{1-\sigma}\mathrm{d}\omega\right]^{\frac{1}{1-\sigma}}<\int_\Omega p(\omega)\mathrm{d}\omega$$

这也体现了消费者对于种类多样化的偏好：对于给定的价格 $p(\omega)$，多样化程度越高，消费者效用越大。这是由于更低的价格指数 P 导致实际收入的增长。因为 $U=\frac{wL}{P}$，所以这意味着对于给定的名义收入 wL，价格指数 P 与效用成反比。

在 Krugmant(1980)模型中，国际贸易通过增加可供消费者使用的产品的多样化来提高消费者效用。

附录 1.1.2　生产者层面

(1)生产者行为

假设每家公司垄断生产一个品种为 ω 的产品(消费者多样化偏好＋不增加创造新产品种类的成本 → 不对现有的产品种类进行竞争)。

每个企业选择生产差异化产品 ω，劳动力以总水平 L 无限供给，L 也代表经济规模，则生产 q 单位产品的成本为：

$$L[q(\omega)] = f + \frac{q(\omega)}{\varphi} \tag{1-A8}$$

式中，f 为固定成本，$\varphi(\varphi > 0)$ 表示不同的生产率水平。企业生产的变动成本为 $\frac{q(\omega)}{\varphi}$，多生产一单位产品需多增加 $\frac{1}{\varphi}$ 单位的劳动力，劳动力工资（工资率）为 w，即存在边际成本 MC：

$$\mathrm{MC}(\varphi) = \frac{\mathrm{d}\{L[q(\omega)] \cdot \omega\}}{\mathrm{d}q(\omega)} = \frac{w}{\varphi} \tag{1-A9}$$

在垄断竞争企业中，存在最优价格 $p\left(1 - \frac{1}{\sigma}\right) = \mathrm{MC}(\varphi)$，其中，$\sigma$ 为需求价格弹性。

将式（1-A9）代入最优定价公式，可得：

$$p(\omega) = \frac{\sigma}{\sigma - 1} \frac{w}{\varphi} \tag{1-A10}$$

式中，$\frac{\sigma}{\sigma - 1}$ 为成本加成系数。

每家企业的固定成本（$f > 0$）都相同，当生产率水平（由 φ 表示）不同时，垄断企业利润可以表示为：

$$\pi(\omega) = p(\omega)q(\omega) - w\left[f + \frac{q(\omega)}{\varphi}\right] \tag{1-A11}$$

将式（1-A10）代入式（1-A11），整理可得：

$$\pi(\omega) = w\left[\frac{q(\omega)}{(\sigma - 1)\varphi} - f\right] \tag{1-A12}$$

由于假设企业自由进入市场，故而：

$$\pi(\omega) = w\left[\frac{q(\omega)}{(\sigma - 1)\varphi} - f\right] = 0$$

即

$$q(\omega) = (\sigma - 1)\varphi f \tag{1-A13}$$

因所有的企业都以相同的价格生产相同数量的产品，故式（1-A13）中的 ω 可忽略不写，则企业数量 n 满足的条件为：

$$n\left(f + \frac{q}{\varphi}\right) = L \tag{1-A14}$$

将式（1-A13）代入式（1-A14），整理得：

$$n = \frac{L}{\sigma f} \tag{1-A15}$$

由式（1-A15）可知，企业数量取决于国家规模（L）、固定成本（f）和替代弹性（σ）。

在长期内,固定成本越高,产品种类越多(替代弹性越大),则企业数量越少。因为 f 和 σ 减少了每个企业的利润。

(2)讨论总体价格指数 P

由式(1-A10)可知,价格企业最优定价:

$$p(\omega) = \frac{\sigma}{\sigma - 1} \frac{w}{\varphi}$$

那么均衡状态下总体价格水平为:

$$P = \left[\int_{\Omega} p(\omega)^{1-\sigma} \mathrm{d}\omega \right]^{\frac{1}{1-\sigma}} = \frac{\sigma}{\sigma - 1} \frac{w}{\varphi} \left(\int_{\Omega} \mathrm{d}\omega \right)^{\frac{1}{1-\sigma}} = \frac{\sigma}{\sigma - 1} \frac{w}{\varphi} n^{\frac{1}{1-\sigma}} \quad (1\text{-A}16)$$

由式(1-A16)可知,随着产品种类的增加,价格指数 P 下降。

将式(1-A15)代入式(1-A16),得到均衡价格为:

$$P = \frac{\sigma}{\sigma - 1} \frac{w}{\varphi} \left(\frac{L}{\sigma f} \right)^{\frac{1}{1-\sigma}} \quad (1\text{-A}17)$$

由式(1-A17)可知,经济规模越大(L 越大),总体价格水平越低。因为经济规模越大,允许更多品种的产品存在。由于在式(1-A17)中,$U = \dfrac{wL}{P}$,可知效用与总体价格指数成反比。也就是说,在自给自足(封闭经济)经济下,国家经济规模越大,福利水平越高。

附录 1.2　两国模型及讨论

附录 1.2.1　两国模型设定

由于我们想展示国际贸易(开放经济)对消费者福利的影响,因此,需要设计两国模型。假设有两个国家 L 和 L^*,除了经济规模不同外,其他完全相同。

运输成本为冰山成本,即出口商运输 1 单位产品时,进口商收到 $\dfrac{1}{\tau}$ 单位的产品($\tau > 1$),其他 $\left(1 - \dfrac{1}{\tau}\right)$ 单位的产品被损耗。

对于产品价格而言,本国市场的价格为:

$$p^D = \frac{\sigma}{\sigma - 1} \frac{w}{\varphi}$$

外国市场的价格为:

$$p^X = \tau \frac{\sigma}{\sigma - 1} \frac{w}{\varphi} = \tau p$$

需要注意的是,在两个市场上,运输前价格(FOB 价格)是相同的,因为替代弹性相同并且恒定,而到达目的地的价格(CIF 价格)需要乘以 τ,即运输成本完全转嫁给消费者。

结合附录 1.1 节封闭经济的内容,在两国模型中简单拓展。

总产量为:

$$q = q^D + \tau q^X$$

总利润为:

$$\pi = pq - w\left(f + \frac{q}{\varphi}\right) = w\left[\frac{q}{(\sigma-1)\varphi} - f\right]$$

用自由进入条件($\pi = 0$),可得:

$$q = (\sigma-1)\varphi f$$

企业数量为:

$$n = \frac{L}{\sigma f}$$

开放经济中,企业数量以及每个企业的生产水平与封闭经济下的情况相同。原因在于:①劳动力是不流动的;②固定成本和替代弹性保持不变。

那么,出口总值为:

$$X = n\tau p q^x(\tau p) \tag{1-A18}$$

式(1-A18)表示有 n 个企业出口,每个企业以 τp 的价格出口 $q^x(\tau p)$ 个产品到国外市场。其中,每个企业的出口数量、价格与函数 n 分别为:

$$q^x(\tau p) = \left(\frac{\tau p}{P^*}\right)^{-\sigma}\frac{w^* L^*}{P^*} \tag{1-A19}$$

$$p = \frac{\sigma}{\sigma-1}\frac{w}{\varphi} \tag{1-A20}$$

$$n = \frac{L}{\sigma f} \tag{1-A21}$$

将式(1-A19)、式(1-A20)、式(1-A21)代入式(1-A18)中,可得:

$$X = \frac{1}{\sigma f}\left[\frac{\sigma}{(\sigma-1)\varphi}\right]^{1-\sigma} L L^* \left(\frac{\tau w}{P^*}\right)^{1-\sigma} w^* \tag{1-A22}$$

对式(1-A22)两边分别取对数,可得:

$$\ln X = -\ln(\sigma f) + (1-\sigma)\ln\frac{\sigma}{(\sigma-1)\varphi} + \ln L + \ln L^* + (1-\sigma)\ln\frac{\tau w}{P^*} + \ln w^* \tag{1-A23}$$

附录 1.2.2 引力模型(gravity model)

两国间的贸易[见式(1-A23)]取决于两国经济规模(L 和 L^*)和双边运输成本(τ,通常用地理距离和其他虚拟变量表示)。

在附表 1-1 中,GDP 对应引力模型中的国家经济规模;Dist、contig、Colony、French 都是贸易成本 τ 的代理变量,通过分析 τ 的集约边际和扩展边际的变化,观测它们对国际贸易的影响。

如果 $\tau \to \infty$，贸易将不会发生。

如果 τ 不是无穷大时，每个国家都开始出口所有的产品品种，并进口所有其他国家的产品品种：这时，贸易通过扩展边际(extensive margin)上升。

然后，当 τ 持续下降，每一种产品出口增加，但是出口产品种类不变，这时，贸易通过集约边际(intensive margin)实现增长。

附表 1-1　1986—1992 年法国总出口的分解（34 种产业，159 个国家）

变量	所有公司（720 名员工）		单一地区公司（720 名员工）	
	平均	数量	平均	数量
	运输	总运输	运输	总运输
$\ln\mathrm{GDP}_{kj}$	0.461*	0.417*	0.421*	0.417*
	(0.007)	(0.007)	(0.007)	(0.008)
$\ln\mathrm{Dist}_j$	−0.325*	−0.446*	−0.363*	−0.475*
	(0.013)	(0.009)	(0.012)	(0.009)
contig_j	−0.064***	−0.007	0.002	0.190*
	(0.035)	(0.032)	(0.038)	(0.036)
Colony_j	0.100*	0.466*	0.141*	0.442*
	(0.032)	(0.025)	(0.035)	(0.027)
French_j	0.213*	0.991*	0.188*	1.015*
	(0.029)	(0.028)	(0.032)	(0.028)
N	23.553	23.553	23.553	23.553
R^2	0.480	0.591	0.396	0.569

注：本表是在控制年份和产业固定效应后的 OLS 估计结果。括号内是稳健标准误。* 和 *** 分别表示 10% 和 1% 的显著性水平。

资料来源：Crozet 和 Koenig(2010)。

附录 1.2.3　福利利得

由式(1-A10)可知，$p(\omega) = \dfrac{\sigma}{\sigma-1}\dfrac{w}{\varphi}$，由式(1-A15)可知，$n = \dfrac{L}{\sigma f}$，由式(1-A17)可知，$P = \dfrac{\sigma}{\sigma-1}\dfrac{w}{\varphi}\left(\dfrac{L}{\sigma f}\right)^{\frac{1}{1-\sigma}}$，因此，价格指数 D 为：

$$P = p(\omega)\,(n)^{\frac{1}{1-\sigma}} \tag{1-A24}$$

由此可得，在自给自足经济（封闭经济）中，

本国市场价格指数为：$P = pn^{\frac{1}{1-\sigma}}$

外国市场价格指数为：$P^* = p^* n^{*\frac{1}{1-\sigma}}$。

在开放经济中，价格指数既要考虑国内市场价格，又要考虑国外市场价格，此时，价格指数为：

本国市场价格指数为：$P = \left[p^{1-\sigma}n + (\tau p^*)^{1-\sigma}n^*\right]^{\frac{1}{1-\sigma}}$

外国市场价格指数为：$P^* = \left[p^{*\,1-\sigma} n^* + (\tau p)^{1-\sigma} n \right]^{\frac{1}{1-\sigma}}$

如果不存在运输成本，那么在开放经济中，不存在产品折损，本国市场价格指数等于外国市场价格指数（$\tau = 1$，且 $p = p^*$），则两国市场的价格指数可转换为：

$$P = P^* = (2np^{1-\sigma})^{\frac{1}{1-\sigma}}$$

因为 $\sigma > 1$，存在：

$$P = P^* = (2np^{1-\sigma})^{\frac{1}{1-\sigma}} < (np^{1-\sigma})^{\frac{1}{1-\sigma}}$$

因此，开放经济中由于消费者的多样性偏好，增加了福利水平（$U = wL/P$）。在 Krugman(1979) 中，也有对应的"竞争促进效应"（pro-competitive effect），即由于贸易自由化 τ 下降（$\tau^{1-\sigma}$ 提高）导致 p 的下降。

如附图 1-1 所示，封闭经济下的价格水平大于开放经济，说明开放经济较封闭经济带来了更多的福利。

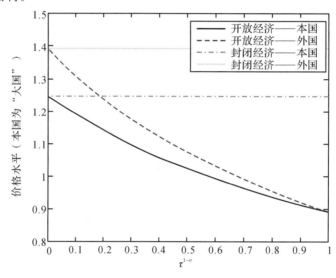

附图 1-1　贸易自由化与价格水平

2 异质性企业与新新贸易理论

2.1 导读

    无论是传统贸易理论还是新贸易理论，关注的核心议题都位于国家—产业宏观层面，而较少关注微观企业层面，这里的一个重要原因或者事实在于，企业被视为是彼此无差异的同质性个体。至少在一个国家内部，每个产业都被视为由同质的企业组成。但是，20 世纪 90 年代以来，随着全球化进程的不断推进，国际分工和国际贸易发生了深刻变化。与此同时，随着微观数据可获得性的增强，研究者愈加发现，在现实中只有很小一部分企业从事出口活动，并且即使在同一个产业内部，出口企业与非出口企业在生产率、规模等方面均存在显著的差异。Bernard 和 Jensen(1995)基于 1976—1987 年美国制造业企业数据，从劳动生产率、规模、要素密集度、劳动工资等视角分析了出口企业与非出口企业的差异性，研究发现，在同一个产业内部，出口企业的数量比例很低，但是其却具备更高的劳动生产率、更大的规模、更高的资本密集度以及支付更高的劳动工资的能力。表 2-1 为 1987 年美国出口企业和非出口企业经济指标的比较。

表 2-1　1987 年美国出口企业和非出口企业经济特征比较

特征	出口企业	非出口企业
总就业人数/人	254	58
总运输额/美元	44180000	6814640
人均工资/美元	24370	20420
生产工人平均工资/美元	20670	18020
非生产工人平均工资/美元	33270	29050
单位工人福利/美元	5720	4310
单位工人运输额/美元	146230	107000
单位工人增加值/美元	71540	51530

续　表

特征	出口企业	非出口企业
资本劳动比/(美元/人)	40840	27630
投资劳动比/(美元/人)	3480	2310
非生产工人占总工人数的比重/%	33	26
多工型企业比重/%	61	31

注:根据 1987 年对制造业的普查进行的计算,数值代表每个企业的平均值。
资料来源:Bernard 和 Jensen(1995),经过作者整理。

　　同样的,Aw 和 Hwang(1995)利用我国台湾地区电子产业的企业数据,研究发现出口企业在生产率和规模方面都要明显高于非出口企业。显而易见,传统贸易理论和新贸易理论都无法合理地解释这一现象,因为这些理论均采用了同质企业的假设,这也就意味着在均衡时,同一产业内部的企业在定价、产量、利润以及出口参与等方面是完全相同的。贸易理论随着实践的变化不断发展。进入 21 世纪初期,以伯纳德(Bernard)、梅里兹等为代表的经济学家,将企业生产率异质性引入新贸易理论,以微观企业作为研究对象,探究异质性企业层面的贸易动因和结果,开创了国际贸易理论体系的新视角——新新贸易理论。

　　本章主要介绍 Melitz(2003)经典文献中的主要内容。梅里兹对克鲁格曼在 1980 年提出的新贸易理论模型进行了拓展,即将产业内贸易延伸到了不同生产率的企业,解释了自由贸易化如何使得只有生产率较高的企业才能进入出口市场(而生产率稍低的企业仍旧留在国内市场),同时使得生产率最低的企业退出市场。该模型还揭示了开放资源分配将向更高生产率的企业转移,也发现了资源在企业间的再分配使得总行业生产率提高,直接导致了社会总体福利水平的提升。

2.2　名词解释

　　(1)沉没成本(sunk cost)
　　沉没成本是指已发生或承诺、无法回收的成本支出,如因失误造成的不可收回的投资。
　　(2)自我选择效应(self-selection effect)
　　企业生产率差异是决定其出口贸易行为选择的主要因素,生产率相对较高的企业会选择出口,而生产率相对较低的企业选择只供应国内市场。
　　(3)生产率之谜(productivity paradox)
　　新新贸易理论研究表明,由于存在显著的市场进入成本,只有高生产率的企业才会出口。然而,学者们却普遍发现中国出口企业在生产率上的表现与新新贸易理论相违背,即中国参与出口的企业,其生产率水平比非出口企业相对更低,这就是所谓的中国出口企业的"生产率之谜"现象。

(4)临界生产率(cutoff productivity)

新新贸易理论中存在两个临界生产率水平,一个是封闭经济中临界生产率水平,用于判断企业是否能成功进入国内市场,另一个是出口企业的临界生产率水平,用于判断企业是否能成功进入国际市场。出口企业的临界生产率水平必须满足两个条件:第一是超过封闭经济中临界生产率水平;第二是选择出口有利可图。

(5)生产率分布(distribution of productivity)

生产率分布是指由一个行业内所有企业(包括出口企业和非出口企业)形成的生产率分布函数的形状。以正态分布为例,正态分布是由均值和方差定义的,相同均值情况下,方差越大,行业内企业生产率分布越分散。

2.3　正文节选

原文:Melitz M J. The impact of trade on intra-industry reallocations and aggregate industry productivity [J]. Econometrica,2003,71(6):1695-1725.

2.3.1　模型的建立

在 Melitz(2003)的模型中,假定:①企业的生产率是不同的,企业的边际成本由一个概率分布随机外生决定。一般的,通常假定生产率服从帕累托分布。每个企业在选择进入(entry)市场前,并不知道自己未来的生产率水平。企业在生产过程中了解自己的生产率水平,才能做出是否出口的决策。②如果选择出口,企业除了需要支付"冰山型"运输成本等可变成本以外,还需要支付一笔出口固定成本。③假定两个国家的经济规模对称,每种产品的生产只有劳动者这个唯一的投入要素,两国工人的工资相等,为简化推导,假设两国工人的工资为 $w=1$。每个国家都只有一个工业部门,该部门在规模效益递增、垄断竞争条件下生产异质的商品。④不考虑企业之间的战略博弈。

(1)消费者行为

在文中,采用传统的 CES 消费者效用函数:

$$U = \left[\int_{\omega \in \Omega} q(\omega)^\rho \, \mathrm{d}\omega \right]^{1/\rho} \tag{2-1}$$

差异化产品集合为 Ω,差异化产品标识为 ω。差异化产品替代弹性为 σ。定义 $\rho = \dfrac{\sigma-1}{\sigma}$,其中,$0 < \rho < 1, \sigma > 1$。

定义价格指数为：

$$P = \left[\int_{\omega \in \Omega} p(\omega)^{1-\sigma} \, \mathrm{d}\omega \right]^{\frac{1}{1-\sigma}} \tag{2-2}$$

求解如下最优化问题：

$$\max U = \left[\int_{\omega \in \Omega} q(\omega)^{\rho} \, \mathrm{d}\omega \right]^{1/\rho}$$

定义总支出 R 为：

$$\mathrm{s.\,t.} \ R = PQ = \int_{\omega \in \Omega} p(\omega) q(\omega) \, \mathrm{d}\omega \tag{2-3}$$

建立拉格朗日效用函数：

$$\mathcal{L} = \left[\int_{\omega \in \Omega} q(\omega)^{\rho} \, \mathrm{d}\omega \right]^{1/\rho} + (-1)\lambda \left[R - \int_{\omega \in \Omega} p(\omega) q(\omega) \, \mathrm{d}\omega \right] \tag{2-4}$$

于是有：

$$p(\omega) q(\omega) = r(\omega) = R \left[\frac{p(\omega)}{P} \right]^{1-\sigma} \tag{2-5}$$

$$q(\omega) = Q \left[\frac{p(\omega)}{P} \right]^{-\sigma} \tag{2-6}$$

（2）厂商行为

根据前面的假定，仅使用劳动力一种生产要素。厂商生产 $q(\omega)$ 产量产品所需的劳动力成本，可表示为：

$$l = f + q(\omega)/\varphi \tag{2-7}$$

式(2-7)中，f 为固定成本；φ 为企业生产率；$\varphi > 0$。假定工人工资率为 w，则 w/φ 为边际成本。可以看出，更高的生产率对应更低的边际成本。

企业的利润函数可以表示为：

$$\max \pi(\varphi) = p(\omega) q(\omega) - w \cdot \left[f + q(\omega)/\varphi \right]$$

$$\mathrm{s.\,t.} \ q(\omega) = \frac{R \cdot p(\omega)^{-\sigma}}{P^{1-\sigma}}$$

于是根据利润最大的一阶条件，差异化产品定价模式为：

$$p(\omega) = \frac{w}{\rho\varphi} \tag{2-8}$$

进一步假设工资率标准化为 1，则企业利润可改写为：

$$\pi(\varphi) = r(\varphi) - l(\varphi) = \frac{r(\varphi)}{\sigma} - f \tag{2-9}$$

可得：

$$r(\varphi) = R(P\rho\varphi)^{\sigma-1} \tag{2-10}$$

$$\pi(\varphi) = \frac{R}{\sigma}(P\rho\varphi)^{\sigma-1} - f \tag{2-11}$$

另做第 j 个企业和第 i 个企业差异化产品产量的比值：

$$\frac{q_j(\omega)}{q_i(\omega)} = \frac{\dfrac{R \cdot p_j(\omega)^{-\sigma}}{P^{1-\sigma}}}{\dfrac{R \cdot p_i(\omega)^{-\sigma}}{P^{1-\sigma}}} = \left[\frac{p_j(\omega)}{p_i(\omega)}\right]^{-\sigma} = \left(\frac{\dfrac{1}{\rho\varphi_j}}{\dfrac{1}{\rho\varphi_i}}\right)^{-\sigma} = \left(\frac{\varphi_i}{\varphi_j}\right)^{-\sigma}$$

由式(2-10)可知：

$$\frac{r_j(\omega)}{r_i(\omega)} = \left(\frac{\varphi_j}{\varphi_i}\right)^{\sigma-1} \tag{2-12}$$

总结：企业生产率越大，企业的生产率越高。故从 $q(\varphi_j/q(\varphi_i)$、$r(\varphi_j/\varphi_i)$ 以及 $p(\varphi)$ 的表达式可知，生产率 φ 越高的企业，其产出 $q(\varphi)$ 也就越大，收益 $r(\varphi)$ 就越多，定价 $p(\varphi)$ 越低。

（3）加总（需求＋供给→均衡）

均衡时，假设市场有 M 家企业（此时有 M 种产品），且企业生产率服从的分布函数为 $\mu(\varphi)$，于是加总的价格指数式(2-2)可以改写为：

$$P = \left[\int_0^\infty p(\varphi)^{1-\sigma} \cdot M \cdot \mu(\varphi) \, \mathrm{d}\varphi\right]^{\frac{1}{1-\sigma}} \tag{2-13}$$

将式(2-8)代入式(2-13)后，式(2-13)可进一步改写为：

$$P = M^{\frac{1}{1-\sigma}} \cdot p(\tilde{\varphi}) \tag{2-14}$$

其中，定义 $\tilde{\varphi} = \left[\int_0^\infty \varphi^{\sigma-1} \cdot \mu(\varphi) \, \mathrm{d}\varphi\right]^{\frac{1}{\sigma-1}}$，表示企业生产力水平 φ 的加权平均值，将 $\dfrac{q(\varphi)}{q(\tilde{\varphi})} = \left(\dfrac{\varphi}{\tilde{\varphi}}\right)^{\sigma}$ 代入 $Q = \left[\int_0^\infty q(\varphi)^\rho \cdot M \cdot \mu(\varphi) \, \mathrm{d}\varphi\right]^{\frac{1}{\rho}}$，可得：

$$Q = M^{\frac{1}{\rho}} q(\tilde{\varphi}) \tag{2-15}$$

进而有：

$$R = PQ = M^{\frac{1}{1-\sigma}} \cdot p(\tilde{\varphi}) \cdot M^{\frac{1}{\rho}} q(\tilde{\varphi}) \tag{2-16}$$
$$R = PQ = M \cdot p(\tilde{\varphi}) \cdot q(\tilde{\varphi}) = M \cdot r(\tilde{\varphi})$$
$$\pi = M\pi(\tilde{\varphi}) \tag{2-17}$$

于是，式(2-14)、式(2-15)、式(2-16)和式(2-17)构成加总情况下的价格、产量、收益和利润函数。

2.3.2　企业进入和退出

2.3.2.1　企业生态的定义

假设存在大量的(没有限制)的潜在产业进入者，为了进入市场，企业必须先做初始投资，以劳动单位衡量的固定进入成本为 $f_e > 0$，它随后变为沉没成本。

企业从共同的生产率分布 $g(\varphi)$ 中抽取出 φ，$g(\varphi) > 0$ 且 $\in (0, \infty)$，连续累积分布用

$G(\varphi)$ 表示。如果企业从事生产,则在每一个阶段都面临 δ 的概率遭受坏的冲击(bad shock),迫使其退出生产。新的进入者(包括那些进入后失败的企业)比在位者具有更低的生产率和更高的退出概率。

该文只考虑总体变量随时间保持不变时的稳态均衡。由于每个企业的生产率水平并不随时间变化,每一期的最优利润水平(不包括 f_e)也保持不变。如果利润水平为负,生产率为 φ 的进入企业会立即退出并永远不生产,或者生产并在每一期获得利润贴现 $(\pi(\varphi) \geqslant 0)$,一直到遭受坏的冲击而被迫退出。假设并不存在时间的贴现,则每个企业的价值函数为:

$$v(\varphi) = \max\left\{0, \sum_{t=0}^{\infty}(1-\delta)^t\pi(\varphi)\right\} = \max\left\{0, \frac{\pi(\varphi)}{\delta}\right\} \tag{2-18}$$

$\pi(\varphi)$ 独立于式(2-5)中的 R 和 P,于是 $\varphi^* = \inf\{\varphi: v(\varphi) > 0\}$ 表示生产企业的最低生产率水平(因此代表临界生产率水平)[①]。由于 $\pi(\varphi^*) = 0$,这就是零利润临界条件。

任何生产率水平 $\varphi < \varphi^*$ 的企业会马上退出并再也不生产。由于假定随后退出的企业和生产率无关,因此退出过程并不影响均衡时的生产率分布 $\mu(\varphi)$,该分布必定以成功进入为基础,由初始抽取的生产率决定。

因此,可知 $\mu(\varphi)$ 是 $g(\varphi)$ 在 $\varphi \in [\varphi^*, \infty)$ 上的条件分布:

$$\mu(\varphi) = \begin{cases} \dfrac{g(\varphi)}{1 - G(\varphi^*)} & \varphi \geqslant \varphi^* \\ 0 & \varphi < \varphi^* \end{cases} \tag{2-19}$$

因此,企业事先进入成功的概率可定义为: $p_{in} \equiv 1 - G(\varphi^*)$。

这表示总的生产率水平 $\tilde{\varphi}$(也表示平均生产率水平)是临界水平 φ^* 的函数:

$$\begin{aligned} \tilde{\varphi}(\varphi^*) &= \left[\int_{\varphi^*}^{\infty} \varphi^{\sigma-1}\mu(\varphi)\, \mathrm{d}\varphi\right]^{1/(\sigma-1)} \\ &= \left[\frac{1}{1 - G(\varphi^*)}\int_{\varphi^*}^{\infty} \varphi^{\sigma-1}g(\varphi)\, \mathrm{d}\varphi\right]^{1/(\sigma-1)} \end{aligned} \tag{2-20}$$

2.3.2.2 零利润临界条件(均衡条件 I)

由式(2-20)可知,企业平均生产率水平 $\tilde{\varphi}$ 是临界生产率水平 φ^* 的函数,可得行业内企业平均收益水平为:

$$\bar{r} = r(\tilde{\varphi}) = \left[\frac{\tilde{\varphi}(\varphi^*)}{\varphi^*}\right]^{\sigma-1} \cdot r(\varphi^*) \tag{2-21}$$

将式(2-21)代入,平均利润为:

$$\bar{\pi} = \pi(\tilde{\varphi}) = \frac{r(\tilde{\varphi})}{\sigma} - f = \left[\frac{\tilde{\varphi}(\varphi^*)}{\varphi^*}\right]^{\sigma-1} \cdot \frac{r(\varphi^*)}{\sigma} - f \tag{2-22}$$

---

① 使价值函数为正的生产率水平中最小的那个生产率水平。

将式(2-21)和式(2-22)联立,可得:

$$\bar{r} = (\bar{\pi} + f) \cdot \sigma$$

由零利润条件可知:

$$\pi(\varphi^*) = \frac{r(\varphi^*)}{\sigma} - f = 0 \Leftrightarrow r(\varphi^*) = \sigma f \tag{2-23}$$

将式(2-23)和式(2-21)代入式(2-22),可得:

$$\bar{\pi} = \pi(\tilde{\varphi}) = \frac{r(\tilde{\varphi})}{\sigma} - f = \left[\frac{\tilde{\varphi}(\varphi^*)}{\varphi^*}\right]^{\sigma-1} \cdot \frac{\sigma f}{\sigma} - f$$
$$= f \cdot \left\{\left[\frac{\tilde{\varphi}(\varphi^*)}{\varphi^*}\right]^{\sigma-1} - 1\right\} = f \cdot k(\varphi^*) \tag{2-24}$$

式中,$k(\varphi^*) = \left[\frac{\tilde{\varphi}(\varphi^*)}{\varphi^*}\right]^{\sigma-1} - 1$。

2.3.2.3 自由进入和企业价值(均衡条件Ⅱ)

行业的平均利润水平 $\bar{\pi}$ 为正。事实上,未来正利润的预期是那些企业以 f_e [①]的沉没成本进入市场的唯一理由。

因此,企业进入行业的净价值 v_e 可写为:

$$v_e = \int_{\varphi^*}^{\infty} v(\varphi)\mu(\varphi)\,d\varphi - f_e = p_{in}\bar{v} - f_e = \frac{1-G(\varphi^*)}{\delta}\bar{\pi} - f_e \tag{2-25}$$

其中,$\bar{v}$ 是平均利润流的现值,也是公司的平均价值。如果 v_e 为负,则没有公司愿意进入。在不限制进入的均衡中,这个值可能不是正的,因为进入者的数量是无限的。$p_{in} = 1 - G(\varphi^*)$,表示企业成功进入行业的概率。

2.3.3 封闭均衡

2.3.3.1 稳态的生产率

结合均衡条件Ⅰ和Ⅱ,可得封闭条件下的均衡生产率和利润水平由如下两个方程决定。

由行业零利润条件式(2-24)可得:

$$\pi(\varphi^*) = f \cdot k(\varphi^*) \tag{2-26}$$

令进入行业的临界条件式(2-25)为零,可得:

$$\frac{1-G(\varphi^*)}{\delta}\bar{\pi} - f_e = 0$$
$$\bar{\pi} = \frac{\delta f_e}{1-G(\varphi^*)} \tag{2-27}$$

---

① 这是国内市场的进入成本,而不是出口市场进入的固定成本。

式(2-26)和式(2-27)分别给出了行业中企业的零临界利润条件(zero cutoff profit，ZCP)和企业自由进入条件(FE)。ZCP 曲线是生产率 φ 的减函数，FE 曲线是生产率 φ 的增函数，在 (φ, π) 空间中，两者有且只有一个交点，这保证了有唯一的均衡 φ^* 和 π(见图 2-1)。这个 φ^* 是封闭经济中市场均衡状态下的临界生产率水平。

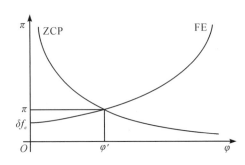

图 2-1 均衡状态下的临界生产率水平和利润水平

资料来源：Melitz(2003)。

2.3.3.2 稳态的企业数量

在静态的均衡中，企业总数 M 必须保持不变。这要求每一期新的进入企业数为 M_e，成功的进入企业数为 $p_{in}M_e$，恰好替代受坏的冲击而退出的在位企业数 δM。

于是企业自由进出的稳态条件为：

$$p_{in}M_e = \delta M \tag{2-28}$$

考虑总的劳动力供给为 L，劳动力总供给由两部分组成：$L = L_p + L_e$。其中，L_p 表示生产工人的总支付，L_e 表示投资工人的总支付。于是，生产工人的总支付 L_p 必须和总收入及利润之间的差异相匹配，表示为：

$$L_p = R - \pi \tag{2-29}$$

这也是生产工人劳动力市场的出清条件。

而投资工人的市场出清条件可表示为：

$$L_e = M_e f_e \tag{2-30}$$

将企业消亡与进入的稳定条件式(2-28)代入式(2-30)，将式(2-30)改写为：

$$L_e = M_e f_e = \frac{\delta M}{p_{in}} \cdot f_e = \frac{\delta M}{1 - G(\varphi^*)} \cdot f_e$$

$$L_e = M \cdot \frac{\delta f_e}{1 - G(\varphi^*)} = M \cdot \bar{\pi} = \pi \tag{2-31}$$

结合式(2-30)和式(2-31)，总收入可写为：

$$R = L_p + \pi = L_p + L_e = L \tag{2-32}$$

因此，式(2-32)表明：$R = L$ 由外生固定的国家规模指数决定。

在任何时期，(均衡)生产性企业数量由总收益水平和平均收益水平的比值决定：

$$M = \frac{R}{\bar{r}} = \frac{L}{\sigma(\bar{\pi} + f)} \tag{2-33}$$

2.3.3.3　均衡分析

均衡时企业层面的临界生产率、平均生产率、企业平均利润以及收益均与国家规模 L 不相关。企业数量与国家规模 L 呈正相关。每个工人的福利水平可表示为：

$$W = P^{-1} = M^{\frac{1}{\sigma-1}} \cdot \rho\tilde{\varphi} \tag{2-34}$$

由此可知，产品差异化程度 ρ 越高，工人的福利水平越高。

异质性企业模型解释了企业平均生产率 $\tilde{\varphi}$ 和企业平均利润水平 $\bar{\pi}$ 是如何内生决定的以及如何回应各种冲击，特别是当一国并不需要为了改变总体生产率水平而改变生产技术分布时。

2.3.4　开放经济的假设

进入出口市场的决策在企业掌握了生产率水平后才会做出。假定世界（或贸易团体）由相同的国家组成，做这个假设的目的是保证要素价格均等。企业可以将产品出口到任何一个国家，支付的固定成本 $f_{ex} > 0$；如果企业不出口，则要面临相同的固定成本 f。

2.3.5　开放经济均衡

2.3.5.1　开放利益格局

假定可贸易国家是对称的，世界上一共有 n 个规模相同的同质化国家。因此，两国工资水平依然可以假定为 1。从事出口的企业在国内销售产品的定价 $p_x(\varphi)$ 的基础上增加贸易成本（冰山成本 τ），贸易企业的产品定价依据利润最大化规则确定出口价格 $p_x(\varphi)$，式（2-8）可改写为：

$$p_x(\varphi) = \frac{\tau}{\rho\varphi} = \tau \cdot p_d(\varphi) \tag{2-35}$$

国内销售企业的收益可表示为：

$$r_d(\varphi) = R\left[\frac{p_d(\varphi)}{P}\right]^{1-\sigma} = R(P\rho\varphi)^{\sigma-1} \tag{2-36}$$

而出口企业的收益可表示为：

$$r_x(\varphi) = R\left[\frac{p_x(\varphi)}{P}\right]^{1-\sigma} = R\left[\frac{\tau \cdot p_d(\varphi)}{P}\right]^{1-\sigma}$$

$$= R\left[\frac{\tau \cdot p_d(\varphi)}{P}\right]^{1-\sigma} = \tau^{1-\sigma} \cdot R\left[\frac{p_d(\varphi)}{P}\right]^{1-\sigma} \qquad (2\text{-}37)$$

$$= \tau^{1-\sigma} \cdot r_d(\varphi)$$

其中,R 表示各国的总支出;P 表示物价指数。

于是,由式(2-36)和式(2-37)可知,企业的收益取决于其是否出口:

$$r(\varphi) = \begin{cases} r_d(\varphi), & \text{未出口} \\ r_d(\varphi) + nr_x(\varphi) = (1+n\tau^{1-\sigma})r_d(\varphi), & \text{出口到所有国家} \end{cases} \qquad (2\text{-}38)$$

2.3.5.2　企业进入、退出和出口条件

假设每个企业的利润能够分为从国内市场获得的利润 $\pi_d(\varphi)$ 和出口获得的利润 $\pi_x(\varphi)$,两者分别表示为:

$$\pi_d(\varphi) = \frac{r_d}{\sigma} - f \qquad (2\text{-}39)$$

$$\pi_x(\varphi) = \frac{r_x}{\sigma} - f_x \qquad (2\text{-}40)$$

因此,企业的利润是:

$$\pi(\varphi) = \pi_d(\varphi) + \max\{0, n\pi_x(\varphi)\} \qquad (2\text{-}41)$$

和封闭经济条件下类似,开放经济条件下企业的价值是:

$$v(\varphi) = \max\{0, [\pi(\varphi)]/\delta\} \qquad (2\text{-}42)$$

成功进入市场的企业的临界生产率水平可表示为:

$$\varphi^* = \inf\{\varphi : v(\varphi) > 0\} \qquad (2\text{-}43)$$

此外,出口企业的临界生产率水平可表示为:

$$\varphi_x^* = \inf\{\varphi : \varphi \geqslant \varphi^*, \pi_x(\varphi) > 0\} \qquad (2\text{-}44)$$

讨论:

①如果 $\varphi_x^* = \varphi^*$,那么产业中的所有企业都出口。在这种情况下,临界企业获得零总利润,即 $\pi(\varphi^*) = \pi_d(\varphi^*) + n\pi_x(\varphi^*) = 0$,以及非负的出口利润,即 $\pi_x(\varphi^*) \geqslant 0$。

②如果 $\varphi_x^* > \varphi^*$,那么生产率水平介于两者之间的企业只为国内市场生产而不出口。[①] 它们在国内市场销售中获得非负的利润。这类企业并不出口,因为出口利润为负。

③如果生产率水平在 φ_x^* 以上。则企业会在国内和国外市场上同时获得正的利润。

---

① 由于 φ^* 是封闭经济出口企业的临界生产率水平,φ_x^* 是开放经济出口企业的临界生产率水平,因此如果 $\varphi_x^* > \varphi^*$,那么显然介于这两者之间的企业将会是那些在国内市场有利润但是出口没有利润的企业,于是它们选择在国内市场销售。

由此定义出口企业的临界生产率水平必须满足：

$$\pi_d(\varphi^*) = 0, \text{且 } \pi_x(\varphi_x^*) = 0 \tag{2-45}$$

④当且仅当 $\tau^{\sigma-1} f_x > f$ [①]时，企业出口才会分离，贸易成本相对于总的制造成本必须高于一个门槛水平。注意，如果出口不存在固定出口成本（$f_x = 0$），就没有任何 $\tau > 1$ 的变量导致这种企业的出口分离。然而，足够大的出口固定成本（$f_x > f$）也会导致企业参与出口，即便不存在可变的贸易成本变量。当企业出口分离普遍存在时，假定固定成本和可变成本的结合足够高，以致产生分离条件 $\tau^{\sigma-1} f_x > f$，此时部分企业既出口，又能供应国内市场，而另一部分企业只能供应国内市场。

令 M 表示任何国家均衡的在位企业数量，于是出口企业的数量表示为：

$$M_x = p_x M \tag{2-46}$$

而任何国家消费者能够消费的总品种（或者总的企业数）则可表示为：

$$M_t = M + nM_x \tag{2-47}$$

2.3.5.3　加总

总的价格指数 P 和总支出 R，以及任何国家每个工人的福利水平 W 都可以写成平均生产率水平 $\tilde{\varphi}_t$ 以及消费种类 M_t 的函数：

$$P = M_t^{1/(1-\sigma)} p(\tilde{\varphi}_t) = M_t^{1/(1-\sigma)} \frac{1}{\rho \tilde{\varphi}_t} \tag{2-48}$$

$$R = M_t r_d(\tilde{\varphi}_t) \tag{2-49}$$

$$W = \frac{R}{LP} = \frac{R}{L} \cdot \rho \tilde{\varphi}_t \cdot M_t^{1/(\sigma-1)} = \rho \tilde{\varphi}_t \cdot M_t^{1/(\sigma-1)} \tag{2-50}$$

所有国内企业[②]的混合总平均收益为 $\bar{r}$，（从国内和出口销售中获得）利润为 $\bar{\pi}$：

$$\bar{r} = r_d(\tilde{\varphi}) + p_x n r_x(\tilde{\varphi}_x) \tag{2-51}$$

$$\bar{\pi} = \pi_d(\tilde{\varphi}) + p_x n \pi_x(\tilde{\varphi}_x) \tag{2-52}[③]$$

式中，$p_x = [1-G(\varphi_x^*)]/[1-G(\varphi^*)]$ 是事前企业成功出口的概率。

2.3.5.4　均衡条件

根据均衡条件可得：

---

① 企业出口状态分离的充要条件是：封闭经济条件下出口企业的国内临界利润为零，而开放经济条件下出口企业的国内临界利润为负。于是，$\pi_d(\varphi^*) = \frac{r_d}{\sigma} - f = 0$，$r_d = \sigma f$，而 $\pi_x(\varphi_x^*) = \frac{r_x}{\sigma} - f_x < 0$，$r_x < \sigma f_x$，又因为 $r_x(\varphi) = \tau^{1-\sigma} r_d(\varphi)$，所以企业出口状态分离的充要条件是 $\tau^{\sigma-1} f_x > f$。

② 包括所有的国内出口企业和国内不出口企业，文章用混合平均总生产率水平 $\tilde{\varphi}_t$ 来刻画。

③ 混合平均利润由两部分构成：第一部分是以概率 1 获得的国内销售利润；第二部分是以概率 p_x 获得的出口销售利润，因为进入出口市场的事后概率为 p_x，在国家对称的假设下，进入每个市场的概率是相同的，因此还要乘上 n。

$$\pi_d(\varphi^*) = 0, \pi_d(\tilde{\varphi}) = fk(\varphi^*) \tag{2-53}$$

$$\pi_x(\varphi_x^*) = 0, \pi_x(\tilde{\varphi}_x) = fk(\varphi_x^*) = f_x k(\varphi_x^*) \tag{2-54}$$

式中，$k(\varphi) = \{[\tilde{\varphi}(\varphi)]/\varphi\}^{\sigma-1} - 1$。

可得：

$$\frac{r_d(\varphi^*)}{r_x(\varphi_x^*)} = \frac{\sigma f}{\sigma f_x} = \frac{R\left[\frac{p_d(\varphi^*)}{P}\right]^{1-\sigma}}{\tau^{1-\sigma} \cdot R\left[\frac{p_d(\varphi_x^*)}{P}\right]^{1-\sigma}} = \frac{1}{\tau^{1-\sigma}} \cdot \left(\frac{\varphi^*}{\varphi_x^*}\right)^{1-\sigma}$$

$$\frac{f}{f_x} = \frac{1}{\tau^{1-\sigma}} \cdot \left(\frac{\varphi^*}{\varphi_x^*}\right)^{1-\sigma}$$

$$\varphi_x^* = \varphi^* \tau \left(\frac{f_x}{f}\right)^{\frac{1}{\sigma-1}} \tag{2-55}$$

这里可以清楚地看到，出口企业的零利润临界生产率水平 φ_x^* 和非出口企业的零利润临界生产率水平 φ^* 的关系是由进入出口市场的固定成本 f_x 和进入国内市场的固定成本 f 的大小决定的。很显然，如果出口的进入固定成本很高，那么门槛效应十分明显，自然 φ_x^* 就会较大。

将式(2-53)和式(2-54)代入平均利润式(2-52)，可得：

$$\bar{\pi} = \pi_d(\tilde{\varphi}) + p_x n\pi_x(\tilde{\varphi}_x) = fk(\varphi^*) + p_x n f_x k(\varphi_x^*) \tag{2-56}$$

2.3.5.5 均衡分析

在封闭经济中，自由进入条件(FE)和新的零利润临界条件(ZCP)界定了唯一的 φ^* 和 $\bar{\pi}$：新的 ZCP 曲线将和 FE 曲线只相交一次。均衡的 φ^* 决定了出口的临界生产率水平 φ_x^* 和平均生产率水平 $\tilde{\varphi}$。$\tilde{\varphi}_x$ 和 $\bar{\varphi}_t$ 成功进入市场的概率和出口事先进入的成功概率分别为 p_{in} 和 p_x。

定义 M_e 表示新进入行业的企业数量。

如同封闭经济的均衡那样，自由进入条件和总稳定的条件同样是：

$$p_{in}M_e = \delta M \tag{2-57}$$

式(2-57)保证了对投资工人 L_e 的总支付和总利润水平 Π 相等。于是，总的收入 R 由劳动力规模外生固定，$R = L$。企业平均收益是由 ZCP 和 FE 条件决定：

$$\begin{cases} \bar{\pi} = \pi_d(\tilde{\varphi}) + p_x n\pi_x(\tilde{\varphi}_x) \\ \pi(\tilde{\varphi}) = \frac{r(\tilde{\varphi})}{\sigma} - f \end{cases} \tag{2-58}$$

令 $\pi(\tilde{\varphi}) = \frac{r(\tilde{\varphi})}{\sigma} - f = 0$，并将式(2-51)代入，可得：

$$\bar{r} = r_d(\tilde{\varphi}) + p_x n r_x(\tilde{\varphi}_x)$$
$$\bar{r} = \sigma[\pi_d(\tilde{\varphi}) + f] + \sigma p_x n[\pi_x(\tilde{\varphi}_x)_x + f_x]$$
$$\bar{r} = \sigma \pi_d(\tilde{\varphi}) + \sigma p_x n \pi_x(\tilde{\varphi}_x)_x + \sigma f + \sigma f_x$$
$$\bar{r} = \sigma[\pi_d(\tilde{\varphi}) + p_x n \pi_x(\tilde{\varphi}_x)_x + f + f_x]$$
$$\bar{r} = \sigma(\bar{\pi} + f + f_x)$$

于是，均衡时企业数量可表示为：

$$M = \frac{R}{\bar{r}} = \frac{L}{\sigma(\bar{\pi} + f + p_x n f_x)} \qquad (2\text{-}59)[①]$$

进而决定了每个国家的产品种类：$M_t = (1 + n p_x)M$。

2.3.6　贸易的影响

2.3.6.1　生产率的自我选择效应

用 φ_a^* 和 $\tilde{\varphi}_a$ 分别表示封闭经济临界生产率水平和平均生产率水平。对比封闭条件下零利润条件：

$$\frac{1 - G(\varphi^*)}{\delta} \bar{\pi} - f_e = 0 \qquad (\text{FE})$$
$$\bar{\pi} = \frac{\delta f_e}{1 - G(\varphi^*)} \qquad (2\text{-}60)$$

与开放条件下零利润条件：

$$\bar{\pi} = \pi_d(\tilde{\varphi}) + p_x n \pi_x(\tilde{\varphi}_x) = fk(\varphi^*) + p_x n f_x k(\varphi_x^*) \quad (\text{ZCP}) \qquad (2\text{-}61)$$

开放经济中新的 ZCP 条件和封闭经济条件相比，揭示了 ZCP 曲线向上移动的原因：贸易的开展导致了临界生产率水平（$\varphi^* > \varphi_a^*$）和企业平均利润的提高。

2.3.6.2　企业数量效应

分析企业数量，封闭经济条件下的企业数量为：

$$M_a = M = \frac{R}{\bar{r}} = \frac{L}{\sigma(\bar{\pi} + f)} \qquad (2\text{-}62)$$

开放经济条件下的企业数量为：

$$M = \frac{R}{\bar{r}} = \frac{L}{\sigma(\bar{\pi} + f + p_x n f_x)} \qquad (2\text{-}63)$$

对比可知，尽管国家中企业数量在贸易后下降了，消费者仍然能享受到更多的产品

---

① 产业均衡时的企业数量取决于 $\bar{\pi}$、p_x、f、f_x，又因为 $\bar{\pi}$，p_x 是内生决定的，所以企业数量最终由企业生产率事先分布函数，坏的冲击发生概率，国内外市场进入成本 $g(x)$、δ、f、f_x 这些外生变量决定。

种类 $[M_t = (1 + np_x)M > M_a]$。国内企业数量的下降是由新的外国出口商所决定的。当出口成本高的时候,这些外国企业不太可能替代大量的国内企业(除非后者足够的低效率)。尽管生产品种对福利有负面影响[①],但这个效果被总生产率正的贡献所覆盖了。因此,尽管贸易有成本,但是总能创造福利。

2.3.6.3 福利效应

依据 $W = P^{-1} = M^{\frac{1}{\sigma-1}} \cdot \rho\tilde{\varphi}$,可知在自给自足点(autarky point)上的工人福利水平表示为:

$$W_a = P^{-1} = M_a^{\frac{1}{\sigma-1}} \cdot \rho\tilde{\varphi}_a = \rho\Big(\frac{L}{\sigma f}\Big)^{\frac{1}{\sigma-1}}\tilde{\varphi}_a^* \tag{2-64}$$

开放经济条件下工人的福利可表示为:

$$W_t = P^{-1} = M_t^{\frac{1}{\sigma-1}} \cdot \rho\tilde{\varphi}_t = \rho\Big(\frac{L}{\sigma f}\Big)^{\frac{1}{\sigma-1}}\tilde{\varphi}_t^* \tag{2-65}$$

由于 $\tilde{\varphi}_t^* > \tilde{\varphi}_a^*$,因此,贸易会促进工人福利水平提高,即 $W_t > W_a$。

2.3.6.4 市场份额与利润的重新配置

令 $r_a > 0, \pi_a \geq 0$ 表示企业在封闭经济条件下的收入和利润。在封闭经济和开放经济均衡中,国内企业总的收入是外生给定的($R=L$),因此,$[r_a(\varphi)]/R$ 和 $[r(\varphi)]/R$ 分别表示在封闭经济和贸易这两种均衡下,企业在国内产业中所占市场份额。因此,贸易对企业市场份额的影响可表示为:

$$r_d(\varphi) < r_a(\varphi) < r_d(\varphi) + nr_x(\varphi) \quad (\forall \varphi > \varphi^*) \tag{2-66}$$

利润变化可以写成:

$$\Delta\pi(\varphi) = \pi(\varphi) - \pi_a(\varphi) = \frac{1}{\sigma}\{[r_d(\varphi) + nr_x(\varphi)] - r_a(\varphi)\} - nf_x \tag{2-67}$$

因为 ZCF 条件为:

$$r_d(\varphi) = [\varphi/(\varphi^*)]^{\sigma-1}\sigma f$$
$$r_x(\varphi) = \tau^{1-\sigma}[\varphi/(\varphi^*)]^{\sigma-1}\sigma f$$
$$r_a(\varphi) = [\varphi/(\varphi_a^*)]^{\sigma-1}\sigma f$$

因此,式(2-67)可改写为:

$$\Delta\pi(\varphi) = \frac{\varphi^{\sigma-1}}{\sigma}\left\{\left[\frac{1+n\tau^{1-\sigma}}{(\varphi^*)^{\sigma-1}} + \frac{1}{(\varphi_a^*)^{\sigma-1}}\right] - r_a(\varphi)\right\} - nf_x \tag{2-68}$$

---

① 开放后国内企业数量下降的主要原因在于这是一个静态模型,劳动力的数量不发生变化。这里可以做的一个拓展是假定劳动力存在一个效率系数,通过系数的变化调节劳动力数量变化,最终这个系数应当是内生决定的。这个拓展可以应用到贸易对劳动力流动或劳动力效率问题的研究上。

2.3.7　贸易自由化的影响

2.3.7.1　贸易伙伴增加的影响

临界生产率水平随 n 的增加而增长：$\varphi^{*'} > \varphi^*$，$\varphi_x^{*'} > \varphi_x^*$。贸易伙伴数量的增加促使效率最低的企业退出。如同从封闭状态转向开放状态，贸易开放使得所有企业失去了一定比例的国内市场：$r_d'(\varphi) < r_d(\varphi)$，$\forall \varphi > \varphi^*$。而不太有效率的企业（$\varphi < \varphi_x^{*'}$）并不出口，于是出现了收入和利润的损失，效率最低的企业被淘汰，生产率最高的企业利润增加。因此，市场份额和利润都向生产率水平更高的企业转移，这种市场份额的转移提高了总生产率水平，增加了福利。

2.3.7.2　贸易成本下降的影响

可变贸易成本的下降与贸易伙伴增加有着同样的作用，τ 下降为 $\tau'(\tau' < \tau)$ 会使得 ZCP 曲线上移，并导致临界生产率水平 $\varphi_x^{*'} > \varphi^*$。唯一的差别是新的出口临界生产率水平 $\varphi_x^{*'}$ 将小于 φ_x^*。贸易自由化使生产率最低的企业退出市场，同时，由于贸易成本下降，使得出口市场有新企业不断进入。所有企业都让出一部分本国市场，生产率较高的企业不仅能够用新增的出口市场的销售来弥补本国销售市场的损失，并且生产率水平最高的企业还能增加利润。因此，生产率水平最低的企业的退出和市场份额向生产率水平最高的企业的转移使得总生产率水平提高，福利增加。

2.3.8　结论

贸易能够引发生产率较高的企业进入出口市场，而生产率水平较低的企业只能为本土市场生产，生产率水平最低的企业将退出市场。贸易自由化进一步使得资源在异质性企业间重新配置，并流向生产率水平较高的企业。产业的总体生产率水平由于资源的重新配置获得了提高，这种类型的贸易利得是以前的贸易理论没有解释过的。削减关税、降低运输成本或增加出口市场规模，这些措施都将提高本土和出口市场销售的平均生产率水平。整个产业的生产率水平也会得到相应提高。

2.4　扩展与应用

梅里兹模型的优势还在于它便于进一步拓展，应用于分析其他问题。目前，以梅里兹模型为基础的理论研究涉及对外直接投资、贸易增长、多产品出口企业的决策等问题,这些都属于异质性企业贸易的研究范畴。

2.4.1　对外直接投资问题

对外直接投资是国际经济活动的重要构成部分。Helpman 等(2004)将梅里兹模型加以拓展,以分析水平 FDI 决策。水平 FDI 的作用是直接服务于东道国消费者,当这样做所能够规避的贸易成本高于在当地的运营成本时,就会产生 FDI 激励。Helpman 等(2004)将异质性企业引入一个简单的多国家多部门模型中,每个企业需要决定是否服务国外市场,以及采用出口还是直接投资的形式来服务国外市场。不同进入方式的相对成本不同,出口的固定成本较低但可变成本较高,而 FDI 的启动成本较高但可变成本较低。该分析表明,企业生产率水平差异在解释投资行为时有重要作用,主要结论包括:只有生产率水平高的企业才会服务国外市场,这与 Melitz(2003)的预期相一致;在那些服务国外市场的企业中,生产率水平最高的企业才会进行直接投资;在企业异质性程度较高的行业中,FDI 销售额相对于出口的比重也较高。这些研究结论在 Helpman 等(2004)中也得到了实证支持。

此后,一些文献对 Helpman 等(2004)做了进一步拓展。Yeaple(2009)、Chen 和 Moore(2010)考察了对外直接投资行为的生产率分割点,结果发现,东道国 GDP 水平越高、关税水平越高、东道国与母国地理距离越短,在该东道国进行直接投资的生产率水平分割点就会越低。Yeaple(2009)还发现,更有效率的企业所投资国家的数量往往也更多。Grossman 等(2006)同时考虑潜在东道国经济发展水平(发达国家和发展中国家)以及产品类型(制成品和中间产品)的影响,结果表明,依据企业生产率水平和各种产品贸易成本的不同,企业生产区位决策有多种不同的变化类型。

2.4.2　贸易增长二元边际问题

贸易成本如何影响贸易规模是国际贸易研究中的重要议题。新贸易理论认为,从封闭经济转向开放经济,消费者能够购买到来自国外的新品种,由此形成的贸易增长被称为广义边际增长。但在贸易成本进一步下降时,由于新贸易理论假设消费者已经得到所有可获得的品种,因而贸易增长就只是体现在每个品种消费量的增加上,即集约边际增长。如果考虑到完全封闭经济下并不具有现实性的问题,就可以认为新贸易理论中贸易成本下降的影响主要体现在集约边际上。

通过引入异质性企业,Melitz(2003)对此提出了新观点。根据梅里兹模型,贸易成本的下降对集约边际会产生两种相反的结果:一方面,贸易成本下降会提高出口商的出口规模,从而增加了平均出口额;另一方面,贸易成本下降意味着一些原来处于生产率门槛的出口商,也能够获得足够的利润来支付出口固定成本。由于这些新进入企业的出口额要小于生存下来的企业,就会降低企业的平均出口额。在企业生产率水平服从帕累托分布的情况下,这两种效应正好相互抵消,使得集约边际独立于贸易成本。也就是说,贸易成本只能够通过广义边际,即出口企业数量的变化(也就是出口品种数量的变化)影响双边贸易额。

但在另一篇文献中,Chaney(2008)在梅里兹模型框架内引入了不同部门、不同国家的设定,得出了不同的结论。根据钱纳里(Chaney)的分析,贸易成本下降时,既有的出口企业能够索取更低的价格,从而增加出口、获得更大的市场份额。同时,那些生产率水平不够高的潜在出口商,现在也能够进入出口市场,进而增加总出口额。因此,广义边际和集约边际对于贸易成本的变化都会进行相应调整。而且,一旦将广义边际考虑进来,贸易成本对贸易规模的影响程度会更大。

2.4.3 多产品出口企业的决策问题

在经典的异质性企业贸易理论中,其中一个前提是假定一个企业只生产一种产品,但这与现实不相符。自 2009 年以来,许多经验表明,多产品企业在美国、新西兰、巴西和中国等众多国家的生产和贸易中普遍存在(Bernard,2011;Arkolakis and Muendler,2010;钱学锋,2013)。为此,学者们陆续开始提出基于多产品企业假定的异质性企业贸易理论模型,进一步强调资源的再配置过程不仅仅局限于企业之间,同时也普遍地发生在企业内部(Dhingra,2013;Qiu and Zhou,2013)。

Bernard 等(2011)的研究发现,高生产率企业由于能够创造更多利润,会选择同时出口更多种类的产品,生产率水平居中的企业只在国内市场销售,生产率水平最低的企业退出生产活动。而贸易自由化会引致企业放弃生产边际成本较高的外围产品,可变贸易成本上升会同时降低出口企业的数量、企业的出口产品范围和特定企业对特定产品的出口规模。Qiu 和 Zhou(2013)将产品特征因素(新产品的引入存在固定成本)纳入模型中,结果表明,在贸易自由化冲击下,生产效率高的企业扩大产品范围的充分必要条件是随着产品范围的扩大,新产品引入的固定成本会翻倍增加,而且随着贸易自由化的进一步推进,选择扩大产品范围的企业比例会越来越小。

Dhingra(2013)在多产品企业的垄断竞争框架下,假定企业生产率存在异质性,企业存在两条创新途径——产品创新和生产工序创新。同时,将品牌差异模型化,强调对于消费者而言同一品牌下不同产品的需求弹性更大,即品牌内的产品存在需求侵蚀效应。模型认为,双边贸易关税削减时,竞争效应促使内销企业缩小其产品范围;对于出口企业而言,生产率水平高的企业会增加其产品范围,但是生产率水平低的企业则会选择缩小其产品范围。出口国单边关税削减时,内销企业依然会缩小其产品范围,以应对激烈的市场竞争;但是对于出口企业而言,生产率水平高的企业会缩小其产品范围,但是生产率水平低的企业则会选择增加其产品范围。

Manova 和 Zhang(2012)则将出口产品质量引入到多产品企业的异质性企业贸易模型中,发现企业出口产品的单位价值越高,其出口额越高;当企业缩减其产品范围时,企业会更集中于其单位价值较高的产品的生产,放弃其单位价值较低的产品的生产;企业出口产品的价格与企业的投入品价格呈正向关系。

2.5　本章小结

与传统贸易理论和新贸易理论所不同的是,新新贸易理论突破了企业同质性的分析框架。在新贸易理论有关"不完全竞争市场结构、规模经济"等假设的基础上进一步引入企业异质性,以微观企业作为考察对象,从异质性企业层面研究贸易的动因和结果问题,进而开创了国际贸易理论发展的新视角。新新贸易理论将国际贸易的研究对象扩展至企业层面,强调了企业异质性对国际贸易具有至关重要的影响,该理论成功地解释了同一产业内部出口和非出口企业并存这一微观现象,而且也解释了产业内贸易。此外,新新贸易理论还揭示了国际贸易收益的新来源:贸易自由化会导致低效率企业退出市场,高效率企业的市场份额得到扩张,即通过产业内资源再配置提高了行业总体生产率水平。

2.6　扩展性阅读

[1] Arkolakis C, Muendler M A. The extensive margin of exporting goods: A firm-level analysis[J]. NBER Working Paper, 2010:16641.

[2] Aw B Y, Hwang A R. Productivity and the export market: A firm-level analysis [J]. Journal of Development Economics, 1995, 47(2):313-332.

[3] Bernard A, Jensen J. Exporters, jobs, and wages in U. S. manufacturing: 1976—1987 [J]. Brookings Papers on Economic Activity, Microeconomics Annual, Brookings Institution, Washington,D. C, 1995.

[4] Bernard A B, Redding S J, and Schott P K. Multi-product firms and trade liberalization[J]. Quarterly Journal of Economics,2011,126(3):1271-1318.

[5] Chaney T. Distorted gravity: The intensive and extensive margins of international trade[J]. American Economic Review, 2008,98(4):1707-1721.

[6] Chen M X, Moore M. Location decision of heterogeneous multinational firms[J]. Journal of International Economics, 2010, 80(2): 188-199.

[7] Dhingra S. Trading away wide brands for cheap brands[J]. American Economic

Review，2013，103(6)：2554-2584.

[8] Grossman G M，Helpman E and Szeidl A. Optimal integration strategies for the multinational firm[J]. Journal of International Economics，2006,70(1)：216-238.

[9] Helpman E，Melitz M J and Yeaple S R. Export versus FDI with heterogeneous firms[J]. American Economic Review,2004，94(1):300-316.

[10] Manova K，Zhang Z. Export prices across firms and destinations[J]. The Quarterly Journal of Economics，2012,127(1):379-436.

[11] Melitz M J. The impact of trade in intra-industry reallocations and aggregate industry productivity[J]. Econometrica，2003，71(6)：1695-1725.

[12] Qiu L D，Zhou W. Multiproduct firms and scope adjustment in globalization[J]. Journal of International Economics,2013,91(1):142-153.

[13] Yeaple S R. Firm heterogeneity and the structure of U. S. multinational activity：An empirical analysis[J]. Journal of International Economics，2009,78(2)：206-215.

[14] 钱学锋，王胜，陈勇兵. 中国的多产品出口企业及其产品范围:事实与解释[J]. 管理世界，2013(1):9-27,66.

练习题

参考答案

1. 名词解释

异质性企业　　生产率　　多产品企业

2. 请简述新新贸易理论的核心内容和贡献。

3. 与企业异质性贸易理论的说法不同的是，中国规模以上工业制造业出口企业的生产率水平并没有显著地高于非出口企业的生产率水平，这就是"企业的生产率之谜"。请尝试解释这个现象。

3 需求与国际贸易模式

3.1 导读

在国际贸易经典模型中,对于贸易模式的解释大多从供给角度出发,早期研究认为国际贸易源于国家之间的技术和生产率差异,克鲁格曼的新贸易理论重点突出了在规模报酬递增和非完全竞争的前提下贸易产生的原因。之后以 Melitz(2003)为代表的新新贸易理论则进一步从微观企业的角度进行分析,认为企业生产率的异质性导致了贸易的产生。然而,以往的这些模型都忽视了解释国际贸易的一个重要角度,即进口国的需求。这是因为这些模型均隐含了一个重要的假设——位似偏好(homothetic preference),即收入增长之后,消费者对不同类型贸易产品的需求只会同比例增长,这意味着国际贸易模式不会因为进口国收入的增长而发生改变。通过假设消费者的偏好是位似的,大大简化了需求端可能存在的影响,从而便于主流贸易理论集中于供给维度(要素禀赋、规模报酬、企业生产率等)分析国际贸易问题,但这种做法被诸多国际知名学者质疑。

在位似偏好的假设下,国际贸易模式不依赖于国家之间的需求因素变化,仅受比较优势、资源禀赋、贸易成本和技术等供给因素的影响。实际上,位似偏好有其不合理性。比如观察两个国家:奥地利和尼日利亚。2008 年两国购买力平价调整后的国民收入分别为 3110 亿美元和 2810 亿美元,处于同一级别水平。但是奥地利是人口仅为 840 万人的小国,因此人均收入高达 37680 美元;而尼日利亚的人口总数却有 1.52 亿人,人均收入仅为 1940 美元。按照位似偏好假设,两个国家消费者消费产品组合只受经济规模等供给因素的影响,而与人均收入水平无关。由于奥地利和尼日利亚经济规模接近,所以尼日利亚的消费者会购买和奥地利的消费者一样的产品组合,但这与现实有很大的差距。此外,国际贸易中不断出现的很多无法从供给维度解释的谜团(trade puzzle)都导致位似偏好的传统假设遭到不断质疑,而非位似偏好(non-homothetic preference)作为需求维度研究的开端,受到了广泛的关注和青睐。实际上,Linder(1961)就强调了需求对国际贸易的作用,他提出了重叠需求理论,该理论认为两国的消费偏好越相似,其需求结构就越相近,即产品生产国会倾向于将产品出口到与本国具有相似收入水平的国家。这一观点论及了收入对决定贸易模式的重要作用,但这个观点却沉寂了 20 年,没有得到充分的重视。直至 1986 年马库森(Markusen)使用非位似偏好概念,再次强调需求对国际贸易的重要作用,非位似偏好才作为除规模经济和要素禀赋差异之外的第三大影响贸易的因素被凸显出来,进入研究者的视野。Hunter(1991)使用 34 个国家 11 种产品来检验位似偏好的合理性,他基于反事实分析[①],在 7 个支出大类中拒绝了位似偏好的零假设,这表明需求表现出非位似偏好的特性。实际上,已有明确的证据表明,需求收入弹性在不同产品之间显著不同。需求中的非位似偏好将一国内部的人均收入、收入分布、收入差距与贸易结构、贸易流量等要素联系起来,为从需求方面解释国际贸易提供了基础(Fieler,2011)。近年来,将非位似偏好引入贸易模型的研究逐渐增多,其中不乏一些经典的理论模型,这些模型成为分析需求与贸易模式之间关系的参考样本。

　　本章的目的在于引导学生从需求角度出发研究国际贸易,主要讨论非位似偏好理论在国际贸易中的具体体现,节选了 Bekkers 等(2012)和 Simonovska(2015)两篇经典文献中的主要内容,主要从非位似偏好视角解释国际贸易模式、贸易产品种类、贸易产品质量及产品价格变化,以期为后续的学习与研究提供借鉴。

3.2　名词解释

　　(1)位似偏好

　　在位似偏好假设下,消费者收入增长后,对不同类型商品需求增加的比例与收入增长的比例相同。

　　(2)非位似偏好

　　在非位似偏好假设下,对不同类型商品而言,需求增加的比例与收入增长的比例不一致,如随着收入水平的提高,消费者更倾向于消费质量更高的产品。

　　(3)依市定价(pricing to market)

　　在不完全竞争市场中,当外部市场(如汇率)发生波动时,由于厂商市场势力、市场分割以及企业和目的地市场的异质性,出口企业不会被动地接受外部变动的影响,它们会主动调整成本加成,在不同的进口国市场上采取差别定价策略,因此形成了依市定价汇率不完全传递。

　　(4)基尼系数(Gini index)

　　基尼系数是衡量人们收入差异状况的指标,数值为 0~1,其中,0 为收入绝对平均,1

---

　　①　反事实分析是根据推理提出一种反事实的假定,以此为出发点来估计经济中可能发生的各种变化的方法。

为收入绝对不平均。通常认为数值超过 0.4 为国际警戒线水平,表明贫富差距大。

(5)阿特金森指数(Atkinson index)

阿特金森指数是一个测度收入分配不公平的指数,是明显带有社会福利规范看法的一个指数,随着分配不公平等程度的加深而增长。

3.3　正文节选

第二次世界大战后,国际贸易迅速增长,个人消费中国际贸易商品比重逐年增长,由于可贸易商品的价格不仅直接影响消费者的福利,也对消费者的选择产生了重要影响。因此,研究形成各国可贸易商品价格行为的基本机制一直是国际贸易研究的焦点。

3.3.1　进口价格、收入与不平等

原文:Bekkers E, Francois J and Manchin M. Import prices, income, and inequality[J]. European Economic Review, 2012,56(4):848-869.

3.3.1.1　问题的提出与研究思路

贸易商品的价格会随着出口国的特征而产生相应的改变,比如出口国的收入和要素禀赋。出口价格也因进口国的特点而发生变化,如人均收入和市场规模。该文主要从需求侧出发探讨进口国人均收入与进口价格之间的关系。

作者主要比较了三种解释进口国人均收入与商品进口价格之间关系的理论。第一种解释是质量需求理论(demand for quality):收入更高的消费者需要质量更高的商品。第二种解释是层次需求理论(hierarchic demand):随着收入的增长,更多的商品进入层次需求理论的消费体系,原本属于奢侈品的商品变成了生活必需品,因此可以收取更高的成本加成(mark-up)。第三种解释是理想种类理论(ideal varieties):在理想品种框架下,收入较高的消费者对他们所偏好的理想品种更挑剔,因此可以收取更高的价格加成(mark-up)。文章主要通过关注收入不平等对贸易价格的影响来区分这三种理论。

模型初步设定:

• 在整个研究过程中,作者假设所有的消费者都具有相同的偏好,而劳动力是唯一的生产要素,每个消费者虽然拥有的劳动单位 i 的数量不同,但劳动是同质的,消费者的收入表示为 i_g。

• 假设有两个国家 k 和 l,它们除了收入水平和收入分布不同外,其他特征都相同,并且不存在贸易成本,这两个国家生产所有部门的商品,并在两个不同的市场收取不同的价格。

3.3.1.2　质量需求理论

第一种影响渠道:随着进口国消费者变得更加富有,进口国消费者对进口的高质量产品的需求以更快的速度增加,由于高质量产品的生产成本更高,进口产品的价格自然也就越高。

作者建立了一个效用函数模型,在该函数中,消费者的偏好不仅取决于数量,也取决于质量,并且质量受到消费者收入的影响,在完全竞争价格等于边际成本的情况下,可以求出产品质量和数量的均衡解,由此可得出收入、产品质量与价格的关系。

Proposition 1. *When utility is expanding in both quantity and quality under constant returns to scale in production, higher income per capita leads to higher import prices.*

研究假说 1:进口国收入增长通过提高进口产品质量来提高进口国市场的价格。

当进口国消费者收入提高时,由非位似偏好理论,他们会更倾向于购买或消费更高质量的进口产品,高质量产品往往有更高的生产成本和价格,生产高质量产品的生产商通常也具有更高的议价能力,从而进口高质量产品的价格更高。

Proposition 2. *For a given average income, when utility is expanding in both quantity and quality under constant returns to scale in production, an increase in the Atkinson index of inequality, leads to higher average import prices.*

研究假说 2:对于给定的收入水平,收入越不平等,进口平均价格越高。

在给定收入水平上,收入差距越大,更高收入消费者购买更多的高质量产品,进口价格上涨的空间也就更大。而更低收入消费者购买的低质量产品(必需品)价格下降的空间有限,故而从总体来看,收入越不平等,进口产品的平均价格越高。

3.3.1.3　层次需求理论

第二种影响渠道:当消费者收入提高,在其消费集合中首先会增加新的产品,其次原有消费产品的消费类别也会发生变化。而当原有消费的产品中有更多的产品进入必需品的类别时,其需求价格弹性就会降低。此时,出口国企业定价能力提高,导致进口价格上升。该层次需求理论通过企业价格弹性和最优加成影响进口价格。

Proposition 3. *With hierarchic demand, a larger income per capita leads in the short run to higher import prices through a decrease in the price elasticity of demand.*

*研究假说 3：人均收入的增加在短期内通过降低需求价格弹性导致进口价格的提高。*①

Proposition 5. *In the short-run, for a given level of average income under hierarchic demand, higher income inequality as measured by the Atkinson index means a greater price elasticity and hence reduced import prices for goods consumed by all income groups.*

*研究假说 5：短期内，收入不平等程度越高，需求价格弹性越大，进口价格就会降低。*②

3.3.1.4 理想种类理论

第三种影响渠道是基于 Lancaster（1979）的理想种类理论。节选的这篇论文建立在 Hummels 和 Lugovskyy（2009）提出的框架之上，即消费者收入水平的提高，使得消费者愿意支付更多的价钱购买接近他们的理想种类。这使得他们对价格的敏感度降低，消费者不容易在品种之间进行切换，因此企业可以收取更高的加价。作者扩展了理想种类理论框架，不仅考虑收入水平的作用，而且考虑收入不平等对特定收入水平的影响（该文创新点之一）。结果表明，随着收入不平等的增加，价格弹性下降，市场价格上升。这一结果意味着收入不平等对市场价格（单位价值）的影响与质量需求的影响相同，但与层次需求的影响相反。

Proposition 8. *With ideal varieties as in Hummels and Lugovskyy（2009），an increase in income inequality as measured by an increase in the Atkinson index causes a decrease in the price elasticity of demand and an increase in the market price.*

研究假说 8：收入不平等加剧，会导致需求的价格弹性下降，进而导致市场进口价格上升。

3.3.1.5 收入和收入不平等对进口价格的影响：实证分析

接下来转向收入和收入不平等对进口价格影响的实证分析，主要研究进口产品的单位价值如何随进口国的收入、人均收入和收入不平等的变化而变化。

---

① 在长期内，考虑到企业进入的情况，人均收入对进口价格的影响会更复杂，需要综合考虑两个效应的影响，有兴趣的读者可以阅读原文第 855 页。

② 在长期内，同样有企业进入的情况，需要综合考虑两个效应的影响，有兴趣的读者可以阅读原文第 856 页。

（1）数据描述与说明

在节选论文的实证分析中，用进口单位价值代替价格。单位价值的数据来自法国国际经济信息研究中心（CEPII）的 BACI 数据库，该数据库包含双边进口的数量和价值，采用 HS-6 位编码分类，覆盖 100 多个国家和地区的 5000 种产品，该文使用的是 2000 年至 2004 年期间的数据。

该文的核心解释变量即人均收入的数据来自世界银行的世界发展指标（WDI）数据库，用人均 GDP 来衡量；作者还构建了一个阿特金森指数，用于衡量收入不平等的程度，数据主要来自 WDI 数据库，其中一些欧盟国家在某些年份的缺失数据则使用了欧盟统计局的欧盟成员数据予以补充。阿特金森指数定义为：

$$I_A(\theta) = 1 - \left[\frac{1}{G}\sum_{g=1}^{G}\left(\frac{i_g}{\bar{i}}\right)^{1-\theta}\right]^{\frac{1}{1-\theta}} \tag{3-1}$$

式中，$\bar{i} = \frac{1}{G}\sum_{g=1}^{G}i_g$；$G$ 表示消费者 g 的个数，其收入表示为 i_g；$\bar{i}$ 表示所有消费者的平均收入水平；I_A 越大，表示收入差距水平越高。

下面举例进行解释。设参数 $\theta = 0.5$，平均收入 $= 10$，假设每组有三个收入水平，分别用以下三个数值表示。

Case A：10；10；10　　$I_A(\theta) = 0$
Case B：1；10；19　　$I_A(\theta) = 0.19$
Case C：0.1；1；28.9　$I_A(\theta) = 0.499$

从上述数据计算中可以看出，当三个个体的收入水平相同时（Case A），阿特金森指数 I_A 为 0，表示不存在收入差距；当三个个体的收入水平差异较大时（Case C），阿特金森指数 I_A 也最大，表示存在收入差距；阿特金森指数越高，收入差距越大。

（2）实证模型

在上述讨论的基础上，节选论文采用了固定效应模型估计，包括出口商—产品—时间固定效应和进口商—出口商—产品固定效应，以控制出口商特征中未观察到的异质性。将人均收入和收入不平等作为进口价格的解释变量，将总收入作为控制变量。实证模型如下：

$$\ln P_{kltj} = \ln e_{ktj} + \ln b_{klj} + \beta_1 \ln Y_{lt} + \beta_2 \ln \frac{Y_{lt}}{L_{lt}} + \beta_3 \ln A_{lt} + \ln \varepsilon_{kltj} \tag{3-2}$$

式中，k 代表出口国，l 代表进口国，j 代表产品，t 代表时间；$\ln e_{ktj}$ 表示出口商—产品—时间对价格的特定效应；$\ln b_{klj}$ 表示双边国家—产品的特定效应。根据上述理论分析，进口价格（单位价值）是人均收入 Y_{lt}/L_{lt} 的非线性函数，收入不平等以阿特金森指数 A_{lt} 衡量；单位价值受人均收入、收入不平等（阿特金森指数衡量）和总收入 Y_{lt}（在理想种类理论下）的影响。上述三个变量分别以不同渠道对价格产生影响。

质量需求模型和理想种类模型预测，收入不平等对必需品和奢侈品的进口价格的影响不同。而根据层次需求模型，富人消费奢侈品，穷人消费必需品，因此，首先对所有最终商品进行估计,进而区分阿特金森指数对必需品和奢侈品进口价格的不同影响(见表 3-1)。

表 3-1　核心解释变量预期符号

影响渠道	人均收入	收入不平等
质量需求模型	＋	＋
层次需求模型	＋	－
理想种类模型	＋	＋

注:"＋"表示正向影响,"－"表示负向影响。
资料来源:Bekkers 等(2012)。

3.3.1.6　实证结果与主要结论

(1)实证结果(见表 3-2)

表 3-2　对所有最终产品的估计结果[①]

解释变量	所有最终产品的样品	二次方程,所有最终产品	边际效应,所有最终产品
lnGDP	−1.388 (0.051)***	−2.623 (0.513)***	−1.187 (0.055)***
ln(GDP/capita)	1.058 (0.049)***	2.705 (0.546)***	1.256 (0.051)***
lnAtkinson	−0.151 (0.008)***	1.793 (0.125)***	0.219 (0.011)***
$[\ln(\text{GDP/capita})]^2$		0.224 (0.019)***	
$(\ln\text{GDP})^2$		0.036 (0.015)***	
$[\ln(\text{Atkinson index})]^2$		−0.103 (0.012)***	
ln(GDP/capita)×lnGDP		0.104 (0.032)***	
ln(GDP/capita)×ln(Atkinson index)		−0.147 (0.007)***	
lnGDP×ln(Atkinson index)		0.204 (0.012)***	
R^2	0.001	0.001	
Observations	4959542	4959542	

注:括号内是稳健标准误,下同。R^2 不考虑回归中包含的固定效应。回归中包括出口商—产品—时间和进口商—出口商—产品的固定效应。第 3 列列出了第 2 列所列结果的边际效应在 10％时显著;*** 表示 1％的显著性水平。下同。
资料来源:Bekkers 等(2012)。

[①]　作者采用了 Stata 程序中的"gpreg"命令,该程序允许实施完整的高斯—赛德尔(Gauss-Seidel)算法,以估计具有多维固定效应的线性回归模型,并提供准确的标准误差。

表 3-2 第 2 列给出了仅包含最终消费的所有商品的样本估计对数线性方程的结果，包括出口商—产品—时间和进口商—出口商—产品固定效应，其研究结果为该文所关注的三个影响价格的渠道提供了实证支持。

人均收入(lnGDP/capita)的系数估计值为 1.058，且高度显著，这说明进口国人均收入增加会提高其进口价格；总收入(lnGDP)的系数估计值为 -1.388，与进口价格呈负向关系，这与 Hummels 和 Lugovskyy(2009)的结果一致，用总 GDP 衡量的市场规模(lnGDP)越大，进口价格就会降低。为了区分不同的机制，作者还评估了进口国收入不平等(lnAtkinson)对单位价值的影响，通过阿特金森指数测量收入不平等程度，可以发现收入不平等对单位价值有显著的负向影响。这一发现为层次需求理论的推论提供了支持，即进口国所有收入不平等程度越高，进口价格就越低。

表 3-2 的第 3 列作为稳健性检验，记录了将所有控制变量进行平方后的结果。表 3-2 第 4 列结果呈现的是边际效应，可以看出，与基准回归的结果符号一致且估计系数非常接近。

接下来，为了检验在存在奢侈品和必需品的情况下，收入不平等是否对进口价格有不同的影响，作者根据 Dalgin 等(2008)的方法区分了奢侈品和必需品，并对样本中的商品加以分类。阿特金森指数可以根据必需品和奢侈品进行不同的取值。结果显示在表 3-3 的第 2 列，验证了层次需求模型。根据模型的预测，只有当奢侈品仅由富人消费，必需品仅由穷人消费时，不平等对奢侈品进口价格的影响才会更大。奢侈品和必需品是根据它们各自所花费的支出份额来定义的，因此根据该文的分类，富人和穷人既消费必需品也消费奢侈品。此外，GDP 和人均 GDP 变量的系数与使用全样本的系数符号相同且数值接近。

表 3-3 奢侈品和必需品的估计结果

解释变量	带有必需品和奢侈品的样品	带有必需品和严格奢侈品的样品
lnGDP	-1.063 (0.058)***	-2.741 (-0.077)***
ln(GDP/capita)	0.929 (0.056)***	2.286 (0.075)***
ln(Atkinson necessities)	-0.115 (0.015)***	-0.085 (0.012)***
ln(Atkinson luxuries)	-0.215 (0.012)***	-0.092 (0.036)***
Observations	3212997	1827349

资料来源：Bekkers 等(2012)。

为了测试结果的稳健性，作者"精心挑选"了大约 40 种最有可能是奢侈品的产品[如丝绸、毛皮服装产品、起泡酒(俗称"香槟")、松露、鱼子酱、龙虾、某些珠宝产品等]作为稳健性检验,将奢侈品限制在这些产品类别中。结果显示在表 3-3 的第 3 列,可以看到稳健性检验的结果依然验证了层次需求理论,与第 2 列相比,收入不平等的估计系数接近且略小一些。

(2)主要结论

在该文中,作者主要检验了进口国收入影响进口价格的三个渠道,并从理论角度分别推导了收入不平等对进口价格的影响,实证结果支持理论预测,进口人均收入每增加 1%,进口单位价值增加 1.06%。收入不平等由阿特金森指数衡量,进口国进口价格随着收入不平等的加剧而下降。这种负面影响与层次需求理论一致,但与质量需求理论和理想种类理论不一致。值得一提的是,虽然这三大机制的理论模型各不相同,但都是从需求维度进行的分析,故放在统一的框架体系中,是以往研究的系统集成。

3.3.2 收入差距和可贸易产品价格:在线零售视角

原文:Simonovska I. Income differences and prices of tradables:Insights from an online retailer [J]. The Review of Economic Studies,2015,84(4):1612-1656.

3.3.2.1 研究背景与问题提出

现有研究发现,在人均收入水平较高的国家,可贸易商品的价格更高。根据欧盟统计局(Eurostat)的一项调查显示,2012 年,欧盟 28 国中 75% 的成年人在 12 个月内使用过互联网,其中 60% 的人表示他们在同一时期曾在网上购物,最常在网上购买的商品是服装和体育用品(2012 年占比为 32%,2008 年占比为 21%)。由于消费者越来越多地通过互联网而不是实体店购买服装,网络价格与消费者福利相关性提升。于是,在这篇文章中,作者使用了西班牙第二大服装制造商 Mango 公司的线上销售数据,由于这家公司同一种产品销往不同市场不存在差异,因此,产品质量差别不是跨市场(进口)价格差异的原因。这就相当于避免了因产品质量(quality)的差异可能产生的影响。

作者认为可变的价格加成(variable mark-up)是影响可贸易商品价格和人均收入之间关系的关键因素,为此构建了一个包含异质性企业和非位似偏好的垄断竞争模型进行研究。他发现各地区价格差异主要受到出口目的地人均收入(income difference)、贸易成本(shipping cost)以及进口国的市场份额(import share)—竞争程度这三个因素的影响。如果目标市场人均国民收入越高,企业收取的成本加成就越高,这是因为在这些高收入国家,消费者的购买意愿和支付能力越高,对高质量产品的需求也越强。其中,出口目的地人均收入翻倍会导致相同商品的价格上涨 18%;仅购买单个商品的消费者由于没能享受到数量折扣抵消运费的优惠,最终支付的价格最多会增加 37%。

3.3.2.2 特征与市场准入

进口国的市场准入(由生产率门槛 ϕ_{ij}^* 衡量)会直接影响进口国市场的竞争情况,从而影响贸易价格,所以在研究可贸易商品的价格行为之前,首先探讨生产率门槛的影响因素。事实上,不同的市场规模和生产率、不同国家的贸易成本和人均收入水平也都会影响出口企业进入目的地市场的生产率门槛。

假定世界是由有限数量的国家组成,并且均从事各种最终商品的贸易,i 代表出口国,j 代表进口国,当贸易壁垒足够高时,在一国中只有生产率最高的那部分企业才能够进入国外市场。

(1)市场竞争

在给定进入成本的情况下,更大的市场意味着有更多的市场进入者,从而增加了世界经济中企业的总数,并在所有市场上产生了更激烈的竞争。所以一个国家的市场越大,生产率越高,他国进入给定目的国的生产率门槛也就越高。

(2)贸易成本

如果出口国 i 的工资水平和贸易成本相对较高,那么对于其他国家的出口企业而言,来自 i 国的企业所面临的边际成本也就越高。因此,来自 i 国的出口企业需要更高的生产率水平才能进入目的国 j 的市场,即出口国较高的相对工资和较高的贸易壁垒会提高该国进入目的地市场的生产率门槛。

(3)人均收入

决定目的地市场准入的一个关键特征是目的地的人均收入水平。目的国工资(收入水平)的上升,会降低进入该国市场的企业生产率门槛。这是因为个人收入的增加会使得消费者扩大自己的消费范围,去购买更多不同种类的商品。

3.3.2.3 国家特征与价格歧视

(1)目的国人均收入与企业出口价格

目的国人均收入对企业出口价格的影响是正向的,主要有两个机制。

机制1:从弹性视角出发,随着目的国消费者收入的增加,消费的种类更多,原来没有进入消费集的产品也加入了消费者的选择行列,这降低了消费者消费新品种的需求弹性,从而导致商品的价格也相应上涨。

机制2:人均收入上升,生产率门槛下降,对品种的需求变得缺乏弹性,消费者对价格变化的反应越来越不敏感,这使得企业可以趁机提高价格。

在人均收入更高的市场中,销售额也会更高。然而,市场规模对企业销售数量的影响是模糊的。一方面,人口越多的市场意味着更高销量的可能性越大;另一方面,市场竞争激烈,企业生产率提高的门槛也更高。因此,只有高生产率的企业才能在更大的市场中克服竞争的影响,享受向更多消费者销售产品的好处。作者对 Mango 公司 2010 年在

95 个国家的销售数据做了简单的回归分析,结果如表 3-4 所示,如果目的地市场越大越富有,那么 Mango 公司在该市场的出口流量也就越大。

表 3-4　Mango 公司销售额与目的国市场特征

人均 GDP 对数	人口对数
0.750***	0.457***
(0.083)	(0.064)

资料来源:Simonovska(2015)。

(2)目的地市场份额与企业出口价格

在了解一个国家的价格行为之后,就很容易理解相同的商品为何在不同的国家有不同的价格。从 i 国出口的某类产品的相对价格随着其在两个目的国(j 和 k)的相对市场份额的增加而提高,这些国家的人均收入水平会影响相对市场份额。

j 国人均收入的增加(保持 k 国人均收入不变)会提高 j 国企业的生产边际成本,从而使其在世界市场上的竞争力下降。结果是其他国家的企业获得了更高的世界市场份额,此时,来自国家 i 的出口企业在目的地 j 和 k 的市场份额都会有所增加。综上所述,目的国市场(j 和 k)相对人均收入的提高对出口国(i)企业在这两个市场出口价格的影响有两方面:第一个是直接影响。因为非位似偏好的存在,目的国收入越高的市场,高质量偏好越强,出口价格越高。第二个是间接影响。出口目的国收入越高,企业在该市场的份额越高,导致出口价格也越高。Proposition 1 总结了该结果。

Proposition 1. *If trade barriers obey the triangle inequality,* $(\forall j, k, \upsilon)\tau_{\upsilon j}\tau_{jk} \geqslant \tau_{\upsilon k}$, *then the relative price of a variety sold in two markets is strictly rising in the markets' relative per capita incomes.*

研究假说 1:j 国的人均收入增加,会导致相对市场份额的增加,从而出口相对价格增长。

对于在两个市场销售的特定产品,富裕国家的消费者对价格变化的反应要比贫穷国家的消费者弱。由于贸易壁垒分隔了各个市场,企业可以利用这一机会,在富裕的目的地收取成本加成。

目的地人口规模同样是影响市场份额的重要因素。假设 j 国的人口规模增加,同时保持 k 国的人口规模不变,随着来自 j 国的进入者数量的增加,竞争加剧,则其他国家的市场份额就会降低。特别是,来自 i 国的企业在 k 国和 j 国的市场份额都会有所下降。如果 j 的市场份额下降至与 k 的市场份额一样大,那么相对人口规模,市场份额的增加对相对价格的影响是非正的。Proposition 2 总结了该结果。

Proposition 2. *Given relative per capita income levels, for any two countries, j*

and k, $j \neq k$, if trade barriers obey the triangle inequality, $(\forall \upsilon) \tau \upsilon j \tau jk \geqslant \tau \upsilon k$, and if the inequality for at least one $\upsilon \neq j$ is strict, then the relative price of a variety sold in markets j and k is strictly decreasing in the relative population sizes of the markets.

研究假说2：相对人口规模增长，会降低相对市场份额，导致出口相对价格下降。

$$\frac{p_{ij}(\phi)}{p_{ik}(\phi)} = \underbrace{\left(\frac{w_j}{w_k}\right)^{\frac{1}{2(\theta+1)}}}_{\text{pc. income}} \underbrace{\left(\frac{\tau_{ij}}{\tau_{ik}}\right)^{\frac{2\theta+1}{2(\theta+1)}}}_{\text{trade cost}} \underbrace{\left[\frac{\lambda_{ij}}{\lambda_{ik}}\right]^{\frac{1}{2(\theta+1)}}}_{\text{market share}} \tag{3-3}$$

总而言之，如式(3-3)所示，贸易成本、人均收入水平和市场份额决定了各国的贸易价格。特别是在两个国家中，某类商品的相对价格随着相对贸易成本和人均收入水平的提高而提高，出口国相对市场份额也随着相对价格的提高而增加；反过来，目的地人均收入和人口规模则通过市场份额间接影响相对价格。

3.3.2.4　实证模型建立：目的地市场收入对出口价格的影响

（1）数据描述与说明

该文选取了29个市场245种产品（集中于服装、鞋子和配饰）的贸易数据，前提如下：①在每一个市场销售的产品是同一的；②这245种产品只在网络上出售，并且消费者只能在本地市场官网购买；③统一从西班牙发货。

该文的被解释变量为贸易产品进口价格，有如下三种结算方式：

①只购买一种商品或所支付的金额低于最低限额，则客户要支付固定运输费用；

②参与网站满减或包邮活动，使运费最小化（几乎为零）；

③不参与网站活动，按所标价格原价支付（几乎不需要支付运费）。

该文的主要解释变量有人均收入、贸易成本、税收和市场竞争势力。

①贸易成本：由DHL运费[①]表示，衡量产品从西班牙出口到目的地市场的运输成本。

②税收：Mango公司产品的价格中包含了增值税、营业税和进口关税。因此，税收可以作为一种政策工具的控制变量。

③市场竞争势力：由Mango公司在各个市场的市场份额表示，作者在文中使用了三种不同的方式来衡量。

方式一：

$$\lambda_{\text{Mango}\_j} = \frac{\sum\limits_{i=1}^{I} \text{IM}_{ij}}{\sum\limits_{i=1}^{I} \text{Expenditure}_{ij}} \tag{3-4}$$

式中，λ_{Mango_j} 表示 Mango 公司产品在国家 j 的市场份额，I 表示所有服装和鞋类产品的集合，IM_{ij} 表示国家 j 从西班牙进口产品 i 的进口额；Expenditure_{ij} 表示国家 j 在产品 i

---

① 数据来源于 http://www.dhl.es/en.html。

上的费用支出。贸易进口数据来自 UN Comtrade（联合国商品贸易统计数据库），费用支出数据来自 2005 年国际比较项目（International comparison program，ICP）数据库中相应的服装和鞋类支出占 GDP 的份额，再乘上相应市场的 GDP。

方式二：

$$\lambda_{\text{Mango}\_j} = \frac{\sum_{i=1}^{l} \text{IM}_{ij}}{\sum_{i=1}^{l} \text{GO}_{ij}} \tag{3-5}$$

式中，GO_{ij} 表示国家 j 在服装和鞋类产品上的总支出，数据来自经济合作与发展组织（OECD）和相应市场的统计数据库。

方式三：使用各个市场的人口规模来衡量市场份额，人口数据来自 WDI 数据库。

④人均收入：作者运用了多种指标来衡量相应市场的人均收入水平，主要有人均GDP、人均名义消费、人均居民消费等。

（2）计量模型设计

该文基于式(3-3)进行实证模型设定，运用西班牙作为计价标准，所有变量都设置成相对于西班牙的产品价格（用下标 s 表示）的相对值。p_{jm} 表示西班牙企业将产品出口到 j 国的价格，p_{sm} 表示企业在西班牙销售产品的价格。

$$\log\left(\frac{p_{jm}}{p_{sm}}\right) = \beta_y \log\left(\frac{y_j}{y_s}\right) + \beta_{\text{dhl}} \log\left(\frac{\text{dhl}_j}{\text{dhl}_s}\right) + \beta_\lambda \log\left(\frac{\lambda_j}{\lambda_s}\right) + \beta_k \log\left(\frac{k_j}{k_s}\right) + \beta_g \log\left(\frac{g_j}{g_s}\right) + \Psi_{jm} \tag{3-6}$$

表 3-5 为式(3-6)的预期符号。

表 3-5　预期符号

解释变量	含义	预期符号
y_j	目的国 j 的人均收入	＋
dhl_j	目的地为国家 j 的 DHL 运费，衡量运输成本	＋
λ_j	在国家 j 的 Mango 公司市场份额	使用方式一和方式二测量，预期符号为＋；使用方式三测量，预期符号为－
k_j	国家 j 的税收，包括营业税和关税	＋
g_j	基尼系数，衡量收入分配的平均程度	－

资料来源：Simonovska(2015)。

在一个市场的企业为不同收入水平的消费者提供服务的环境中，Mango 公司的数量折扣定价策略是最优的。将基尼系数作为控制变量，并预期符号为负，可以解释为：在保持人均收入不变的情况下，在收入不平等程度较高的市场，如果企业选择向高收入和低收入的消费者出售相同的产品，则它们认为最优定价是在收入不平等程度较高的市场收取较低的价格，在收入不平等程度较低的市场收取较高的价格。Mango 公司的数量折扣销售策略显然符合这一情况。

3.3.2.5 主要结论:人均收入与产品的价格呈正相关

(1)实证结果

作者使用了 OLS 回归估算了模型结果,并按目的地对标准误进行了聚类处理。表 3-6 列出了实证结果,可以看出,在衡量市场份额的三个不同指标中,人均收入(人均 gdp)的系数估计值在 0.120~0.160 之间变化,且高度显著。因此,将一个国家的人均收入提高一倍,产品的价格至少上涨 12%。DHL 运输成本(dhl)的系数估计值在 0.280~0.370 之间变化,同样高度显著,而运输成本的系数至少是人均收入系数的两倍,这是由于购买一种商品的消费者所承担的运费通常占了产品价格的 35%。EURO 的系数估计值在 -0.170~-0.180 之间变化,且高度显著,因此与西班牙使用同样的货币(欧元)至少会使相对价格下降 17%。

表 3-6　基准结果:三种市场份额测算方式结果比较(仅购买一项商品)

解释变量	市场份额测量		
	Trade shr(ICP)	Trade shr(GO)	人口
人均 gdp	0.160***	0.143***	0.116***
	(0.049)	(0.047)	(0.044)
dhl	0.369***	0.370***	0.284***
	(0.096)	(0.091)	(0.080)
market shr	0.018	0.010	-0.021*
	(0.013)	(0.009)	(0.012)
tax/tariff	0.106	-0.089	-0.108
	(0.564)	(0.535)	(0.522)
Gini	-0.031	-0.063	-0.052
	(0.114)	(0.116)	(0.109)
EURO	-0.170***	-0.166***	-0.182***
	(0.037)	(0.037)	(0.038)

注释:括号内是聚类标准误(S.E.);* 和 *** 分别表示 10% 和 1% 的显著性水平。
资料来源:Simonovska(2015)。

在前两种衡量方法下,市场份额(market shr)的系数并不显著。这可能是因为:①ICP 数据库中大多是 2005 年的样本,却被用来衡量 2010 年的服装和鞋类支出;②总产出的数据来源各不相同,并且产出数据是 2008 年的,受金融危机和贸易崩溃的影响;③西班牙针对特定目的地的出口份额可能只是 Mango 公司在每个国家有效竞争的其中一个衡量指标。上述都可能导致测量误差的存在。而用人口规模衡量市场份额时,系数是负相关且只在 10% 的水平上显著,税收和基尼系数的结果都不显著,后者可能是由于基尼系数不适合衡量只购买一种产品的消费者的收入分配程度。

（2）稳健性检验

在基准分析中，作者依赖 DHL 的运输价格来衡量 Mango 公司的运输成本对各国相对价格的影响。实际上，用 DHL 的运输成本来衡量贸易壁垒是有缺陷的，可能有其他力量形成跨国贸易壁垒，并与人均国内生产总值相关，从而使估计的收入系数产生偏差。为了解决这个问题，该文假设贸易壁垒取决于贸易伙伴的地理和贸易政策属性，以两种方式扩展了基准回归。在第一种情况下，添加西班牙与目的地之间距离对数的多项式（一次方、二次方和三次方）；同时，如果目的地与西班牙签署了区域贸易协定（RTA），或者目的地是个内陆国家（landlocked），或者岛屿（island），那么增加对应的虚拟变量，放入回归模型。在第二种情况下，参考 Eaton 和 Kortum（2002），用四个指标变量替换距离的连续测量，将国家分组到距离区域，分别为：$[0,750)$，$[750,1500)$，$[1500,5000)$，$[5000,\infty)$，结果如表 3-7 所示。

表 3-7　贸易壁垒的附加措施（购买一件商品）

距离的三次多项式（distance polynominal）				RTA 距离区域（distance region）			
市场份额衡量				市场份额衡量			
解释变量	Trade shr ICP	Trade shr GO	人口	解释变量	Trade shr ICP	Trade shr GO	人口
人均gdp	0.172***	0.184***	0.156***	人均gdp	0.191***	0.187***	0.138***
	(0.031)	(0.035)	(0.043)		(0.034)	(0.035)	(0.035)
dhl	0.440***	0.432***	0.412***	dhl	0.412***	0.417***	0.304***
	(0.068)	(0.063)	(0.086)		(0.063)	(0.064)	(0.064)
market. shr	−0.004	−0.008	−0.007	market. shr	−0.002	0.003	−0.025**
	(0.009)	(0.008)	(0.012)		(0.008)	(0.006)	(0.010)
tax/tariff	−0.359	−0.429	−0.086	tax/tariff	−0.124	−0.010	0.770
	(0.653)	(0.594)	(0.694)		(0.673)	(0.677)	(0.666)
Gini	−0.147	−0.130	−0.131	Gini	−0.133	−0.135	−0.080
	(0.124)	(0.121)	(0.120)		(0.131)	(0.133)	(0.108)
EURO	−0.191***	−0.194***	−0.191***	EURO	−0.170***	−0.168**	−0.163***
	(0.034)	(0.033)	(0.035)		(0.031)	(0.031)	(0.028)
in. all. stores	−0.191***	−0.191***	−0.179***	in. all. stores	−0.181***	−0.177***	−0.148***
	(0.032)	(0.031)	(0.031)		(0.028)	(0.030)	(0.028)
in. one. store	−0.047	−0.041	−0.039	in. one. store	−0.082	−0.081	−0.082
	(0.046)	(0.047)	(0.048)		(0.070)	(0.074)	(0.068)
mail. local	−0.069**	−0.069**	−0.069***	mail. local	−0.085***	−0.087**	−0.082***
	(0.028)	(0.026)	(0.025)		(0.026)	(0.025)	(0.020)
home. pick. up	−0.008	−0.021	0.014	home. pick. up	−0.060*	−0.054	−0.011
	(0.034)	(0.035)	(0.036)		(0.032)	(0.034)	(0.028)
landlocked	−0.087***	−0.086***	−0.079***	landlocked	−0.103***	−0.102***	−0.081***
	(0.028)	(0.028)	(0.029)		(0.023)	(0.022)	(0.022)

续　表

距离的三次多项式(distance polynominal)				RTA 距离区域(distance region)			
市场份额衡量				市场份额衡量			
解释变量	Trade shr ICP	Trade shr GO	人口	解释变量	Trade shr ICP	Trade shr GO	人口
island	0.052*	0.061**	0.051*	island	0.073**	0.068**	0.086***
	(0.028)	(0.029)	(0.030)		(0.030)	(0.032)	(0.031)
rta	−0.058	−0.069	0.010	rta	−0.144**	−0.142**	−0.093*
	(0.168)	(0.163)	(0.184)		(0.058)	(0.058)	(0.049)
distance	−45.160***	−49.218***	−42.763***	region 1	0.465***	0.445***	0.290***
	(15.326)	(15.463)	(15.565)		(0.095)	(0.097)	(0.100)
$distance^2$	5.563***	6.085***	5.224***	region 2	0.206*	0.179	−0.042
	(1.875)	(1.900)	(1.916)		(0.113)	(0.120)	(0.134)
$distance^3$	−0.228***	−0.250***	−0.212***	region 3	0.162	0.133	−0.088
	(0.076)	(0.077)	(0.078)		(0.118)	(0.126)	(0.137)
within R^2	0.687	0.688	0.687		0.701	0.701	0.708

注:*、**、***分别表示10%、5%、1%的显著性水平,下同。
资料来源:Simonovska(2015)。

表 3-7 中的前几列报告了使用连续(非线性)距离度量的结果,后几列是使用 RTA 距离区域获得的估计。与基准回归相比,DHL 运费和人均收入的系数更高了,使用欧元区和退换货政策仍会影响进口产品价格。人口规模对价格的影响依然负相关,但在只采用 RTA 距离区域的情况下是显著的。与西班牙签订 RTA 的国家会享受更低的产品价格。地理因素对产品价格也有一定影响,内陆国产品的价格更低,岛国产品的价格更高。

(3)基本结论

随着通过互联网获得的可贸易商品在个人消费组合中所占比例的不断增加,其价格直接影响消费者福利。因此,在了解了影响各国价格行为的关键机制之后,该文进一步研究了通过互联网连接的世界经济中消费者的福利。在该文中,作者认为公司的可变成本加成(variable mark-up)代表了一个关键因素,证明了可贸易消费品的价格与国家的人均收入是显著正相关的,同时探讨了人均收入、贸易成本(壁垒)和市场份额变化影响出口企业价格的机制。

3.4　扩展与应用

3.4.1　需求与贸易产品结构

在早期研究中,Linder(1961)首次提出了需求重叠理论,其认为一国的收入分配是影响该国需求结构和需求偏好的重要因素,收入分配相似的国家之间贸易愈加频繁,后来有学者在研究中证实了需求重叠理论,并认为国家间的贸易产品结构有赖于贸易国家双方的收入分配。一国的收入分配对该国的贸易产品结构同样有着重要影响,利用各国收入分配的数据测算收入分配相似度指标,能够衡量国家间需求结构的相似性,这可以更好地解释收入分配相似的国家之间的贸易是愈加频繁的。

如果消费者具有不同的收入水平与偏好,并且同时购买同质化产品与存在类别及质量差异的异质性产品,一国的不同收入群体具有不同的需求结构。由于高收入国家消费者对于高质量产品具有更大的需求,基于"本地市场效应"[①],在规模报酬递增的经济中,更大的国内需求使得国内企业在高质量产品的生产上具有比较优势,因而高收入国家的企业更多生产高质量产品,成为高质量产品的净出口国,低收入国家则为低质量产品的净出口国。Sun 等(2020)基于非位似偏好的假设构建理论模型,并利用中国海关总署 2000—2013 年的微观企业进口数据,实证分析了人均收入对进口食品质量结构的影响。同时以中国最大的食品进口来源国——美国为例,基于人均收入与进口食品质量结构的对数绘制散点图,结果如图 3-1 所示。汇总数据的散点图清楚地表明,中国人均收入与进口食品质量结构之间呈明显的正相关关系,即随着各省份人均收入的提高,中国进口食品的质量也在不断提高。

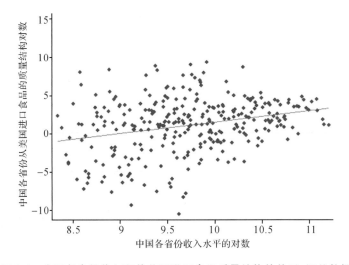

图 3-1　中国各省份收入和从美国进口食品质量结构的关系:汇总数据

资料来源:Sun 等(2020)。

在图 3-1 中,中国不同省份不同年份进口美国食品的数据相互交织,可能掩盖了真实的关系。接下来作者将年份固定到 2013 年,使用横截面数据来显示它们的相关性(见图 3-2)。该图仍然是一条斜率为正的直线,表明中国各省份人均收入与进口食品质量

———————————

① 本地市场效应(home market effect)又称为本土市场效应,是指在一个存在报酬递增和贸易成本的世界中,那些拥有相对较大国内市场需求的国家将成为净出口国 。

结构呈正相关关系。

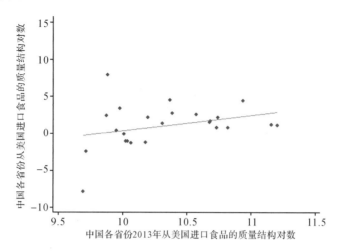

图 3-2　中国各省份收入和从美国进口食品质量结构的关系：横截面数据（2013）

资料来源：Sun 等（2020）。

Sun 等（2020）的研究发现：中国各省份人均收入（$\ln PI_{pt}$）是显著影响中国进口食品质量结构[①]（$\ln qs_{pjt}$）的因素。中国各省份人均收入越高，进口食品质量结构越高；并且，中国各省份人均收入提高，中国从高收入进口来源国进口的进口质量结构也会显著提高。作者使用了动态 GMM 方法进行实证分析，结果见表 3-8。

表 3-8　人均收入对进口食品质量结构的影响：动态 GMM 估计

变量	（1）	（2）	（3）
$\ln qs_{pjt}$	0.1547*** (275.8314)	0.1363*** (2.1×10^3)	0.1299*** (1.4×10^3)
$\ln PI_{pt}$	0.2755*** (25.9774)	0.3812*** (131.8258)	0.2375*** (129.3719)
$\ln wage_{jt}$	−0.1919*** (−3.5297)	−0.0201 (−0.9017)	0.4968*** (13.7239)
$\ln T_{jt}$	0.4104*** (54.6680)	0.4281*** (79.9073)	0.1861*** (18.3953)
$\ln freight_{njt}$	0.3996*** (94.7108)	0.2110*** (165.3249)	0.2054*** (183.9801)
$\ln tariff_{nkt}$		−0.2753*** ($−3.1 \times 10^2$)	−0.2697*** ($−5.1 \times 10^2$)
fta_{njt}		0.5622*** (262.7173)	0.3708*** (30.5681)
sps_{jt}			0.0026*** (83.2157)
sps_{nt}			0.0073*** (294.9130)

---

①　质量结构属于作者自行构建的数据指标，其计算如下：先计算进口产品质量，再根据中位数或者平均数确定比较基准，高于该数值则属于高质量进口产品，低于该数值则属于低质量进口产品，然后根据此产品分类计算各省份进口质量结构。

续　表

变量	(1)	(2)	(3)
_cons	$-6.0711^{***}(-24.8909)$	$-6.1532^{***}(-68.6984)$	$-6.8828^{***}(-43.1812)$
N	3144	3142	3128
Sargan test	381.3594 (0.4996)	415.0863 (0.9698)	408.6372 (0.9825)
AR(1)	-7.6760 (0.0000)	-7.7812 (0.0000)	-7.7564 (0.0000)
AR(2)	-0.6392 (0.5227)	-0.7885 (0.4304)	-0.9134 (0.3610)

资料来源：Sun 等(2020)。

观察表 3-8 的方案(1)可以得出，人均实际 GDP($\ln PI_{pt}$)的影响系数为 0.28，显著为正，说明人均实际 GDP 每增加 1%，进口食品的质量结构就上升 0.28%。方案(2)在方案(1)的基础上加入了衡量贸易自由化的变量，包括 WTO 框架下的多边关税 $\ln tariff_{nkt}$ 和是否签订双边自由贸易协定 fta_{njt}，方案(3)又进一步加入了《动植物卫生检疫措施》(SPS)作为控制变量，使模型更加合理、完善。方案(2)和方案(3)的回归结果显示：人均实际 GDP 对中国进口食品质量结构的正向影响也都在 1%的显著性水平上，只是系数存在微小变化。

对于平均收入水平较高的国家，收入不均等对该国出口质量的影响更为明显，且随着收入不均等程度的提高，该国消费者对高质量产品的需求更大，促进国内企业的出口产品质量结构提升。

3.4.2　需求与贸易产品种类

在传统的常数替代弹性(CES)效用函数下，当某类产品消费量趋于零时，消费者消费种类的边际效用为无穷大，在这种情况下，无论该产品的价格是高还是低，消费者都会选择消费所有种类的产品，也就是说，扩展边际(EM)等于 1，但这与国家不断增加的贸易产品种类相矛盾。实际上，位似偏好的假设很大程度上限制了对贸易产品种类变化的研究。近几年，开始不断有学者运用非位似偏好的概念，从需求维度解释贸易产品种类的变化，需求对进口多样化影响的重要性正在凸显。

Hepenstrick 和 Tarasov(2015)探讨了需求在解释人均收入与进口贸易产品扩展边际之间的正相关关系中的作用。他们认为，随着收入的增加，消费者会增加他们消费的商品种类，这会影响一个国家的进口需求结构，从而影响扩展边际。图 3-3 绘制了一个国家经过校准的进口产品的扩展边际与其人均收入的关系，横轴表示人均收入，纵轴表示进口产品的扩展边际，可以看出，它们呈现出明显的正相关关系。

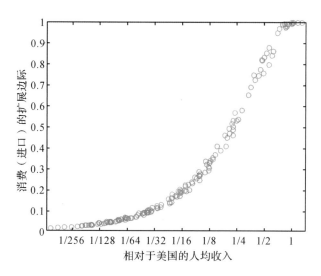

图 3-3　扩展边际与人均收入

资料来源：Hepenstrick 和 Tarasov(2015)。

胡菡月(2018)研究了 1992—2015 年人均收入与中国进口食品的扩展边际关系,她根据实证结果得到了同样的结论：人均收入对中国进口食品的扩展边际具有显著的正向影响,人均 GDP 每增加 1%,中国的进口扩展边际增长 0.48 个单位(见表 3-9)。

表 3-9 给出了实证结果：方案(1)给出了不控制国家和时间固定效应的回归结果;方案(2)提供了控制时间的固定效应但是不控制国家的固定效应的回归结果,得到人均 GDP 对进口食品扩展边际的影响系数显著为正,为 0.1210;方案(3)提供了同时控制时间和进口来源国的固定效应后的回归结果,得到人均 GDP 对进口食品扩展边际的影响系数显著为正,为 0.4779。这说明无论是否控制时间还是国家的固定效应,中国人均GDP 的系数都显著为正,即中国人均 GDP 增长,进口种类显著增长。

表 3-9　人均收入与中国双边进口食品扩展边际的回归结果

变量	(1)	(2)	(3)
$\ln\text{PCGDP}_{ct}$	0.0962*** (3.1802)	0.1210*** (2.9298)	0.4779*** (2.7883)
$\ln\text{PCGDP}_{ct} \times \ln\text{dist}_{nc}$	−0.0052** (−2.1239)	−0.0050** (−2.0936)	−0.0338* (−1.8420)
$\ln\text{productivity}_{nt}$	0.1072*** (5.7648)	0.1110*** (5.9155)	−0.0899* (−1.6946)
$\ln\text{wage}_{nt}$	−0.1607*** (−3.7404)	−0.1642*** (−3.8268)	0.0236(0.9498)
contig_{nc}	−0.0588(−1.4444)	−0.0479(−1.1394)	−0.2392(−1.2803)
comlang_{nc}	0.2997*** (8.3513)	0.2884*** (8.1501)	0.9430*** (8.5340)
fta_{nct}	0.3373*** (15.7034)	0.3464*** (16.0113)	0.0133(0.4704)
wto_{nct}	0.0751*** (2.9045)	0.1164** (2.5313)	0.1124*** (3.4591)

续　表

变量	(1)	(2)	(3)
$tariff_{ct}$	$0.0015^{***}(3.4830)$	$0.0015^{***}(3.5266)$	$0.0002(1.1450)$
_cons	$-0.5795^{***}(-2.9332)$	$-0.8856^{***}(-2.8299)$	$-0.8819^{*}(-1.7373)$
时间固定效应	NO	YES	YES
国家固定效应	NO	NO	YES
N	1345	1345	1345
R^2	0.2503	0.2567	0.8164

资料来源：Hepenstrick 和 Tarasov(2015)。

以往研究的共性在于它们只关注需求维度上的国家平均收入水平对贸易产品种类或多样化的影响，实际上平均收入可能掩盖了很多收入数据分布上的特征和变化趋势。孙林和胡菡月(2018)的实证研究弥补了这方面的不足，将需求维度从人均收入拓展到收入分布与两国收入分布相似度，并将其对进口多样化的影响机制进行了理论推理，采用静态固定面板效应和 GMM 动态面板估计收入分布及收入分布相似度对中国进口食品多样化的影响。结果发现，收入分布相似度对中国进口食品多样化有显著正影响，中国和进口来源国的收入分布相似度越大，中国进口食品多样化水平就越高。

3.4.3　需求与贸易产品质量

近年来，在收入及收入分布对贸易模式、贸易产品种类影响研究的基础上，不少学者开始将研究视角聚焦于贸易产品质量上，并结合非位似偏好假设展开理论和实证分析。贸易产品质量的测算是开展这块研究的基础，也是很有挑战性的工作。幸运的是，目前国际上的一些知名学者已经围绕这个主题展开了卓有成效的研究。一般来说，在国家—产品维度开展的研究基本上采用 Khandelwal(2010)的嵌套 Logit 模型方法，而在企业层面开展的研究则主要依据 Khandelwal 等(2013)创立的 KSW 方法。[①] 随着贸易产品质量测算方法的不断更新，最早使用的单位价值法也因不断被质疑而逐步退出主流方法。

基于非位似偏好假设，消费者收入增强后倾向于购买质量更高的产品，从而获得更大的边际效用。以往的研究主要基于国家—产品或行业维度探究收入对产品质量的影响，忽略了企业层面上贸易产品之间所存在的质量差异。实际上，从异质性企业贸易理

---

① KSW 方法是一种从企业维度间接测算贸易产品质量的方法，仅考虑需求方面的因素，将产品质量作为外生给定，利用消费者效用最大化导出产品质量表达式，在确认控制价格、产品种类等水平差异后，剩余的就是产品质量部分。

论发展至今,在沿用梅里兹模型的理论框架的基础上,近期的很多研究已经开始转向微观企业的最优质量决策分析。

　　一国的收入分配不均等程度会影响该国和企业及不同收入水平的消费群体对产品质量的选择。Ciani(2021)提出,目的国收入不均等程度的增加,会促使该国进口需求量的提高,在一定程度上降低了市场的准入门槛,更多生产低质量产品的企业能够进入市场,从而降低了该国进口产品的整体质量水平。该文基于2001—2006年保加利亚企业的出口数据,通过实证分析验证了这一结论。表3-10中的估计系数表明,进口市场中的收入不平等(interdecile ratio)与保加利亚公司运往该市场的产品的单位价值(unit value)和质量(quality)显著负相关,如第(3)列结果显示,用收入不平等衡量的目的国收入差距每扩大1个单位,出口产品质量下降0.13%。

3.4.4　需求与贸易产品价格

　　在考虑不同目的地市场企业的定价时,贸易成本、地理距离都是最先被论及的影响因素,因此,与此相关的研究主题可以分为"华盛顿苹果效应"和远距离(remoteness)条件下的价格歧视。除此之外,企业生产率异质性、贸易自由化和进口竞争等供给层面的因素也被认定为关键影响因素。随着在需求维度上对国际贸易研究的愈加深入,越来越多的研究开始重点关注目的地市场需求特征对贸易产品价格和企业定价的影响。

　　目的地市场需求特征主要分为两个方面:①收入水平。目的国收入特征对企业出口定价的影响至关重要。一般来说,目的国收入水平越高,出口价格越高。从现有的研究来看,学者们基本从微观角度出发来探究企业出口的最优定价问题,并且得出共同结论:一是出口目的地市场越富有,消费者购买能力越强,产品价格就越高;二是出口目的地市场越远,为了节省运费,出口国倾向于出口更高质量的产品到更远的市场。②收入分配和收入差距。Flach和Janeba(2017)利用简单的需求构成效应将收入不平等与产品质量和价格联系起来,构建了目的国收入不平等与出口价格之间的理论关系,该理论框架预测,目的国的收入分配越不平等,出口产品的平均价格就会越高。随后,他们利用巴西制造业的工业企业数据库,使用基尼系数衡量收入差距,研究了进口国收入差距对出口产品价格的影响。基准结果表明:使用基尼系数(Gini)衡量目的国收入差距,每增加0.1个单位收入,出口价格上升约0.1%(见表3-11)。验证了上述假说,并发现对足够富裕的国家来说,这种影响会消失。

表3-10 目的国收入不平等与出口产品质量

变量	(1) ln(unit value)	(2) ln(unit value)	(3) quality	(4) quality	(5) ln(unit value)	(6) ln(unit value)	(7) quality	(8) quality
ln(terdecile ratio)	-0.0007*** (0.0002)	-0.0007*** (0.0002)	-0.0013** (0.0006)	-0.0008* (0.0004)	-0.0006*** (0.0002)	-0.0006*** (0.0002)	-0.0009* (0.0005)	-0.0005 (0.0004)
lnincome (per capita)	0.0487*** (0.0080)	0.0327** (0.0140)	0.0254 (0.0186)	0.0455* (0.0235)	0.0416*** (0.0085)	0.0357*** (0.0114)	0.0415* (0.0220)	0.0735*** (0.0265)
lnpopulation	-0.0209*** (0.0044)	-0.0162*** (0.0039)	-0.0042 (0.0098)	0.0010 (0.0119)	-0.0214*** (0.0049)	-0.0133*** (0.0047)	0.0027 (0.0123)	0.0081 (0.0147)
lndistance	0.0649*** (0.0113)	0.0758*** (0.0163)	0.0543** (0.0226)	0.0623** (0.0309)	0.0464*** (0.0090)	0.0551*** (0.0118)	0.0277 (0.0245)	0.0369 (0.0327)
sec. school enr.	-0.0016** (0.0007)	-0.0014* (0.0007)	-0.0053*** (0.0015)	-0.0056*** (0.0015)	-0.0005 (0.0006)	-0.0003 (0.0006)	-0.0058*** (0.0017)	-0.0064*** (0.0017)
gatt,d		0.0429 (0.0288)		0.0027 (0.0565)		0.0614*** (0.0229)		-0.0112 (0.0599)
common leg. origin,d		0.0009 (0.0210)		0.0908*** (0.0328)		0.0372** (0.0158)		0.1200*** (0.0419)
regional trade agreement,d		0.0288 (0.0352)		0.0316 (0.0570)		0.0203 (0.0273)		0.0314 (0.0606)
firm-year and product-year FE	Y	Y	Y	Y	N	N	N	N
firm-product-year FE	N	N	N	N	Y	Y	Y	Y
observations	168149	168149	168149	168149	53260	53260	53260	53260
R^2	0.695	0.695	0.291	0.292	0.862	0.862	0.488	0.489

资料来源：Ciani(2021)。

表 3-11 目的国收入不平等与出口价格

dependent variable $\ln(\text{price})_{cg}$	(1)	(2)	(3)	(4)	(5)	(6)
Gini	0.00730*** (0.000949)	0.0105*** (0.00106)	0.00907*** (0.00110)	0.00911*** (0.00113)	0.00985*** (0.00107)	0.0138*** (0.00157)
$\ln\text{GDP}_c$		−0.00705 (0.00573)	−0.0286*** (0.00721)	−0.0284*** (0.00706)	−0.0157** (0.00666)	−0.00159 (0.00756)
$\ln\text{CGDP}_c$		0.0353*** (0.0130)	0.0167 (0.0149)	0.0188 (0.0144)	0.0304*** (0.132)	0.0599*** (0.0204)
$\ln\text{Dist}$		0.0531*** (0.0142)	0.0389*** (0.0170)	0.0462*** (0.0150)	0.0928*** (0.0203)	0.0806*** (0.0193)
Mktshare_c			−0.0383 (0.0422)			
ShareExp_{cs}				−1.299 (1.135)		
$\ln(\text{N firms})_{cg}$					0.0461*** (0.0144)	
Sigma_{cs}						9.16×10^{-5} (0.000194)
product FE	Y	Y	Y	Y	Y	Y
constant	Y	Y	Y	Y	Y	Y
observation	27937	27174	24091	24472	27174	20899
R^2	0.884	0.886	0.889	0.887	0.886	0.888

资料来源:Flach 和 Janeba(2017)。

Ciain(2021)的研究结果也展示了收入不平等状况与产品单位价值的关系,在表 3-12 的 panel(b)与 panel(c)中,作者根据进口国的人均年收入将样本分为两组。[①] panel(b)中收入不平等状况与进口单位价值之间存在显著的负相关性只存在于富裕地区,而在人均年收入低于 9250 美元的非富裕地区,结果并不显著。当使用基尼指数作为不平等状况的替代指标时[panel(c)]时,可以发现,非富裕地区进口国的收入不平等状况与单位价值之间存在显著的正相关关系,从而也支持了 Flach 和 Janeba(2017)提出的结果。

图 3-4 的结果显示,人均收入越高,收入不平等衡量的目的国收入差距与进口单位价值的负相关性就越大。如果进口国的人均收入较高,进口单位价格(质量)会随着进口国收入不平等程度的加剧而下降得更明显。

---

① 作者依据世界银行采用的人均年收入门槛来定义高收入国家。2001 年,即所分析的第一年,该门槛设定为人均年收入 9250 美元。

表 3-12　目的国收入不平等与进口单位价值

变量	富裕地区		非富裕地区	
	(1b)	(2b)	(3b)	(4b)
Panel(b)	ln(unit value)	quality	ln(unit value)	quality
interdecile ratio	−0.015***	−0.021*	−0.000	−0.000
	(0.003)	(0.011)	(0000)	(0.000)
destination-specific controls	Y	Y	Y	Y
bilateral controls	Y	Y	Y	Y
firm-year and product-year FE	Y	Y	Y	Y
observations	107.400	107.400	59.594	59.594
R^2	0.666	0.311	0.738	0.381
变量	富裕地区		非富裕地区	
	(1c)	(2c)	(3c)	(4c)
Panel(c)	ln(unit value)	quality	ln(unit value)	quality
Gini index	−0.003**	−0.007***	0.008***	0.002
	(0.001)	(0.002)	(0.002)	(0.004)

资料来源：Ciani(2021)。

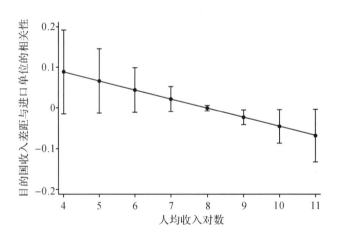

图 3-4　目的国收入不平等与出口单位价值

资料来源：Ciani(2021)。

　　收入差距问题是我国目前存在并迫切需要解决的问题。习近平总书记在 2021 年 1 月的讲话中提到"人民是我们党执政的最深厚基础和最大底气。为人民谋幸福，为民族谋复兴，这既是我们党领导现代化建设的出发点和落脚点，也是新发展理念的'根'和'魂'……要统筹考虑需要和可能，按照经济社会发展规律循序渐进，自觉主动解决地区差距、城乡差距、收入差距等问题，不断增强人民群众获得感、幸福感、安全感"①。形成强大的国内市场、构建国内国际双循环相互促进的新发展格局，加快构建完整内需体系、建设强大的国内消费市场，是"十四五"时期经济发展的重要战略基点。没有高质量的服务供给，人民对美好生活的需要就得不到满足，所以在尽可能提高收入水平的情况下，为了降低进口价格应当减少收入差距。

3.5　本章小结

当前，中国进口贸易额持续增长，中国居民对国外多样化、多种类、高质量的商品需求日益增加，这是居民消费结构升级的体现。在对国际贸易的研究中，从消费者需求角度出发，从居民的收入水平与收入不平等角度切入，探究与消费者关系最为密切的产品种类、质量与价格的影响渠道与机制，不仅可以推动国家缩小收入差距，还有利于国家及时针对进口贸易做出政策调整，即从需求角度出发思考我国商品供给侧改革的方向，如扩大低价格、多种类和高质量商品的供给，以满足国内居民收入增长背景下日益增长的消费需求，早日提高国内居民乃至整个社会的福利水平。

3.6　扩展性阅读

[1] Bekkers E, Francois J and Manchin M. Import prices, income, and inequality[J]. European Economic Review，2012,56(4):848-869.

[2] Ciani A. Income inequality and the quality of imports[J]. Review of World Economics，2021,157(2):375-416.

[3] Dalgin M, Trindade V and Mitra D. Inequality, nonhomothetic preferences, and trade: A gravity approach[J]. Southern Economic Association，2008,74（3）: 747-774.

[4] Eaton J, Kortum S. Technology, geography, and trade[J]. Econometrica，2002, 70(5):1741-1779.

[5] Fieler A C. Nonhomotheticity and bilateral trade: Evidence and a quantitative explanation[J]. Econometrica，2011，79(4)：1069-1101.

[6] Flach L, Janeba E. Income inequality and export prices across countries[J]. Canadian Journal of Economics，2017，50(1)：162-200.

---

① 习近平. 把握新发展阶段，贯彻新发展理念，构建新发展格局[J]. 求是，2021(9):4-18.

[7] Guimaraes P，Porgugal P. A simple feasible procedure to fit models with high-dimensional fixed effects[J]. Stata Journal，2010,10(4)：628-649.

[8] Hepenstrick C，Tarasov A. Per capita income and the extensive margin of bilateral Trade[J]. Canadian Journal of Economics，2015，48(4)：1561-1599.

[9] Hummels D，Lugovskyy V. International pricing in a generalized model of ideal variety[J]. Journal of Money，Credit and Banking，2009，41 (1)：3-33.

[10] Hunter L，Markusen J R. Per Capita Income As A Basis for Trade[M]//Feenstra R，ed. Empirical Methods for International Trade. Cambridge，MA：MIT Press，1988.

[11] Hunter L. The contribution of nonhomothetic preferences to trade[J]. Journal of International Economics,1988，30(4):345-358.

[12] Khandelwal A. The long and short (of) quality ladders[J]. Review of Economic Studies，2010，77(4)：1450-1476.

[13] Khandelwal A K，Schott P K and Wei S J. Trade liberalization and embedded institutional reform：Evidence from Chinese exporters[J]. American Economic Review，2013，103(6)：2169-2195.

[14] Lancaster K. Variety, Equity and Efficiency [M]. New York：Columbia University Press，1979.

[15] Linder S B. An Essay on Trade and Transformation[M]. Uppsala：Almqvist and Wiksells,1961.

[16] Markusen J R. Explaining the volume of trade：An eclectic approach [J]. American Economic Review，1986(76):1002-1011.

[17] Markusen J R. Putting per-capita income back into trade theory[J]. Journal of International Economics，2013,90(2):255-265.

[18] Melitz M J. The impact of trade in intra-industry reallocations and aggregate industry productivity[J]. Econometrica，2003，71(6)：1695-1725.

[19] Simonovska I. Income differences and prices of tradables：Insights from An online retailer[J]. The Review of Economic Studies，2015，84(4)：1612-1656.

[20] Sun L，Ye L T and Michael R R. The impact of income growth on quality structure improvement of imported food evidence from China's firm-level[J]. China Agricultural Economic Review，2020,12(4)：647-671.

[21] 胡菡月. 人均收入、收入分布与中国进口食品多样化[D]. 杭州：浙江工业大学,2018.

[22] 孙林,胡菡月. 中国进口食品种类大幅增长:收入分布重叠维度的解释[J]. 财贸经济,2018(8):110-125.

[23] 孙林,伊美欣,翁宁依,等. 中国从"一带一路"国家进口食品质量与"华盛顿苹果效应"[J]. 世界经济研究,2019(9):105-118,136.

练习题

参考答案

1.名词解释

非位似偏好　　依市定价　　基尼系数

2. 如果收入增加,你会更倾向于购买什么样的商品? 试结合经济学原理说明理由。

3. 试从需求角度思考,双循环政策的颁布对我国的进出口贸易有何影响?

4. 2021 年,恰逢"两个一百年"奋斗目标历史交汇之时,特殊时刻的两会,习近平总书记接连强调"高质量发展",意义重大。你认为什么是一国对外贸易的高质量发展? 如何促进对外贸易高质量发展? 试从身边某一具体行业出发展开论述。

5. 俗话说"一分钱一分货",是否意味着价格越高的产品质量越高,请结合所学知识谈谈你的看法。

4　全球价值链分工与测度

4.1　导读

4.1.1　全球价值链分工概念

全球价值链(global value chain)是对为实现商品或服务价值而连接生产、销售、使用、回收过程的全球性跨国、跨区域、跨企业的网络组织活动的一个形象描述,它涉及从原料采购和运输,半成品和成品的生产和分销,直至最终消费和回收处理的整个过程。从价值形态的角度看,包括设计、产品开发、生产制造、营销、运输、消费、售后服务以及最后的循环利用等各个环节中的价值创造与利润分配活动(潘文卿,李跟强,2014)。

在生产制造层面,全球价值链分工表现为逐渐从完整的产品深化到生产环节,产品生产过程中的各个环节和工序被分散到不同国家去进行,从而形成了以工序、区段和环节为对象的分工范式,又称产品内国际分工(卢锋,2004),详见图 4-1。不同的研究者对这一现象采用了不同的概念,常见的有:垂直专业化(vertical specialization),外包(outsourcing),任务贸易(trade in tasks),分散化生产(fragmentation),全球生产网络/分享(global production sharing),价值链分割(slicing the value chain),生产的非本地化(delocalization),中间品贸易(intra-mediate trade)等(丁小义,程惠芳,2017)。

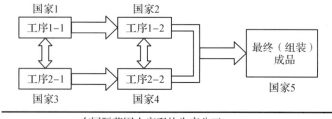

图 4-1　产品生产制造的全球价值链分工表现

资料来源:卢锋(2004)。

4.1.2　全球价值链分工与贸易"统计幻象"

传统的国际贸易总量统计法以分类商品的出口总量为统计口径,在产业间及产业内分工模式下,以完整的成品进行贸易时,能比较准确地反映一国的出口内容和贸易模式。但全球价值链分工打破了传统的产品生产过程,使得不同的生产环节可以在不同的国家和地区进行。例如,很多顶级品牌智能电视和手机由美国和日本设计,其精密组件如半导体和处理器在韩国或者中国台湾生产,在中国大陆进行组装,并在欧洲、美国等国家和地区进行销售及提供售后服务。这些复杂的、全球化的生产安排改变了国际贸易的本质,同时也给解读贸易数据、制定恰当政策造成了困难。

在全球价值链分工模式下,一国常常需要进口大量的中间投入品、半成品来完成其对产品某特定阶段的生产,尤其是发展中国家往往依赖进口大量的高集成度半成品或零部件,通过承担组装加工环节来参与全球生产网络。传统的国际贸易总量统计法又把来自其他国家和地区的进口中间投入品价值也计为出口额的一部分,从而导致各国的出口规模和构成被高估,特别是发展中国家,出现与其发展水平、技术能力以及比较优势相背离的"虚高"现象。如 Xing 和 Detert(2010)对 iPhone(苹果手机)价值链的"麻雀式"解剖分析发现,出口 100 美元的 iPhone,中国提供中间环节的组装和加工而获得的增加值不到 3.6 美元(3.6%),其余的增加值基本被德国、日本、美国等国家获得。李洲和马野青(2021)指出,中美之间的贸易不平衡受到了总值统计口径的严重夸大,由此产生的统计偏误更是对美国政府造成了极为严重的政策性误导。以 2015 年为例,根据美国商务部公布的数据,中国对美国的货物贸易顺差为 3656.90 亿美元,但如果根据出口增加值统计,则顺差仅为 1892.30 亿美元,高估比例达 59.51%。

传统贸易统计法在新型国际分工体系下导致的"统计幻象"问题,受到了国际社会的广泛关注。众多经济学家和政策制定者都认为以贸易总值为基础的官方贸易统计已不能反映当前以全球价值链为基础的国际贸易的实际情况。各类官方国际统计机构也充分认识到,需采用新的方法对国际分散化生产背景下的国际贸易流动问题进行衡量。目前,以增加值贸易为基础的新贸易统计法则和全球价值链研究已成为热点问题(王直等,2015)。

4.2　名词解释

(1)中间产品(intermediate goods)与最终产品(final goods)

中间产品是指用于再出售,而供生产别种物品用的产品。

最终产品是指在计算期间生产的但不重复出售而是最终使用的产品,即供行为主体直接使用和消费,不再转卖的产品。

产品是作为中间产品还是最终产品,只有在使用中才能确定,仅从产品本身的性质来说,由于缺乏产品转移信息,很难区分中间产品与最终产品。如在服装的生产过程中,需要投入的中间产品包括棉花、棉纱、棉布等,但当消费者购买一些棉布用于桌布装饰时,棉布属于最终产品。

(2)产品内贸易(intra-product trade)

产品内贸易是指由全球价值链分工所引起的零部件、半成品或中间投入品贸易,如图4-1中不同工序所对应的国家之间的中间品贸易。

(3)投入产出表(input-output tables)与投入产出模型(input-output models)

投入产出表是指反映各种产品生产投入来源和分配去向的一种棋盘式表格(矩阵表),详见表 4-1。

表 4-1　投入产出表(单一国家内)

投入／产出		中间使用					最终使用										进口	其他	总产出
		部门1	部门2	…	部门n	中间使用合计	农村民居消费	城镇居民消费	居民消费合计	政府消费	最终消费合计	固定资本形成总额	存货增加	资本形成总额	出口	最终使用合计			
中间投入	部门1	x_{11}	x_{12}	…	x_{1n}		Y_1										L_1		X_1
	部门2	x_{21}	x_{22}	…	x_{2n}		Y_2										L_2		X_2
	…	…	…	…	…		…										…		…
	部门n	x_{n1}	x_{n2}	…	x_{nn}		Y_n										L_n		X_n
	中间投入合计			…															
增加值	固定资产折旧	D_1	D_2	…	D_n														
	劳动者报酬	V_1	V_2	…	V_n														
	生产税净额	T_1	T_2	…	T_n														
	营业盈余	M_1	M_2	…	M_n														
	增加值合计	Z_1	Z_2	…	Z_n														
总投入		X_1	X_2	…	X_3														

资料来源:根据国家统计局国民经济核算司发布的《中国 2002 年投入产出表》整理获得。

投入产出数学模型是指用数学模型(方程式)体现投入产出表所反映的经济内容的一组线性代数方程组。

（4）国家间投入产出表（inter-country input-output tables，ICIO）

国家间投入产出表反映不同国家、不同部门之间的投入产出结构关系，以及每个国家/部门生产单位产出所需要的中间投入品的数量和种类，由此可对最终产品生产过程中每一阶段的产出进行追溯。

以三个国家为例，国家之间投入产出表框架如表4-2所示。

表 4-2　国家间投入产出表（三国）

投入/产出		中间使用			最终使用			总产出
		S 国	R 国	T 国	S 国	R 国	T 国	
中间投入	S 国	Z^{ss}	Z^{sr}	Z^{st}	Y^{ss}	Y^{sr}	Y^{st}	X^s
	R 国	Z^{rs}	Z^{rr}	Z^{rt}	Y^{rs}	Y^{rr}	Y^{rt}	X^r
	T 国	Z^{ts}	Z^{tr}	Z^{tt}	Y^{ts}	Y^{tr}	Y^{tt}	X^t
增加值		VA^s	VA^r	VA^t	—	—	—	
总收入		$(X^s)'$	$(X^r)'$	$(X^t)'$	—	—	—	

资料来源：王直等（2005）。

表4-2中，上标s、r和t分别代表S国、R国和T国。Z^{st}和Y^{st}分别代表S国产品被T国用作中间投入品和最终使用品的部分，VA^s和X^s分别表示S国的增加值和产出，其余类推。上标"'"表示转置。假设各国部门数统一为n个，那么表4-2中$\boldsymbol{Z}$为$n\times n$的矩阵，$\boldsymbol{X}$和$\boldsymbol{Y}$为$n\times 1$的列向量，$\boldsymbol{V}$为$1\times n$的行向量。

（5）直接消耗系数（direct input coefficients）、完全消耗系数（cumulative input coefficients）与里昂惕夫逆矩阵（Leontief inverse matrix）

直接消耗系数，也称投入系数，常记为$a_{ij}(i,j=1,2,\cdots,n)$，它是指在生产经营过程中第j个产品（或产业）部门的单位总产出直接消耗的第i个产品部门货物或服务的价值量。

完全消耗系数，通常记为b_{ij}，是指第j个产品部门每提供1单位最终使用的货物或服务时，对第i个产品部门或服务的直接消耗和间接消耗之和。

里昂惕夫逆矩阵中的元素又称为里昂惕夫逆系数，它表明第j个部门增加1单位最终使用时，对i个产品部门的完全需要量。

三者之间的关系如图4-2所示。

（6）前向关联（backward linkage）与后向关联（forward linkage）

前向关联是指生产部门与其下游部门之间的经济联系。后向关联是指生产部门与其上游部门之间的经济联系，如一个部门与其原材料、动力、装备生产部门之间的关系等。

B	$=$	I	$+$	A	$+$	A^2	$+$	A^3	$+$	$\cdots$	$+$	A^n	$+$	$\cdots$
里昂惕夫逆矩阵	=	单位最终使用矩阵	+	直接消耗系数矩阵	+	一次性间接消耗系数矩阵	+	二次性间接消耗系数矩阵	+	$\cdots$	+	$n-1$次性间接消耗系数矩阵	+	$\cdots$
						间接消耗系数矩阵								
				完全消耗系数矩阵										
		完全需求系数矩阵												

图 4-2　里昂惕夫逆矩阵的经济解释及分解示意

资料来源：根据国家统计局国民经济核算司发布的《中国 2002 年投入产出表》整理获得。

4.3　正文节选[*]

原文：Koopman R，Wang Z and Wei S J. Tracing value-added and double counting in gross exports[J]. American Economic Review，2014，104(2)：459-494。[②]

4.3.1　两国模型(2 个国家、1 个部门)

4.3.1.1　产出的分解

假设在一个两个国家(国家 1 和国家 2)组成的世界里，每个国家都仅有一个部门生产的产品可进行产品贸易。该部门的产品既可用作最终消费产品，也可作为中间产品投入使用，每个国家都向另一个国家出口中间产品和最终消费产品。各国所有产出必须在国内或国外作为中间产品或最终消费产品使用。因此，国家 1 的总产出 x_1、国家 2 的总产出 x_2 必须满足以下等式关系：

$$x_1 = a_{11}x_1 + a_{12}x_2 + y_{11} + y_{12} \tag{4-1}$$

$$x_2 = a_{21}x_1 + a_{22}x_2 + y_{21} + y_{22} \tag{4-2}$$

国家 1 的总产出 x_1 使用流向分别为：$a_{11}x_1$ 为国家 1 生产 x_1 时对 x_1 的中间投入消

---

* 本部分内容除了翻译 Koopman 等(2014)的原文内容外，还参考了李泽怡和倪红福(2017)、潘文卿和李跟强(2014)的相关内容。

② 该文所构建的出口分解法简称为 KWW 法。

耗量（即自己对自己的中间投入）；$a_{12}x_2$ 为国家 2 生产 x_2 时对 x_1 的中间投入消耗量；y_{11} 为国家 1 把 x_1 作为最终消费产品的消耗量；y_{12} 为国家 2 消费者通过进口，把 x_1 作为最终产品所消耗的数量。国家 2 总产出 x_2 使用流向类似。$a_{sr}(r,s=1,2)$ 为投入产出系数，描述了 R 国生产 1 单位总产出时所需使用的 S 国中间产品数量。两国生产和贸易体系可以写成如下国家之间的投入产出模型：

$$\begin{bmatrix} x_1 \\ x_2 \end{bmatrix} = \begin{bmatrix} a_{11} & a_{12} \\ a_{21} & a_{22} \end{bmatrix}\begin{bmatrix} x_1 \\ x_2 \end{bmatrix} + \begin{bmatrix} y_{11}+y_{12} \\ y_{21}+y_{22} \end{bmatrix} \tag{4-3}$$

其中，$\begin{bmatrix} a_{11} & a_{12} \\ a_{21} & a_{22} \end{bmatrix}$ 为直接消耗系数矩阵 $\boldsymbol{A}$。对式（4-3）进行重新排列，可得：

$$\begin{bmatrix} x_1 \\ x_2 \end{bmatrix} = \begin{bmatrix} I-a_{11} & -a_{12} \\ -a_{21} & I-a_{22} \end{bmatrix}^{-1}\begin{bmatrix} y_{11}+y_{12} \\ y_{21}+y_{22} \end{bmatrix} = \begin{bmatrix} b_{11} & b_{12} \\ b_{21} & b_{22} \end{bmatrix}\begin{bmatrix} y_1 \\ y_2 \end{bmatrix} \tag{4-4}$$

其中，$\begin{bmatrix} b_{11} & b_{12} \\ b_{21} & b_{22} \end{bmatrix}$ 为里昂惕夫逆矩阵，记为 $\boldsymbol{B}$，是最终品消费完全总需求系数矩阵。矩阵 $\boldsymbol{A}$ 与矩阵 $\boldsymbol{B}$ 的关系如下：

$$\begin{bmatrix} I-a_{11} & -a_{12} \\ -a_{21} & I-a_{22} \end{bmatrix}\begin{bmatrix} b_{11} & b_{12} \\ b_{21} & b_{22} \end{bmatrix} = \begin{bmatrix} 1 & 0 \\ 0 & 1 \end{bmatrix} = \begin{bmatrix} b_{11} & b_{12} \\ b_{21} & b_{22} \end{bmatrix}\begin{bmatrix} I-a_{11} & -a_{12} \\ -a_{21} & I-a_{22} \end{bmatrix} \tag{4-5}$$

因此，可获得以下等式：

$$(1-a_{11})b_{11}-1 = a_{21}b_{21}, b_{11}(1-a_{11})-1 = b_{12}a_{21} \tag{4-6}$$

$$a_{21}b_{11} = (1-a_{22})b_{21}, b_{11}a_{12} = b_{12}(1-a_{22}) \tag{4-7}$$

$$(1-a_{22})b_{21} = a_{21}b_{11}, b_{22}a_{21} = b_{21}(1-a_{11}) \tag{4-8}$$

$$a_{21}b_{12} = (1-a_{22})b_{22}-1, b_{22}(1-a_{22})-1 = b_{21}a_{12} \tag{4-9}$$

b_{11} 是国家 1 新增 1 单位最终需求 y_1 所需的总产出 x_1 的数量。其中，y_1 为两国最终需求之和，即 $y_1 = y_{11}+y_{12}$；b_{12} 是国家 2 新增 1 单位最终需求 y_2（同样为国家 1 和国家 2 的最终需求之和）所需的总产出 x_1 的总量。其他两个系数的含义类推。

将两国的最终需求按来源和目的地重新排列，将式（4-4）改写如下：

$$\begin{bmatrix} x_{11} & x_{12} \\ x_{21} & x_{22} \end{bmatrix} = \begin{bmatrix} b_{11} & b_{12} \\ b_{21} & b_{22} \end{bmatrix}\begin{bmatrix} y_{11} & y_{12} \\ y_{21} & y_{22} \end{bmatrix} = \begin{bmatrix} b_{11}y_{11}+b_{12}y_{21} & b_{11}y_{12}+b_{12}y_{22} \\ b_{21}y_{11}+b_{22}y_{21} & b_{21}y_{12}+b_{22}y_{22} \end{bmatrix} \tag{4-10}$$

式（4-10）左边为总产出分解矩阵，每个元素 $x_{sr}(r,s=1,2)$ 为 R 国对 S 国总产出的消耗，每行累计为 x_s，代表 S 国的总产出。如国家 1 的总产出 x_1 可分解成 x_{11} 和 x_{12}，其中 x_{11} 为国家 1 对 x_1 的消耗（对本国总产出的使用），x_{12} 为国家 2 对 x_1 的消耗（国家 2 对国家 1 总产出的消耗，从国家 1 进口）。

x_{11} 是国家 1 对 x_1 的全部消耗量，可进一步把 x_{11} 分解成两个部分：$b_{11}y_{11}$、$b_{12}y_{21}$。从最终需求视角进一步考察国家 1 对 x_1 的具体消耗方式，其中：

$b_{11}y_{11}$ 代表国家 1 消费者把 x_1 作为最终消费产品的直接消耗数量；

$b_{12}y_{21}$ 的含义则比较复杂，代表着 x_1 先作为中间产品被国家 2 进口并用于生产 x_2，然后以最终消费产品 x_2 的形式被国家 1 进口消费时所消费掉的 x_1 的数量，这部分 x_1 经历了先出口又被复进口的贸易流程。

类似的，x_{12} 是国家 2 对 x_1 的全部消耗量，也可进一步分解成两个部分：$b_{11}y_{12}$、$b_{12}y_{22}$。同样从最终需求视角进一步考察国家 2 对 x_1 的具体消耗方式，其中：

$b_{11}y_{12}$ 代表国家 2 从国家 1 进口、把 x_1 作为最终消费产品直接消耗的数量；

$b_{12}y_{22}$ 代表国家 2 从国家 1 进口、把 x_1 作为中间产品投入用于生产 x_2，然后以最终消费产品 x_2 的形式被国家 2 所消耗掉的 x_1 的数量。

此外，$x_{11} + x_{12} = x_1$，根据假设，它们采用相同的生产技术，因此，x_{11}、x_{12} 的国内附加值占比相同。对国家 2 的总产出 x_2 也可进行类似分解。

4.3.1.2　增加值的分解与增加值出口（value-added exports，export of value added）

根据定义，在国家 1 生产 x_1 的过程中，每单位总产出使用了 a_{11} 单位国内中间产品和 a_{21} 单位进口中间产品，因此国家 1 每单位总产出的国内增加值份额（增加值率）为：$\nu_1 = 1 - a_{11} - a_{21}$，而国家 2 每单位总产出的国内增加值份额为：$\nu_2 = 1 - a_{12} - a_{22}$，这相当于用 1 减去来自所有国家中间产品的份额（包括国内的中间投入）。因此，我们定义 $\boldsymbol{V}$ 为两国的直接国内增加值系数矩阵：

$$\boldsymbol{V} = \begin{bmatrix} v_1 & 0 \\ 0 & v_2 \end{bmatrix} \tag{4-11}$$

将这些直接增加值率系数矩阵 $\boldsymbol{V}$ 与里昂惕夫逆矩阵 $\boldsymbol{B}$ 相乘，由此获得一个 2×2 的增加值份额矩阵（$\boldsymbol{VB}$），这是之后进一步测算增加值来源地份额的基础。

$$\boldsymbol{VB} = \begin{bmatrix} v_1 b_{11} & v_1 b_{12} \\ v_2 b_{21} & v_2 b_{22} \end{bmatrix} \tag{4-12}$$

$\boldsymbol{VB}$ 矩阵中第 1 列表示国家 1 生产 1 单位产出所需的国内增加值 $\nu_1 b_{11}$ 和国外增加值 $\nu_2 b_{21}$（来自国家 2），第 2 列表示国家 2 生产每单位产出所需的国外增加值 $\nu_1 b_{12}$（来自国家 1）和国内增加值 $\nu_2 b_{22}$。由于产品的价值只能来自国内或国外，因此每一列中的元素加总和为 1，即：

$$v_1 b_{11} + v_2 b_{21} = v_1 b_{12} + v_2 b_{22} = 1 \tag{4-13}$$

进一步的，国家 1 总产出所包含的国内总增加值为 $\nu_1 x_1$，即国家 1 的 GDP 值，并可分解为：$\nu_1 x_1 = \nu_1 x_{11} + \nu_1 x_{12}$，其中，$\nu_1 x_{11}$ 为最终在国内消化吸收的增加值，$\nu_1 x_{12}$ 为最终被国外消化吸收的增加值，也是国家 1 的增加值出口。结合式(4-10)，$\nu_1 x_{12} = \nu_1 b_{11} y_{12} + \nu_1 b_{12} y_{22}$，即国家 1 的增加值出口又可进一步拆分成：以最终消费产品形式出口并被国家 2 直接消耗的增加值；以中间产品形式出口并被国家 2 用来生产最终消费产品间接消耗的增加值。总之，国家 1、国家 2 的增加值出口各自为：

$$VT_{12} \equiv v_1 x_{12} = v_1 b_{11} y_{12} + v_1 b_{12} y_{22} \tag{4-14}$$

$$VT_{21} \equiv v_2 x_{21} = v_2 b_{21} y_{11} + v_2 b_{22} y_{21} \tag{4-15}$$

由此,可以发现,至少有两个原因会使一个国家的增加值出口低于其对世界的总出口额:第一,总出口额可能包含国外增加值或进口中间产品(暂时称之为成分 a)。第二,国内增加值出口中的一部分可能通过进口国外产品又重返国内,被国内消耗,而不是被国外消耗(暂时称之为成分 b)。换言之,增加值出口是一个净值概念,它必须把成分 a 和成分 b 从总出口中扣除。

识别和估计这些重复计算的成分对衡量每个国家在全球价值链中的地位具有重要意义。例如,当两国有相同的出口增加值率(增加值出口/出口),但成分 a 和成分 b 的份额可能相差很大:当一些国家处于全球价值链上游时(如美国常负责产品设计),其成分 b 会较高,但成分 a 相对较低;相反,当一些国家处于全球价值链下游时(那些主要从事组装进口部件生产最终产品的国家,如越南),其成分 b 会较小,但成分 a 偏高。

4.3.1.3　总出口的分解与出口增加值(value added in export)

接着考察出口,以国家 1 为例,其出口包括最终消费产品出口和中间产品出口,因此:

$$e_{12} = y_{12} + a_{12} x_2 \tag{4-16}$$

根据 $x_2 = a_{21} x_1 + a_{22} x_2 + y_{21} + y_{22}$ 及式(4-16),可得:

$$y_2 = y_{12} + y_{22} = (1 - a_{22}) x_2 - a_{21} x_1 \tag{4-17}$$

再利用 $b_{11} a_{12} = b_{12} (1 - a_{22})$,可得:

$$v_1 b_{11} a_{12} x_2 = v_1 b_{12} (1 - a_{22}) x_2 = v_1 b_{12} (y_2 + a_{21} x_1) = v_1 b_{12} a_{21} x_1 + v_1 b_{12} (y_{21} + y_{22})$$
$$= v_1 b_{12} y_{22} + v_1 b_{12} y_{21} + v_1 b_{12} a_{21} x_1 \tag{4-18}$$

结合式(4-13),国家 1 对国家 2 的出口可分解为:

$$e_{12} = (v_1 b_{11} + v_2 b_{21})(y_{12} + a_{12} x_2) = v_1 b_{11} y_{12} + v_2 b_{21} y_{12} + v_1 b_{11} a_{12} x_2 + v_2 b_{21} a_{12} x_2$$
$$= v_1 b_{11} y_{12} + v_2 b_{21} y_{12} + v_1 b_{12} y_{22} + v_1 b_{12} y_{21} + v_1 b_{12} a_{21} x_1 + v_2 b_{21} a_{12} x_2 \tag{4-19}$$

因为:

$$x_1 = a_{11} x_1 + a_{12} x_2 + y_{11} + y_{12}$$
$$x_2 = a_{21} x_1 + a_{22} x_2 + y_{21} + y_{22}$$

即 $x_1 = y_{11} + a_{11} x_1 + e_{12}$ 和 $x_2 = y_{22} + a_{22} x_2 + e_{21}$,因此有:

$$x_1 = (1 - a_{11})^{-1} y_{11} + (1 - a_{11})^{-1} e_{12}$$
$$x_2 = (1 - a_{22})^{-1} y_{22} + (1 - a_{22})^{-1} e_{21}$$

综合以上算式,可得:

$$e_{12} = v_1 b_{11} e_{12} + v_2 b_{21} e_{12} = [v_1 b_{11} y_{12} + v_1 b_{12} y_{22}]$$
$$+ [v_1 b_{12} y_{21} + v_1 b_{12} a_{21} (1 - a_{11})^{-1} y_{11}] + v_1 b_{12} a_{21} (1 - a_{11})^{-1} e_{12}$$
$$+ [v_2 b_{21} y_{12} + v_2 b_{21} a_{12} (1 - a_{22})^{-1} y_{22}] + v_2 b_{21} a_{12} (1 - a_{22})^{-1} e_{21} \tag{4-20}$$

式(4-20)表明国家 1 对国家 2 的总出口共由 8 项构成,每项的经济含义分别如下:

第 1 项为以最终产品形式出口、被国家 2 消化吸收的国内增加值。

第 2 项为以中间产品形式出口、被国家 2 用来投入生产后并被其消化吸收的国内增加值。

第 3 项为以中间产品形式出口、被国家 2 用来投入生产最终消费产品后,被国家 1 重新进口回来消化吸收的国内增加值。

第 4 项为以中间产品形式出口、被国家 2 用来投入生产中间产品后,被国家 1 重新进口回来用于国内生产最终消费产品再被消化吸收的国内增加值。

注意:第 3 项和第 4 项都是国家 1 的国内增加值,但先出口到国家 2,然后返回,最后在国家 1 消化吸收。在贸易统计时,这部分至少被统计了两次,先从国家 1 出口到国家 2,然后又从国家 2 出口到国家 1(并最终被国家 1 消化吸收)。此外,这两项的跨国来回总贸易额已超过国家 1 起初出口额、国家 1 最终品消耗额两倍多。

第 5 项,中间产品为"纯重复计算项"。该项只在两国出口中间产品时才出现,如果其中有一个国家不出口中间产品(即没有中间品的双向贸易),该项就会消失。

第 6 项,是国家 1 最终产品出口中所包含的国外增加值。

第 7 项,是国家 1 中间产品出口中所包含的国外增加值。它们最终又回到国家 2,被国家 2 消化吸收。

第 8 项(即最后一项),是国家 1 出口总额中另一项纯粹重复计算的项目。与第 5 项类似,如果至少有一个国家不出口中间产品,此项也将消失。

同样,国家 2 的出口也可分解为:

$$
\begin{aligned}
e_{21} = v_1 b_{12} e_{21} + v_2 b_{22} e_{21} = &\left[v_2 b_{22} y_{21} + v_2 b_{21} y_{11} \right] \\
&+ \left[v_2 b_{21} y_{12} + v_2 b_{21} a_{12} (1 - a_{22})^{-1} y_{22} \right] + v_2 b_{21} a_{12} (1 - a_{22})^{-1} e_{21} \\
&+ \left[v_1 b_{12} y_{21} + v_1 b_{12} a_{21} (1 - a_{11})^{-1} y_{11} \right] + v_1 b_{12} a_{21} (1 - a_{11})^{-1} e_{12}
\end{aligned} \tag{4-21}
$$

比较式(4-20)和式(4-21),有几个值得注意的特点:

第一,国家 1 总出口分解式(4-20)的第 3 项、第 4 项和第 5 项与国家 2 总出口分解式(4-21)的第 6 项、第 7 项和第 8 项相同,反之亦然。这意味着最初由国家 1 生产并出口然后由国家 1 再进口的增加值,与国家 2 对国家 1 出口中所含的国外增加值完全相同。对称的,国家 1 对国家 2 出口总额中的国外增加值,最初由国家 2 生产、出口,但之后又成为国家 1 对国家 2 总出口中的一部分。

第二,除了式(4-20)、式(4-21)中的第 1 项和第 2 项构成增加值出口外,所有其他项在一个国家的官方出口统计中都被重复统计了。

因此,增加值出口(增加值贸易)和出口增加值(贸易增加值)是两个既有联系又有区别的概念。增加值出口关注的是该国的出口是如何被进口国使用和吸收的,是指一国生产并被另一国最终吸收的增加值,即式(4-20)、式(4-21)的第 1 项和第 2 项。而出口增加值关注的是总出口中哪些是国内增加值、哪些是国外增加值以及相应的测度方法。

式(4-20)、式(4-21)的第 1 项至第 4 项之和为出口增加值(出口中的国内增加值),第 6 项和第 7 项即为出口中的国外增加值。

4.3.2　两国模型的数例推演

4.3.2.1　分解过程

考虑一个由两个国家(美国和中国)和一个电子行业组成的世界,但只有一个国家出口中间产品。假设:

(1)美国的总产出为 200 单位。150 单位为中间产品,其中的 100 单位在国内使用,50 单位出口;50 单位为最终消费产品,其中的 30 单位在国内消费,20 单位出口。

(2)中国的总产出为 200 单位。其中,50 单位为中间产品,全部在国内使用;150 单位为最终消费产品,其中的 70 单位出口,80 单位在国内消费。

因此,两国总出口也相同,均为 70 单位。但美国分别出口了 50 单位中间产品和 20 单位最终消费产品,而中国的出口是 70 单位最终消费产品。

美国产出的国内增加值为 100(总产值 200－国内中间产品价值 100),注意,在美国的生产过程中没有国外价值。中国产出的国内增加值也为 100(生产总值 200－国内中间投入品价值 50－进口中间投入品价值 50)。投入产出关系可以概括为:

$$\begin{bmatrix} x_1 \\ x_2 \end{bmatrix} = \begin{bmatrix} 200 \\ 200 \end{bmatrix}, A = \begin{bmatrix} 0.5 & 0.25 \\ 0 & 0.25 \end{bmatrix}, V = \begin{bmatrix} 0.5 & 0 \\ 0 & 0.5 \end{bmatrix}$$

相应的,国家之间的投入产出如表 4-3 所示。

表 4-3　中美投入产出表

投入/产出		中间产品使用		最终消费产品使用	
		美国	中国	美国	中国
中间产品 投入	美国	100	50	30	20
	中国	0	50	70	80
增加值		100	100		
总产出		200	200		

资料来源:Koopman 等(2014)。

根据上述条件,可得:

$$\begin{bmatrix} x_1 \\ x_2 \end{bmatrix} = \begin{bmatrix} 0.5 & 0.25 \\ 0 & 0.25 \end{bmatrix} \begin{bmatrix} 200 \\ 200 \end{bmatrix} + \begin{bmatrix} 30 + 20 \\ 70 + 80 \end{bmatrix}$$

里昂剔夫逆矩阵和 $\boldsymbol{VB}$ 矩阵分别为：

$$\boldsymbol{B} = \begin{bmatrix} b_{11} & b_{12} \\ b_{21} & b_{22} \end{bmatrix} = \begin{bmatrix} 2 & 0.67 \\ 0 & 1.33 \end{bmatrix}, \boldsymbol{VB} = \begin{bmatrix} 1 & 0.33 \\ 0 & 0.67 \end{bmatrix}$$

把每个国家的总产出按其最终吸收的流向进行分解，重新安排每个国家的最终需求如下：

$$\begin{bmatrix} x_{11} & x_{12} \\ x_{21} & x_{22} \end{bmatrix} = \begin{bmatrix} 2 & 0.67 \\ 0 & 1.33 \end{bmatrix} \begin{bmatrix} 30 & 20 \\ 70 & 80 \end{bmatrix} = \begin{bmatrix} 60+46.69 & 40+53.3 \\ 0+93.33 & 0+106.67 \end{bmatrix} = \begin{bmatrix} 106.7 & 93.3 \\ 93.3 & 106.7 \end{bmatrix}$$

其中，$x_1 = x_{11} + x_{12}$ 和 $x_2 = x_{21} + x_{22}$。

相应的产出和贸易增加值矩阵为：

$$\boldsymbol{VBY} = \begin{bmatrix} 0.5 & 0 \\ 0 & 0.5 \end{bmatrix} \begin{bmatrix} 106.7 & 93.3 \\ 93.3 & 106.7 \end{bmatrix} = \begin{bmatrix} 53.3 & 46.7 \\ 46.7 & 53.5 \end{bmatrix}$$

美国的增加值出口约为 46.7 单位（$\nu_1 x_{12} = 0.5 \times 93.3$）[①]，其中 20 单位（$\nu_1 b_{11} y_{12} = 0.5 \times 2 \times 20$）为以最终消费产品形式出口且被中国消化吸收的国内增加值，即式(4-20)中的第 1 项；约 26.7 单位（$\nu_1 b_{12} y_{22} = 0.5 \times 0.67 \times 80$）为以中间产品形式出口且被中国用来投入生产并被中国消化吸收的国内增加值，即式(4-20)项中的第 2 项。

美国另有约 23.3 单位（$\nu_1 b_{12} y_{21} = 0.5 \times 0.67 \times 70$）的增加值先以中间产品形式出口且被中国用来投入生产最终消费产品后，又被美国重新进口回来消化吸收，即式(4-20)项中的第 3 项。

此外，美国出口中的外国增加值等于零（因为根据假设中国不出口中间产品），所以美国的总出口全部为国内增加值，出口增加值为 70 单位，也等于美国的增加值出口（46.7 单位）和出口再进口增加值（23.3 单位）之和，即式(4-20)的第 1 项、第 2 项、第 3 项的累计额。

对中国来说，其增加值出口（被美国吸收的）也是约 46.7 单位（$\nu_2 b_{22} y_{21} = 0.5 \times 1.33 \times 70$），即式(4-21)中的第 1 项，全部以最终消费产品形式出口。然而，在最终消费产品的生产过程中，部分中间产品进口自美国，即中国最终消费产品的部分增加值来自美国，共有约 23.3 单位（$\nu_1 b_{12} y_{21} = 0.5 \times 0.67 \times 70$），即式(4-21)中的第 6 项，也是式(4-20)中的第 3 项。中国的增加值出口（46.7）和外国的增加值（23.3）之和为 70，与中国的出口总额相同。

4.3.2.2　分解结果

式(4-20)和式(4-21)的完全分解如表 4-4 所示。

在这个例子中，两国的总出口（100 单位）和增加值出口（46.7 单位）相同，因此增加值出口率（增加值出口占总出口的比率，即 VAX 比率）也相同。然而，增加值出口小于

---

① 注：本数据计算为约数，只为说明问题，与括号内的列式计算结果略有差异。

表 4-4 基于式(4-20)和式(4-21)对中美出口的分解

出口分解	式(4-20)和式(4-21)对应项	美国	中国
增加值出口	v_1	20	46.7
	v_2	26.7	0
返回的增加值	v_3	23.3	0
	v_4	0	0
	v_5	0	0
国外增加值	v_6	0	23.3
	v_7	0	0
	v_8	0	0
总出口	E	70	70
增加值出口率		0.67	0.67

资料来源：Koopman 等(2014)。

总出口的原因却有很大的差异：对美国来说，VAX 比率小于 1 是因为部分最初出口的增加值以中间产品形式被中国进口、加工后，又以最终消费产品形式返回了国内消化吸收。对中国来说，VAX 比率小于 1 是因为其出口的最终消费产品在生产过程中使用了来自美国的中间产品，其中包含了美国的增加值。

4.3.3 多国一般模型(G 个国家、N 个部门)

4.3.3.1 模型假设

现在假设有 G 个国家，每个国家有 N 个生产部门，则总产出、增加值份额可表示如下：

$$
\begin{bmatrix} \boldsymbol{X}_1 \\ \boldsymbol{X}_2 \\ \vdots \\ \boldsymbol{X}_G \end{bmatrix} = \begin{bmatrix} I - \boldsymbol{A}_{11} & -\boldsymbol{A}_{12} & \cdots & -\boldsymbol{A}_{1G} \\ -\boldsymbol{A}_{21} & I - \boldsymbol{A}_{22} & \cdots & -\boldsymbol{A}_{2G} \\ \vdots & \vdots & \vdots & \vdots \\ -\boldsymbol{A}_{G1} & -\boldsymbol{A}_{G2} & \cdots & I - \boldsymbol{A}_{GG} \end{bmatrix}^{-1} \begin{bmatrix} \sum_r^G Y_{1r} \\ \sum_r^G Y_{2r} \\ \vdots \\ \sum_r^G Y_{Gr} \end{bmatrix} = \begin{bmatrix} \boldsymbol{B}_{11} & \boldsymbol{B}_{12} & \cdots & \boldsymbol{B}_{1G} \\ \boldsymbol{B}_{21} & \boldsymbol{B}_{22} & \cdots & \boldsymbol{B}_{2G} \\ \vdots & \vdots & \vdots & \vdots \\ \boldsymbol{B}_{G1} & \boldsymbol{B}_{G2} & \cdots & \boldsymbol{B}_{GG} \end{bmatrix} \begin{bmatrix} \boldsymbol{Y}_1 \\ \boldsymbol{Y}_2 \\ \vdots \\ \boldsymbol{Y}_G \end{bmatrix}
$$

(4-22)

$$
\begin{bmatrix}
\boldsymbol{X}_{11} & \boldsymbol{X}_{12} & \cdots & \boldsymbol{X}_{1G} \\
\boldsymbol{X}_{21} & \boldsymbol{X}_{22} & \cdots & \boldsymbol{X}_{2G} \\
\vdots & \vdots & \vdots & \vdots \\
\boldsymbol{X}_{G1} & \boldsymbol{X}_{G2} & \cdots & \boldsymbol{X}_{GG}
\end{bmatrix}
=
\begin{bmatrix}
\boldsymbol{B}_{11} & \boldsymbol{B}_{12} & \cdots & \boldsymbol{B}_{1G} \\
\boldsymbol{B}_{21} & \boldsymbol{B}_{22} & \cdots & \boldsymbol{B}_{2G} \\
\vdots & \vdots & \vdots & \vdots \\
\boldsymbol{B}_{G1} & \boldsymbol{B}_{G2} & \cdots & \boldsymbol{B}_{GG}
\end{bmatrix}
\begin{bmatrix}
\boldsymbol{Y}_{11} & \boldsymbol{Y}_{12} & \cdots & \boldsymbol{Y}_{1G} \\
\boldsymbol{Y}_{21} & \boldsymbol{Y}_{22} & \cdots & \boldsymbol{Y}_{2G} \\
\vdots & \vdots & \vdots & \vdots \\
\boldsymbol{Y}_{G1} & \boldsymbol{Y}_{G2} & \cdots & \boldsymbol{Y}_{GG}
\end{bmatrix}
\tag{4-23}
$$

$$
\boldsymbol{VB} =
\begin{bmatrix}
\boldsymbol{V}_1\boldsymbol{B}_{11} & \boldsymbol{V}_1\boldsymbol{B}_{12} & \cdots & \boldsymbol{V}_1\boldsymbol{B}_{1G} \\
\boldsymbol{V}_2\boldsymbol{B}_{21} & \boldsymbol{V}_2\boldsymbol{B}_{22} & \cdots & \boldsymbol{V}_2\boldsymbol{B}_{2G} \\
\vdots & \vdots & \vdots & \vdots \\
\boldsymbol{V}_G\boldsymbol{B}_{G1} & \boldsymbol{V}_G\boldsymbol{B}_{G2} & \cdots & \boldsymbol{V}_G\boldsymbol{B}_{GG}
\end{bmatrix}
\tag{4-24}
$$

其中，$\boldsymbol{X}$ 和 $\boldsymbol{Y}$ 是 $GN\times1$ 向量，分别表示总产出和最终消费产品需求；$\boldsymbol{A}$、$\boldsymbol{B}$ 为 $GN\times GN$ 矩阵，$\boldsymbol{V}$ 和 $\boldsymbol{VB}$ 为 $G\times GN$ 矩阵。$\boldsymbol{V}_s$ 系 $1\times N$ 行向量，为直接增加值系数；$\boldsymbol{A}_{sr}$ 是分块 $N\times N$ 投入产出系数矩阵；$\boldsymbol{B}_{sr}$ 表示分块 $N\times N$ 里昂惕夫逆矩阵，表示目的地国 R 国每增加 1 单位最终消费产品消费需要增加多少单位 S 国的总产出。$\boldsymbol{X}_{sr}$ 为 $N\times1$ 的总产出向量，表示 S 国的总产出被 R 国所消化吸收的数量，$\boldsymbol{X}_s = \sum_{r}^{G} X_{sr}$ 也是一个 $N\times1$ 向量，代表 S 国的总产出。相应的，$\boldsymbol{Y}_{sr}$ 是 $N\times1$ 向量，表示 S 国生产的最终消费产品被 R 国所消化吸收的数量，$\boldsymbol{Y}_s = \sum_{r}^{G} Y_{sr}$ 也是 $N\times1$ 向量，代表全球对 S 国最终消费产品的需求。式(4-23)等式左边的总产出分解和等式右边的最终消费产品需求矩阵均为 $GN\times G$ 矩阵。

4.3.3.2 分解结果

之后，经过推导和分解，S 国的总出口(gross export)可以被分解为 9 项：

$$
\begin{aligned}
uE_s^* = & \Big[V_s \sum_{r\neq s}^{G} B_{ss}Y_{sr} + V_s \sum_{r\neq s}^{G} B_{sr}Y_{rr} + V_s \sum_{r\neq s}^{G} \sum_{t\neq s,r}^{G} B_{sr}Y_{rt} \Big] \\
& + \Big[V_s \sum_{r\neq s}^{G} B_{sr}Y_{rs} + V_s \sum_{r\neq s}^{G} B_{sr}A_{rs}(I-A_{ss})^{-1}Y_{ss} \Big] \\
& + V_s \sum_{r\neq s}^{G} B_{sr}A_{rs}(I-A_{ss})^{-1}E_s^* \\
& + \Big[\sum_{t\neq s}^{G} \sum_{r\neq s}^{G} V_t B_{ts}Y_{sr} + \sum_{t\neq s}^{G} \sum_{r\neq s}^{G} V_t B_{ts}A_{sr}(I-A_{rr})^{-1}Y_{rr} \Big] \\
& + \sum_{t\neq s}^{G} V_t B_{ts}A_{sr} \sum_{r\neq s}^{G} (I-A_{rr})^{-1}E_r^*
\end{aligned}
\tag{4-25}
$$

式(4-25)有 9 项，与式(4-20)、式(4-21)非常相似，与两国模型相比，只有 1 项不同。增加值出口除了第 1 项(最终品形式)、第 2 项(中间品形式)被进口国直接消化吸收外，还增加了第 3 项，这部分以中间产品形式被进口国进口、再加工后又出口到了第三国。因此，多国模型下增加值出口含有 3 项(第 1 个大括号中的 3 项)，而两国模型中仅包含 2 项。

第 2 个大括号里的第 4 项和第 5 项代表先以中间产品形式出口，然后分别以最终消费产品、中间产品形式返回并最终在国内消费的部分。这两项是出口国 GDP 的一部分，也是官方出口总额统计中重复计算的部分，与式(4-20)、式(4-21)中的第 3 项和第 4 项的经济含义相似。与两国模型相比，在多国模型下，这两项不限于仅从国家 2 返回，也可以是从其他 G−1 国家返回。

第 3 个大括号里的第 7 项和第 8 项代表出口总额中的外国增加值，包括最终消费产品和中间产品出口中的外国增加值。它们不同于两国模型下式(4-20)中的第 6 项和第 7 项，在式(4-25)中，它们还将每一项外国增加值按国别来源做了进一步分解。

此外，类似式(4-20)、式(4-21)，式(4-25)也有两个纯粹的重复计算项，即式(4-25)中的第 6 项和第 9 项，不过它们是所有双边贸易中对中间产品的重复计算成分，而不仅仅限于国家 1 和国家 2 之间。

图 4-3 对式(4-25)的 9 项给出了具体成分说明。

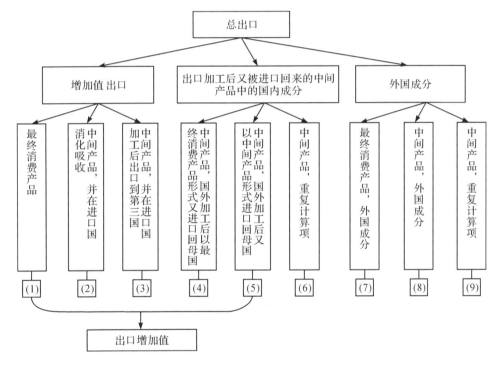

图 4-3　KWW 法的总出口分解示意

资料来源：潘文卿和李跟强(2014)。

其中：(1)+(2)+(3)为增加值出口；(1)+(2)+(3)+(4)+(5)是出口增加值，在此基础上加上一个重复统计项，则构成了出口中的国内成分(domestic content in export, DC)，即(1)+(2)+(3)+(4)+(5)+(6)。Hummels(2001)定义的垂直专业化(vertical specialization, VS)指数＝(7)+(8)+(9)，即出口中的外国成分(foreign content in export, FC)。

4.3.4 基本结论

该文为全球价值链分工背景下准确统计出口总额提供了一个统一的核算框架,结合国家之间投入产出分块矩阵数据,通过对总出口的分解,使各种增加值贸易、贸易增加值、重复统计项以及传统标准贸易核算下的不同测量指标,都得以正确识别和测度,而且可以通过各子项来进一步测算一个国家参与全球生产链的程度和位置。

此外,由于各增加值子项与重复计算项累加之后,与官方贸易总额统计完全一致,因此该框架为国民核算体系(SNA)接纳增加值贸易提供了可能,而无须大幅度改变目前海关贸易数据的收集方法。同时,该框架也为国际统计机构提供了一种可行方式,使其能以相对较低的成本定期报告增加值贸易统计数据。

4.4 测度方法的进一步发展

Koopman 等(2014)的总出口 9 项分解公式局限于国家层面,没有深入到部门层次。Wang 等(2013)[①]、王直等(2015)进一步把总出口分解公式拓展到双边分部门出口的增加值分解公式,形成 16 项部门层次的总出口分解公式,具体如下:

$$
\begin{aligned}
E^{sr} = A^{sr}X^r + Y^{sr} &= (V^sB^{ss})' \sharp Y^{sr} + (V^rB^{rs})' \sharp Y^{sr} + (V^tB^{ts})' \sharp Y^{sr} \\
&+ (V^sB^{ss})' \sharp (A^{sr}X^r) + (V^rB^{rs})' \sharp (A^{sr}X^r) + (V^tB^{ts})' \sharp (A^{sr}X^r) \\
&= (V^sB^{ss})' \sharp Y^{sr} + (V^sL^{ss})' \sharp (A^{sr}B^{rr}Y^{rr}) + (V^sL^{ss})' \sharp (A^{sr}B^{rr}Y^{tt}) \\
&+ (V^sL^{ss})' \sharp (A^{sr}B^{rr}Y^{rt}) + (V^sL^{ss})' \sharp (A^{sr}B^{rr}Y^{tr}) + (V^sL^{ss})' \sharp (A^{sr}B^{rr}Y^{rs}) \\
&+ (V^sL^{ss})' \sharp (A^{sr}B^{rr}Y^{ts}) + (V^sL^{ss})' \sharp (A^{sr}B^{rs}Y^{ss}) \\
&+ (V^sL^{ss})' \sharp [A^{sr}B^{rs}(Y^{sr} + Y^{st})] + (V^sB^{ss} - V^sL^{ss})' \sharp (A^{sr}X^r) \\
&+ (V^rB^{rs})' \sharp Y^{sr} + (V^rB^{rs})' \sharp (A^{sr}L^{rr}Y^{rr}) + (V^rB^{rs})' \sharp (A^{sr}L^{rr}E^r) \\
&+ (V^tB^{ts})' \sharp Y^{sr} + (V^tB^{ts})' \sharp (A^{sr}L^{rr}Y^{rr}) + (V^tB^{ts})' \sharp (A^{sr}L^{rr}E^r)
\end{aligned}
$$

$$(4\text{-}26)$$

其中:

第 1 项为以最终消费产品形式出口的国内增加值[类似式(4-25)的第 1 项]。

第 2 项为以中间产品形式出口且被进口国用于生产最终需求产品而吸收的国内增加值[类似式(4-25)的第 2 项]。

第 3 项分为以中间产品形式出口、被进口国加工后出口至第三国,然后被第三国用于生产最终需求吸收的国内增加值[对式(4-25)第 3 项的进一步分解]。

---

① 该文所构建的出口分解法简称为 WWZ 法。

第 4 项为以中间产品形式出口、被进口国用于生产最终消费产品,再出口至第三国所吸收的国内增加值[对式(4-25)第 3 项的进一步分解]。

第 5 项为以中间产品形式出口、被进口国用于生产中间产品后,再出口至第三国,并以最终消费产品形式进口返回第二国吸收的国内增加值[对式(4-25)第 3 项进一步分解后的新增项]。

第 1 项至第 5 项之和为最终被国外吸收的国内增加值(DVA),即增加值出口。

第 6 项为以中间产品形式出口,被进口国生产最终消费产品且又出口返回国内被吸收的国内增加值[对式(4-25)第 4 项的进一步分解]。

第 7 项为以中间产品形式出口,被进口国生产中间产品出口至第三国,再以最终消费产品形式进口返回国内所吸收的国内增加值[对式(4-25)第 4 项的进一步分解]。

第 8 项为以中间产品形式出口,被进口国生产中间产品出口返回国内,用于生产国内最终需求所吸收的国内增加值[类似式(4-25)的第 5 项]。

第 6 项至第 8 项之和为返回的国内增加值,即国内增加值先被出口至国外,但隐含在本国的进口中返回国内,并最终在国内被消费(RDV)。

第 9 项和第 10 项是本国中间产品出口的国内价值重复计算部分(DDC)[类似式(4-25)的第 6 项]。

第 11 项为本国最终消费产品出口中所包含的进口国增加值;第 12 项为以中间产品形式出口,被进口国用于直接生产国内最终需求吸收所包含的进口国增加值。这两部分隐含在本国出口的进口国增加值(MVA)中。

第 14 项为隐含在本国最终消费产品出口的第三国增加值中;第 15 项为以中间产品形式出口,被进口国直接生产国内最终需求吸收所包含的第三国增加值。这两部分为隐含在本国出口的第三国增加值(OVA)中。

MVA 与 OVA 之和,为用于生产本国出口的国外增加值(FVA)。

第 11 项和第 14 项是对式(4-25)中第 7 项的进一步分解;第 12 项和第 15 项是对式(4-25)中第 8 项的进一步分解。

第 13 项为本国中间产品出口的进口国价值重复计算部分;第 16 项为本国中间产品出口的第三国价值重复计算部分。第 13 项和第 16 项之和,为本国中间产品出口的外国价值重复计算部分(FDC),对应式(4-25)中的第 9 项。DDC 和 FDC 之和,为中间产品贸易的纯重复计算部分(PDC)。PDC 是由于中间产品贸易多次往返跨越国界引起的,类似于用一种中间产品生产另一种中间产品的国内产业间交易,这些中间产品贸易交易值不构成任何国家的 GDP 或最终需求。由于所有的跨国贸易交易都会被各国海关当局记录,因此这一部分重复计算包含于总贸易统计中。而国内中间产品贸易则不同,在通过行业统计来核算 GDP 时,所有中间产品的价值都必须从总产出中扣除,以避免重复计算。

归纳起来,总出口具体各分解部分的关系可见图 4-4。

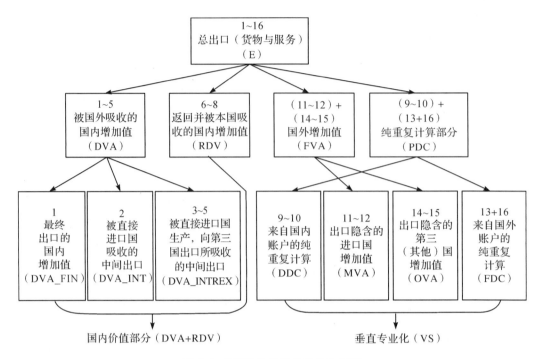

图 4-4 WWZ 法的总出口分解示意

资料来源：王直等(2015)。

Wang 等(2013)利用全球投入产出模型方法对增加值贸易进行的测算及分解方式基本上处于完善阶段。此外，以上测度增加值出口以及出口增加值的分解方法和思路，可以应用于分析要素(如就业)、污染物(如碳排放)等出口及其分解中，只需要把增加值率向量变为单位产出碳排放(碳排放系数)、单位产出就业人数等系数变量(倪红福，2018)。

4.5 扩展与应用

4.5.1 主要数据库介绍

4.5.1.1 世界投入产出数据库

KWW 法或 WWZ 法对全球价值链的测度都需要以国家间投入产出数据为基础，而全球投入产出表的成功编制，实现了全球价值链理论在宏观测度领域的飞越。世界投入产出数据库(world input-output database，WIOD)描述了产品部门在生产过程中所进口的中间产品和出口产品流向的详细情况，这些数据为测度全球价值链的参与程度、位置等指标提供了基础数据。数据库网址为：http://www.wiod.org/home，中文版页面如图 4-5 所示。

图 4-5　WIOD 数据库中文版首页

2016 年发布的 WIOD 数据库（WIOD2016）包含了 43 个国家和地区的投入产出表和基础数据。此外，由于 WIOD 也提供了社会、能源和环境的附属账户，促进了国际贸易中隐含能源和隐含碳等方面的研究。

4.5.1.2　增加值贸易数据库

2013 年 OECD 和 WTO 联合发布增加值贸易数据库（trade in value added database，TiVA）。该数据库基于各国官方的投入产出表及双边贸易数据，发布了全球贸易较为重要的 41 个经济体、18 个行业以及 1995 年至 2009 年的数据，之后逐步更新，网址如下：http://www.oecd.org/industry/ind/measuring-trade-in-value-added.htm。

数据库页面大致如图 4-6 所示。

4.5.1.3　UIBE GVC 指标数据库

UIBE GVC 指标数据库由对外经济贸易大学全球价值链研究所（UIBE，中国北京）开发。该研究数据库涵盖了最近有关贸易和 GVC 文献中使用最广泛的增加值贸易和 GVC 指标。主要根据全球贸易分析模型（global trade analysis project，GTAP）、OECD、WIOD 和其他全球计划发布的投入产出表计算得出，并随着新版本的发布而更新。具体网址如下：http://rigvc.uibe.edu.cn/sjzlk/sjk/index.htm。

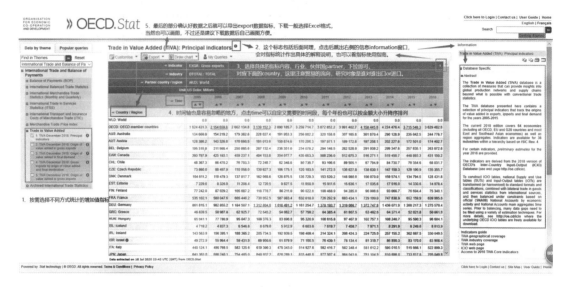

图 4-6　TiVA 数据库页面

UIBE GVC 数据库是一个为满足学术研究需求而建立的免费公益性数据库,主要提供当前国际贸易中增加值贸易核算结果以及有关全球价值链或国际生产分工的测算指数。目前,UIBE GVC 数据库主要由全球价值链生产分解(index1_Prod)、双边总贸易流的分解(index2_Trade)和全球价值链长度的分解(index3_Length)三类指数构成。详见网站提供的 UIBE GVC index 说明文档。

4.5.2　应用

随着国内外学者对贸易增加值认识的加深,以及增加值贸易核算方法的完善,越来越多的研究开始基于增加值评估贸易结构、分工地位、贸易利益及贸易的经济效应。

4.5.2.1　应用方向一:评估贸易结构或贸易模式

王直等(2015)以 WIOD 中的中日电气和光学设备产品双边贸易数据为例,对传统总值统计、增加值统计的中日双边贸易结构进行了比较分析。

以贸易总值衡量,中日电气和光学设备的双边贸易规模增长异常迅速,从 1995 年的126.5 亿美元扩大到了 2011 年的1233.2 亿美元,增幅为 874.5%。1995 年以贸易总值度量的中日电气和光学设备双边贸易极不平衡,中国向日本出口了 36.7 亿美元,而日本向中国的出口为 89.8 亿美元,后者为前者的 1 倍多。如果将总出口拆分为最终消费产品出口和中间产品出口两类,可以看到中国出口的大部分为最终消费产品,2011 年的占比为 71.8%;而日本的出口则以中间产品为主,2011 年占比为 72.6%。

从增加值角度衡量,2011 年中国出口中隐含的国内增加值(DVA+RDV)为 410.9

亿美元,隐含的进口国(日本)增加值(MVA)为17.5亿美元;日本出口中隐含的国内增加值为542.1亿美元,隐含的中国增加值为16.0亿美元;双边贸易增加值的差额为132.7亿美元,较以出口总值计算的中日电气和光学设备双边贸易差额(64.3亿美元)增加了106.4%。从增加值的细分项来看,中国主要在最终出口消费产品中隐含的国内增加值(DVA_FIN)顺差大,为149.0亿美元,而日本在被直接吸收和再次用于出口的中间出口产品国内增加值(DVA_FIN 和 DVA_INTrex)的顺差都很大,分别为178.4亿美元和102.5亿美元。总的看来,由于增加值组成结构方面的差异,以增加值计算的中日电气和光学设备贸易逆差,比用贸易总值计算的贸易逆差要大得多。

出口中增加值结构的不同,反映了中日两国在电气和光学设备全球生产链中所占位置的不同。日本主要从事产品设计和出口零部件生产,在全球价值链中处于上游位置。相反,中国更多从事加工组装生产,出口增加值中大部分为最终消费产品的国内增加值,处于价值链的下游。另外,中国对日本出口的 FVA 主要隐含在最终消费产品中,而日本出口的 FVA 主要隐含在中间产品中,这从另一侧面反映了中日两国在全球生产链中的位置差异。特别的,把 DVA 进一步细分为(DVA_FIN)、(DVA_INT)和(DVA_INTrex)的结果,也揭示了中日贸易中两国增加值出口之间的差异。中国出口的增加值以隐含于最终产品中的 DVA 为主,而日本出口的增加值则以隐含于被中国和其他国家吸收的中间产品中的 DVA 为主。

4.5.2.2 应用方向二:评估全球价值链分工地位

Koopman 等(2010)构建了 GVC 参与指数和 GVC 地位指数来反映一国或地区参与全球价值链的分工程度和地位。

GVC 参与指数被定义为一国或地区间接增加值出口与国外(地区)增加值出口之和与总出口的比重,计算方式如下:

$$GVC\_Participation_{ir} = \frac{IV_{ir} + FV_{ir}}{E_{ir}} \tag{4-27}$$

其中,$GVC\_Participation_{ir}$ 表示 r 国 i 产业参与全球价值链分工的程度,该值越大说明一国或地区参与全球价值链分工的程度越高;IV_{ir} 表示一国或地区总出口中所包含的间接国内(地区)增加值,即式(4-25)中的第3项,也是式(4-26)中的第3~5项之和(图4-4中的 DVA_INTREX 项)[①];FV_{ir} 表示一国或地区总出口所包含的国外(地区)增加值,即式(4-25)中的第7项和第8项,或式(4-26)中的 FVA,即 11+12+14+15 之和[②];E_{ir} 为总出口。

① 也可以从 TiVA 数据库中直接获得 IV_{ir}/E_{ir} 的比值,在数据库中的相应指标名称为"EXGR_IDC"。

② 也可以从 TiVA 数据库中直接获得 FV_{ir}/E_{ir} 的比值,在数据库中的相应指标名称为"EXGR_FVA"。

GVC 地位指数被定义为一国或地区间接增加值出口与国外(地区)增加值出口的差距。如果一国或地区总出口中包含的间接增加值出口所占的比率高于国外(地区)增加值出口比率,意味着该国(地区)更多地为世界其他国家或地区提供中间产品,说明该国或地区处于上游环节,否则,处于下游环节。计算方式如下:

$$GVC\_Position_{ir} = \ln\left(1 + \frac{IV_{ir}}{E_{ir}}\right) - \ln\left(1 + \frac{FV_{ir}}{E_{ir}}\right) \tag{4-28}$$

其中,$GVC\_Position_{ir}$ 表示 r 国 i 产业在全球价值链中的分工地位。指数值越大,说明一国或地区处于全球价值链的地位越高。

Koopman 等(2010)进一步提出了不同 GVC 参与方式的测算指标,即前向嵌入(GVC_Forward)度和后向嵌入(GVC_Backward)度,测算公式分别为:

$$GVC\_Forward\_Participation_{ir} = \frac{IV_{ir}}{E_{ir}} \tag{4-29}$$

$$GVC\_Backward\_Participation_{ir} = \frac{FV_{ir}}{E_{ir}} \tag{4-30}$$

国家或地区(行业)的前向参与度越高,意味着该行业在全球生产链中的位置越处于上游;而国家或地区(行业)的后向参与度越高,则表示该行业在全球生产链中的位置越处于下游(Wang et al.,2017)。

岑丽君(2015)基于 TiVA 数据库,采用 GVC 参与指数和 GVC 地位指数考察了中国出口贸易在全球生产网络中的分工贸易地位,研究发现(详见图 4-7 和 4-8):

(1)相比 20 世纪 90 年代末,21 世纪初,中国、德国、荷兰、法国、韩国等国家 GVC 参与指数值有不同程度的提高,表明全球生产网络下这些国家参与全球价值链的程度越来越高。中国参与全球生产网络的程度表现为"倒 L 形";美国、日本、意大利等国家 GVC 参与指数值相对稳定;英国、中国香港、俄罗斯、比利时、加拿大等国家和地区 GVC 参与指数值有所下降。

(2)横向比较看,从 21 世纪初开始,中国参与全球生产网络程度处于第一位。中国以"大进大出、两头在外"的加工贸易为主的贸易模式,确定了其有较大的贸易规模和较高的全球价值链分工参与程度。而像美国和德国,虽然在出口总量上排名世界前列,但其参与全球价值链的程度相比其他国家或地区更低。

(3)与 GVC 参与指数值形成鲜明对比的是,中国的 GVC 地位指数值非常低,呈"V 形"趋势发展。1995 年指数值相对较高,为 0.315,在 13 个国家和地区中排名第二;但是 2005 年指数值仅为 0.017,排名第九;2008 年和 2009 年虽然有所上升,指数值分别为 0.056 和 0.072,但排名依然处于第八位。可见,中国参与全球生产网络程度较高,但在全球价值链中的地位较低。

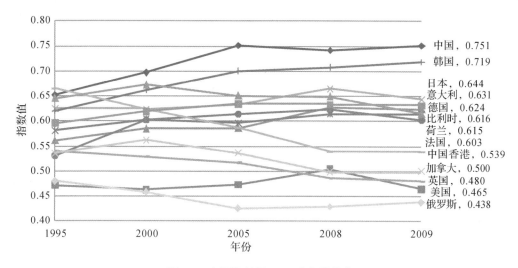

图 4-7 各国和地区 GVC 参与指数值

资料来源：岑丽君(2015)。

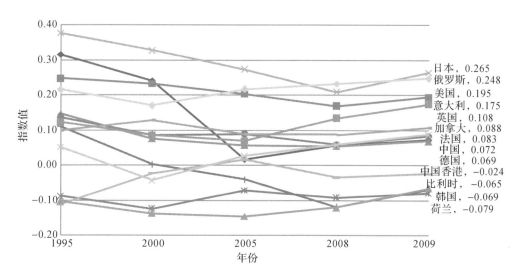

图 4-8 各国和地区 GVC 地位指数值

资料来源：岑丽君(2015)。

4.5.2.3 应用方向三：评估全球价值链分工的经济影响

王思语和郑乐凯(2019)利用 Wang 等(2017)提出的生产分解模型并基于 WIOD 数据库，从增加值的前向和后向联系的角度，测度各国(地区)全球价值链嵌入程度，即前向嵌入指数和后向嵌入指数，并在识别出前(后)嵌入方式的基础上，根据中间产品在国家(地区)之间的流转次数，将全球价值链嵌入程度区分为浅层次简单 GVC 生产活动与深层次复杂 GVC 活动。他们测算了 2000—2014 年连续 15 年全球 43 个主要经济体价值链嵌入程度及其深浅的演变情况[①]，发现从整体变化趋势来看，无论是前向分解还是后向分解测得的各国（地区）价值链嵌入指数均呈现平稳上升的趋势，说明世界经济往来更加频繁。以分工为背景的全球价值链体系的建立和逐步完善，各国（地区）之间专业化分工合作日益紧密，全球生产要素得到比过去更有效的配置，国（地区）与国（地区）之间的依赖程度也相应提高。

比较两种不同全球价值链嵌入程度指数发现，虽然中国价值链后向参与程度高于价值链前向参与程度，但是对于后向参与指数，无论是总体参与程度，还是深层次或者浅层次的参与度指数都表现出比较平稳的趋势，未出现明显的波动变化，而前向参与价值链程度的三种指标却有一定程度的上升。表明中国在 GVC 体系中承担的任务正在由过去价值分工的低端被动接受者向推动者进行转变，意味着中国从"价值输入者"的身份向"价值输出者"的角色进行转变。

之后他们实证检验了全球价值链嵌入方式的差异对出口产品技术复杂度的差异化影响。图 4-9 展示了不同国家（地区）参与全球价值链方式差异下的不同程度与该国（地区）出口技术复杂度之间简单的线性关系。从中可以发现，除了后向浅层次参与价值链嵌入程度与出口技术复杂度之间存在负向关联之外，其他形式的全球价值链嵌入程度与出口技术复杂度之间均呈现正向关系。可见，GVC 嵌入方式对出口技术复杂度的提升具有不同的作用。回归检验结果则进一步表明对于全球价值链分工前向嵌入方式，无论是浅层次的嵌入还是深层次的嵌入，均能提高本国（地区）的出口技术复杂度，提升一国（地区）在价值链分工中的地位，从而从全球价值链体系中获益。不过，全球价值链分工后向嵌入方式，对出口技术复杂度会产生差异化作用，即浅层次的价值链后向嵌入将受制于当前所处的国际分工被动接受的位置，使其不利于向价值链高端攀升，并对国家（地区）制成品的出口技术复杂度有消极作用；而只有较为深层次的后向价值链嵌入活动才能使其突破价值链"低端锁定"的瓶颈，促进本国（地区）出口技术复杂度的提高。

4.5.2.4　应用方向四：评估全球价值链的发展趋势

李坤望等（2021）使用 GVC 参与度和中间品进口占出口额比重两个指标考察 1995—2019 年全球价值链的变化趋势，发现自 2008 年全球金融危机以来，全球价值链的上升趋势停滞，甚至出现萎缩的态势。为此，他们指出，受贸易保护主义抬头、投资活跃度下降等因素的影响，当前全球价值链存在明显的重构趋势。

[①]　计算结果、回归结果详见王思语和郑乐凯（2019）。

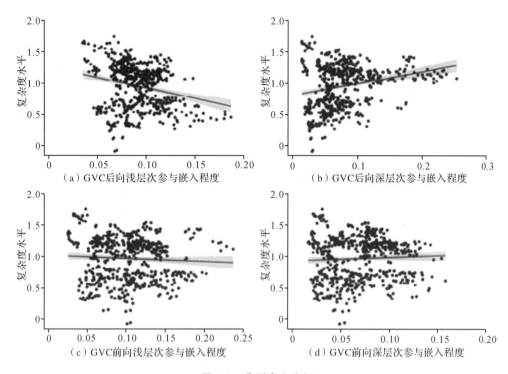

图 4-9　典型事实分析

资料来源：王思语和郑乐凯（2019）。

如图 4-10 所示，全球 GVC 参与度在 1995—2008 年快速扩张趋势，意味着分工趋于精细化、生产位置趋于全球化、经济趋于一体化；在经历金融危机之后，GVC 参与度出现短暂回弹后开始缓慢下跌，由 2008 年的峰值 60.96％ 逐渐下降至 2018 年的 56.52％，以传统贸易数据为基础的中间产品贸易占比也没有进一步扩张的趋势，说明全球对中间产品的需求和供给都在降低。GVC 参与度以及中间产品贸易占比这两种不同的全球价值链测量指标，均反映出全球价值链分工在危机后出现了衰退。

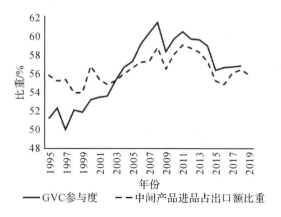

图 4-10　全球价值链参与度发展趋势

资料来源：李坤道等（2021）。

1995—2019 年重要国家(地区)参与全球价值链同样呈现出先快速上升后略微下降的趋势,这与全球趋势具有一致性,但是 GVC 参与度在各经济体中表现出巨大的差异性。欧盟和东盟成员全球价值链参与度最高,其次是非洲大陆,而中国、美国、日本的 GVC 参与度明显低于全球平均水平,拉丁美洲的参与度最低。欧盟和东盟成员参与度较高说明建立双边或区域贸易协定有助于推动其成员参与到国际生产分工中来,巩固和扩展其在价值链中占据的领先位置。非洲地区的 GVC 参与度也处于较高的位置,这是因为撒哈拉以南地区拥有丰富的非石油自然资源,为其下游国家(地区)提供铜、铁矿石及其他矿产,具有较高的前向 GVC 参与度。得益于加入 WTO,中国在 2000 年之后 GVC 参与度略有上升。

但 2008—2018 年全球价值链参与度下降了 4.45%,为了更清晰地描述不同国家和地区对全球价值链趋势的影响程度,参考 Slopek(2015)的分解方式,计算各国和地区 GVC 参与度变化对全球价值链萎缩的影响程度,如图 4-11 所示。中国、美国、德国、日本、印度五国的影响程度最大且总和可以解释约 50% 的全球价值链参与度下降的情况。

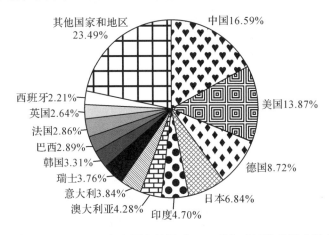

图 4-11　2008—2018 年各国和地区对 GVC 参与度下降的影响程度

资料来源:李坤望等(2021)。

各行业的 GVC 参与度呈现出显著的差异性,图 4-12 表示金融危机前后各行业 GVC 参与度与变化幅度之间的关系。观察两图的横坐标 2007 年和 2014 年前向 GVC 参与度可知,采矿和采石行业的前向参与度较高,说明这些行业对中间产品的相对供给大于相对需求,从全球价值链的位置上看比较接近上游,这也解释了非洲的全球价值链参与度远高于拉丁美洲的现象。从要素密集度的角度考虑,电气和光学设备、化工及化工产品等属于资本密集型和高研发的行业,纺织业、皮革和鞋类、农业、狩猎、林业和渔业等属于劳动密集型及低研发的行业,容易看出,资本密集型行业的前向 GVC 参与度高于劳动密集型行业,高研发行业的前向 GVC 参与度高于低研发行业。

从图 4-12 中还可以看出,在全球价值链呈现上升趋势时(1995—2007 年),GVC 参与度与变化幅度呈正相关关系,说明 GVC 参与度越高的行业,GVC 参与度上升幅度越大,而在全球价值链呈现下降趋势时(2008—2014 年),GVC 参与度与变化幅度呈负相关关系,说明 GVC 参与度越高的行业,GVC 参与度下降幅度也越大。总的来说,相对于全球价值链参与度较低的行业而言,参与度较高的行业在受到冲击时,GVC 参与度波动幅度更大。使用各行业后向 GVC 参与度作图可以得出一致的结论。

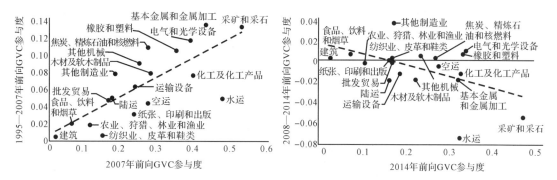

图 4-12　金融危机前后 GVC 参与度与变化幅度

资料来源:李坤望等(2021)。

4.6　本章小结

全球价值链分工模式下,生产的碎片化使总出口中存在多次出口、重复进口及重复计算项,因此传统的国际贸易总量统计法容易出现"统计幻象",而增加值贸易核算法克服了这一缺陷。KWW 法和 WZZ 法将总出口完全分解为不同的增加值和重复计算组成部分——包括增加值出口、返回国内的增加值、国外增加值,以及由中间品贸易引起的纯重复计算。通过这一分解框架,新的总贸易核算法在官方贸易统计(以总值计算)和国民经济核算(以增加值计算)之间建立了对应关系,并通过这一桥梁,使贸易的增加值核算法与现行国民经济核算体系在标准上取得一致,从而为经济学家和政策制定者提供了一个从官方贸易统计数据背后解析全球价值链信息的有力工具(王直等,2015)。

不过,KWW 法和 WZZ 法也有不足之处,如未考虑生产部门异质性的问题,测算需以大量投入产出数据为基础,往往存在一定的数据时效和质量问题,为此也待进一步的完善和丰富。

4.7　扩展性阅读

[1] Hummels D，Ishii J and Yi K. The nature and growth of vertical specialization in world trade[J]. Journal of International Economics，2001,54(1):75-96.

[2] Koopman R，Powers W，Wang Z，et al. Give credit where credit is due：Tracing value-added in global production chains［J］. NBER Working Paper，No. 16426，2010.

[3] Koopman R，Wang Z and Wei S J. Tracing value-added and double counting in gross exports[J]. American Economic Review 2014，104(2)：459-494.

[4] Slopek U. Why has the income elasticity of global trade declined? ［R］. Deutsche Bundesbank，2015.

[5] Wang Z，Wei S J，Zhu K F. Quantifying international production sharing at the bilateral and sector levels[J]. NBER Working Paper，No. 19677，2013.

[6] Wang Z，Wei S J，Yu X D，et al. Characterizing global value chains：Production length and upstreamness[J]. NBER Working Papers，No. 23261，2017.

[7] Xing Y，Detert H. How the iPhone widens the United States trade deficit with the People's Republic of China[J]. ADBI Working Paper，No. 257,2010.

[8] 岑丽君. 中国在全球生产网络中的分工与贸易地位——基于 TiVA 数据与 GVC 指数的研究[J]. 国际贸易问题,2015(1):3-13.

[9] 丁小义,程惠芳. 国际产品内分工模式及其收入分配效应研究[M]. 北京:中国科学出版社,2017.

[10] 杜大伟,莱斯王直. 全球价值链发展报告 2017——全球价值链对经济发展的影响：测度与分析[M]. 北京:社会科学文献出版社,2018.

[11] 李坤望,马天娇,黄春媛. 全球价值链重构趋势及影响[J]. 经济学家,2021(11):14-23.

[12] 李泽怡,倪红福. 对"Koopman R，Powers W，Wang Z and Wei S J. Give credit where credit is due：Tracing value-added in global production chains. NBER Working Paper，No. 16426，http://www. nber. org/paper/w16426，2010"的学习和推导中文笔记[EB/OL]. (2017-6-12)[2024-11-14]. https://bbs. pinggu. org/thread-5743854-1-1. html.

[13] 李洲,马野青. 基于出口增加值的中美真实贸易顺差再核算——投入产出框架下的双边贸易核算理论重构[J],经济管理,2021(3):5-25.

[14] 卢锋. 产品内分工——一个分析框架[R]. 北京大学中国经济研究中心(CCER)工

作报告,No. C2004005,2004.

[15] 倪红福. 全球价值链测度理论及应用研究新进展[J]. 中南财经政法大学学报,
2018(3):115-126.

[16] 潘文卿,李跟强. 垂直专业化、贸易增加值与增加值贸易核算——全球价值链背景
下基于国家(地区)间投入产出模型方法综述[J]. 经济学报,2014(12):188-207.

[17] 王思语,郑乐凯. 全球价值链嵌入特征对出口技术复杂度差异化的影响[J].数量经
济技术经济研究,2019(5):65-82.

[18] 王直,魏尚进,祝坤福. 总贸易核算法:官方贸易统计与全球价值链的度量[J]. 中
国社会科学,2015(9):108-127.

练习题

参考答案

1.利用 TiVA 数据,比较分析代表性国家的 GVC 参与程度。

2.利用 TiVA 数据,比较分析代表性国家的 GVC 分工地位。

5 贸易与经济增长

5.1 导读

  贸易与经济增长之间的关系不仅是发展经济学的重要议题,也是国际贸易政策实践中充满争议的话题。从发展经济学的理论角度,新自由主义的发展观点认为"贸易是经济增长的引擎",然而对于其他经济学的分支而言,关于贸易是否促进经济增长和发展则存在很多争议,例如著名的普雷维什—辛格命题(Prebisch-Singer thesis)就强调初级产品出口国所面临的贸易条件长期持续恶化的情形,贸易并不会带来收入的持续增长,更不会带来经济的长期可持续发展。更加极端的理论假定是贫困化增长(immiserizing growth),这一理论建立在出口大国的前提下,如果出口产品的价格弹性较大,大量出口会带来国际市场价格的大幅度下降,从而导致出口国的收入降低,也就是越多的出口反而会导致出口国更加贫困。

  根据现代增长理论,经济增长的源泉在于要素投入的增加和生产效率的提高,要素投入的增加又涉及物质资本投资和人才资本投资,包括两者质量的提高;而生产效率的提高以全要素生产率的提高作为重要指标,其根源在于技术创新和科技进步。在一个相互依赖、存在着广泛交换关系的世界贸易体系中,国与国之间的相互依赖无疑会影响资本和其他生产要素的跨国流动、知识的外溢和创新效率的提升,从而与经济增长产生千丝万缕的联系。例如,1870—1913年世界经济的高速增长发生于国际贸易的快速扩张时期,第二次世界大战后世界经济的增长也存在同样的情形,而在两次世界大战之间,贸易下降了,增长也下降了(赫尔普曼,2007)。

  Acemoglu和Ventura(2002)指出,即使不存在生产的报酬递减和技术外溢,国际贸易仍会带来更加稳定的收入分配。原因在于专业化和贸易带来了事实上的报酬递减:那些更快积累资本的国家,可以使出口价格下降,压抑资本的回报率并且抑制进一步的积累。在全球层面,由于资本积累的报酬是固定的,世界经济的增长取决于政策、储蓄和技术,这与内生增长模型是一致的。在国家层面,由于资本积累的报酬递减,世界经济的跨国横向表现与内生增长模型也是一致的,即经济增长的跨国差异反映出政策、储蓄、技术的跨国差异。世界各国收入水平的分布取决于贸易条件效应、开放度以及专业化程度。他们发现,人均收入增长和贸易条件增长之间存在负相关关系,在 1965—1985 年之间,人均收入增长率每提高 1%,就会有近 6% 的贸易条件恶化。如果经济增长的国家贸易条件恶化,那么它们的贸易伙伴就会享受到贸易条件改善的便利,因此,经济增长的国家把利益转移至贸易伙伴,通过贸易条件调整,增长带来的利益向世界扩散。

贸易对经济增长的直接影响是贸易条件的变化,而贸易对经济增长的间接影响更加深远和长久,如知识流动和研发投资。但是,知识的国际流动和外溢效应既会影响对外贸易的结构,也会影响一国的增长率。Grossman 和 Helpman(1995)指出,从长期来看,一国总的生产率增长取决于其需求结构和初始知识存量。Krugman(1987)指出,国际贸易不会导致人均收入的趋同。即使国际贸易带来增长率的趋同,也不必然导致所有国家的经济更快增长。因为贸易释放了趋同的力量,也释放了趋异的力量。哪一种力量占主导地位取决于各种经济特征的彼此相互作用(赫尔普曼,2007)。

Grossman 和 Helpman(1991)指出,贸易促进经济增长的渠道包括:第一,市场规模效应。贸易能使一个国家进入更大的市场,提高投资活动的收益,鼓励企业投资于研发活动。第二,竞争效应。融入贸易体系使企业面临外国企业的竞争,如果竞争影响到利润,对创新活动的投资就会减少,即研发的激励降低,这就是贸易对研发的负效应。通过推动技术领先者更快前进可以避免与技术跟随者之间的竞争,竞争也能提高对创新的激励,刺激研发活动。第三,贸易和外国直接投资改变了国内要素价格。如果资本流动使研发成本降低,对发明活动的投资就会增加,反之就会减少。第四,贸易除去了研发竞赛中的冗余。没有国际贸易时,一国企业仅仅努力开发本国其他企业不生产的产品,但没有动力把自己的产品与外国的产品区分开来,因为它预期不会与外国供应者在国内市场上竞争,因此,会存在重复的研发努力。但是当各国彼此贸易,每一个企业会与世界上所有其他的供应者竞争,企业就会有动力把自己的产品与其他国家企业的产品区分开,这就减少了重复的研发努力,节省了社会成本,带来了研发知识存量的更快增长和更低的研发成本,从而使生产率更快提高。第五,国际贸易增加了生产其他国家特定中间产品和资本品的机会。这扩大了生产类别,产生了额外收益,并且提高了全要素生产率。第六,影响研发成本的知识存量可能被所有国家分享。一国的研发活动增加了一国对将来发明活动有用的知识存量。如果这些研发成果外溢到国际范围,它们就会激发趋同的力量;如果研发成果仅外溢到特定国家,就会激发趋异的力量。

从实证的角度来看,对贸易和增长之间关系探索的研究也有很多。大多数研究的结论是两者保持着一致的增长趋势。然而,到底是贸易促进了经济增长,还是经济增长促进了贸易?大多实证研究认为贸易与经济增长有着互相促进的作用,但是这些研究未考虑贸易流量的内生性以及出口为 GDP 的一部分的事实,贸易度量的内生性对所估计的影响产生了随机误差,同时作为 GDP 一部分的出口与 GDP 呈正相关关系。

Frankel 和 Romer(1999)的研究是对贸易与增长关系实证研究的突破。他们提出利用工具变量来克服上述缺陷。该文估计了一个双边贸易流量的引力方程,其中各种地理特征和双边的距离会影响贸易。该文使用地理特征以及以国家(地区)之间的距离所预测的贸易流量作为贸易的工具变量,来估计进出口总量占 GDP 的比率对人均收入的影响。除增加了度量开放的变量外,他们的方程类似于 Mankiw 等(1992)中的估计方程。

基于 Mankiw 等(1992)所使用的 98 个国家(地区)的样本所作的工具变量法估计,以及对 150 个国家(地区)的更大样本所作的估计,该文发现贸易对人均收入有显著的影响。贸易份额每提高 1%,人均收入就会提高大约 2%。把贸易对收入的影响渠道进一步分解为资本深化、教育和全要素生产率,最大的影响来自全要素生产率。一旦控制了开放程度,国家(地区)规模对收入有正的影响。这意味着在有着相似开放程度的国家(地区)中,较大的国家(地区)有更高的人均收入,即存在规模效应,这与新增长理论的预测是一致的。

5.2 名词解释

(1)经济增长(economic growth)

经济增长一般是指总产出的增加,目前大多数经济学家采用实际人均收入的变化率来衡量一国经济的增长,各国的经济增长率有较大差异,增长率的持续差距会导致生活水平的显著差异。长期经济增长的背后是生产率的提升,而生产率的提升取决于技术创新。

(2)知识扩散(knowledge diffusion)

知识扩散是指知识通过市场以及非市场的渠道,使知识从发源地向外进行空间传播、转移或被其他地域通过合法手段从知识生产者传递到知识使用者的过程,知识扩散促进知识的生产和社会对知识的利用。传统理论往往假定知识扩散是无成本的。越来越多的研究发现,知识扩散特别是跨国扩散需要相应的成本。

(3)外溢效应(spillover effects)

一个组织在进行某项活动时,不仅会对活动产生预期效果,而且会对组织之外的人或社会产生影响,即某项活动的外部收益。Arrow(1962)最早用外部性解释了外溢效应对经济增长的作用,他认为新投资具有外溢效应,不仅进行投资的厂商可以积累生产经验,提高生产率,其他厂商也可以通过学习提高生产率。Romer(1986)提出了知识外溢模型,知识具有外溢效应,使任何厂商所生产的知识都能提高全社会的生产率,内生的技术进步是经济增长的动力。

(4)内生增长理论(endogenous growth theory)

内生增长理论产生于 20 世纪 80 年代中期,是西方宏观经济理论的分支,其核心思想认为经济能够不依赖于外力推动,实现持续增长,内生的技术进步是保证经济持续增长的决定因素,内生增长理论强调不完全竞争和收益递增。

（5）工具变量(instrumental variable)

在回归模型中,当解释变量与误差项存在相关性（内生性问题）时,使用工具变量能够得到一致的估计量。一个有效的工具变量应满足下列条件:此变量和内生性解释变量存在相关性;此变量和误差项不相关。也就是说,工具变量严格外生。

5.3　正文节选

正文包括两篇论文,分别从理论和实证的角度来研究与讨论贸易对经济增长的效应。第一篇论文是 Grossman 和 Helpman(1990)发表于《美国经济评论》的《贸易、创新和增长》,这篇文章以高度浓缩的方式介绍了内生增长理论的发展对于贸易和增长关系研究的促进作用,论文中以一个简单的模型概括了创新—贸易—知识扩散—经济增长的推动路径,从而开创性地从创新的角度讨论贸易与增长的关系。第二篇论文《贸易可以带来增长吗?》是贸易对增长的促进作用的实证研究,论文开创性地引入了地理特征作为工具变量,分析了贸易对收入的影响。

5.3.1　贸易、创新与增长

原文:Grossman G M，Helpman E. Trade，innovation and growth［J］. The American Economic Review，1990，80(2):86-91.

5.3.1.1　引言

Romer(1986,1990)以及 Lucas(1988)发表的论文指出,在一个规模报酬递增的经济环境中进行投资时,资本的边际产品可能不一定下降直达贴现率的水平。而资本积聚的动力有可能永远持续,人均收入的长期增长是可持续的。这些敏锐的观察使得经济增长理论重新焕发了活力。研究的关注点主要集中于知识资本的积累过程,因为知识作为信息的公共产品功能自然地会在很多场景下使规模报酬增加,研究者们试图理解人力资本投资和新技术投资对于长期增长的影响。

增长理论的进步使研究者更多地触及国际经济学中的很多核心问题。例如,国际贸易在多大程度以及在哪些方式上成为“增长的引擎”? 国际交换自然会提升贸易国家的增长表现吗? 在一个增长的、开放的经济体中,哪些经济政策会带来更高的福利水平?

国际经济环境会对特定国家的企业产生冲击,激励它们对知识的创造进行投资。全球经济的一些特征对于理解增长绩效特别重要。首先,比较优势理论不仅会决定特定国家在知识创造方面的专业化程度,也会决定一个国家专业化生产劳动密集型产品还是技术密集型产品。其次,世界经济的巨大规模为研发成果的利用提供了大量机会,因此提高了企业投资于新技术的激励。再次,在一个有着高效而廉价的通信世界中,思想和信息迅速跨国传播,国家既可以受益于贸易伙伴国家知识投资的外溢效应,也可能由于缺乏能力利用自己的投资成果而失败。最后,通过参与国际资本市场,增加了向各种形式的资本进行融资的机会,包括知识资本。这些都成为研究开放经济中的创新与增长的重要内容。

5.3.1.2 内生创新模型

许多在新古典、索洛传统中兴起的增长理论家们将技术进步作为外生的和偶发的过程,内生增长理论将创新内化到长期增长的一般均衡模型中。这些研究最重要的特征如下:第一,计算在创造新知识时所利用的资源;第二,考虑鼓励私人研发投资的利润动机。在这些方面,新理论引用了产业组织经济学家所使用的建模方法。

产业研发的目标可能是成本减少、产品创新或质量改进。最近的研究将所有这些技术进步的形式纳入长期创新和增长分析当中。在产品创新研究中,假定企业家必须先设计一个新的、差异化的产品,然后才能生产。这就要求资源必须投入研发过程中。将研发作为一般经济活动,专注于从投入(基本的生产要素)到产出(新产品的蓝本)的技术。在 Grossman 和 Helpman(1989a)以及 Grossman(1989)的研究中,质量升级的过程被模型化,即一个同时发生的、具有产业特征的专利竞赛的集合,其目的在于开发下一代产品。因此,一个标准的生产函数将资源投入与企业家研发突破的概率联系起来。在任何一种情形下,研发成本取决于技术水平和市场条件,市场条件是由要素价格在一般均衡中被决定好的。

该文采用了熊彼特(Schumpeterian)的创新视角。企业产品研发的成功产生一定程度的市场势力,因此创造出利润机会。这些潜在的利润使得研发开支合理化。当一个替代已知品牌的新产品被开发出来,创新者可以建立一个市场利基(niche),并在寡头垄断竞争下收取高于边际成本的价格。类似的,当现有的产品被改进,其可以在生产成本以上被定价,在此价格水平上仍有消费者愿意购买更先进的产品。在上述两种情形下,创新者都可以在无限或者有限的时间里获取利润流。

在该模型中,研发过程是可以自由进入的,即企业家可以在激励出现的任何时点建立研发实验室。因此,在有积极的研发部门的均衡中,这一活动的预期回报是"正常"的,即预期回报必须反映资本的机会成本和对于系统风险的补偿,称其为"非套利"条件,即将资本市场的利率和成功创新者享受到的利润率以及现有利润流因竞争对手的模仿或进一步创新而被侵蚀或者消除的可能性联系起来。通过采用上述视角,得以研究国际贸易和贸易政策对于一些国家的企业参与研发活动激励的几个影响渠道。例如,如果外国企业可以进行逆向工程(reverse engineering)[①]或对产品进行集中改进,这些外国竞争者可能缩短任何利润机会的时间长度。贸易壁垒影响母国企业和外国企业的利润率,同时改变要素价格,从而改变一般均衡中的研发成本。

研发模型纳入了可能内生在知识创造过程中的外溢效应。众所周知,技术拥有公共产品的很多特征。知识是一种非竞争性商品,因此,多人同时使用知识不会产生额外的成本。同样,在很多情况下很难定义和完全实施知识产权,因此,那些创造知识的人可能无法排除其他人对其知识的使用。特别的,工业创新者也很难排除他人对自己开发产品过程中产生的科学和工程知识的使用。正如Romer(1990)强调的那样,这些外溢效应可能会引起知识总投资规模报酬不递减,同时使创新在长期成为一个可持续的过程。

产业研发的外溢效应的具体形式可能是不同的,作者使用了两种模型。在关于产品创新的论文中,与Romer(1990)一样假定每一个研究项目不仅产生可申请专利的蓝本,同样也会在知识资本的存量方面有非独占性(nonappropriable)[②]的贡献。知识资本被看作对研发的公共投入,因此在任何时点上,科学理解的范围越广,发明新产品所需要的投入就越少。在关于质量升级的论文中,假定研究实验室可以进入下一代技术的竞争,即使在当前这一代产品中并不成功。这隐含性地区分了生产一个产品所需要的知识(或在专利权保护下的合法性)和试图发明一个更好的产品所需要的知识。假定生产诀窍(production know-how)是私人的并且是可利用的,而改进型诀窍(improvement know-how)则属于公共领域。

5.3.1.3 长期增长的决定因素

该文用一个非常简单的贸易、知识积累和内生增长的模型来展示其研究成果。模型将增长建立在单一的、知识生产部门的干中学(learning by doing)的基础之上。该模型忽略了一些重要内容,例如没有单独的研发活动,也没有为生产新知识而专门投入的资源。另外,知识积累不受新技术所有者获得的利润驱使。这一简单经济体有两个特点:第一,增长率取决于对知识创造活动的资源均衡配置,因此产生干中学收益的部门起到了研发部门的作用。第二,外溢效应在长期增长的可持续性中起关键作用。基于这些特点,这一简单模型可以作为一个有用的教学模型。

考虑一个两部门、两种要素的经济体。要素(土地 T 和劳动 L)的供给是固定的,部门 i 的产出是规模报酬不变的。新古典生产函数则为:

$$X^i = KF^i(T^i, L^i), i = 1, 2 \tag{5-1}$$

式中,T^i 和 L^i 是部门 i 使用土地和劳动的数量,K 代表着当时的知识资本存量,是公共

投入。知识积累是部门 1 制造经验增加所产生的副产品,这种干中学收益会提高两个部门的生产率,并且对于产生收益的企业来说是外生的。

假定:

$$\dot{K} = bX^1 \tag{5-2}$$

式中,K 表示知识资本的存量;$\dot{K}$ 表示知识资本存量的变化,即技术进步。

最后,消费函数是消费者最大的、位似的、跨期的效用方程。

先从一个小经济体开始,假设这个小经济体交易两种产品,两种产品的外生相对价格 $p = P_1/P_2$,假定它享受不到国外的知识外溢。忽略部门 1 的每个小企业对未来知识的贡献,即最大化即刻利润。显然,资源配置的均衡与一个生产函数为 F^i、总要素供给分别为 T 和 L 的静态竞争性经济体相同,产品 1 和产品 2 的边际转换率等于 p。因此,$\dot{X}^i = F^i(T^i, L^i)bX^1$,每一个部门的产出增长速度是恒定的,即 $g = bF^1(T^1, L^1)$。

现在假定其中一种要素的供给增加,一些研究者已经发现要素规模和增长率呈正向关系。根据雷布津斯基(Rybczynski)定理,在知识生产部门(部门 1)被密集使用的要素供给增长会加速经济增长,但在产品 2 生产中密集使用的要素供给增长会减缓经济增长。研发活动和高技术产品的生产活动在自由贸易均衡中就像一个联合行动,要素密集度在预测要素积累对增长率的影响中起关键作用。

考虑贸易政策的效果。对部门 1 的贸易保护使资源流入知识创造性活动,从而加速经济增长。对部门 2 的贸易保护在资源配置和增长方面产生相反的效果。更一般性的,贸易政策在增长率方面存在两种显著影响:第一,对某些部门的保护增加了该部门研发活动产出的衍生需求。因为如果研发成功,贸易政策的实施会使研发部门的回报增加。第二,贸易政策还会通过要素市场产生影响。如果政府保护一个与研发竞争资源的生产部门,则研发成本会上升,配置到研发活动的资源就会减少。当人力资本投入于发明新的、非贸易性的中间产品时,如果通过贸易政策保护人力资本密集型的最终产品,将会对经济增长产生损害,而通过贸易政策保护劳动密集型产品时,将会促进经济增长。因为人力资本密集型部门具有替代效应,劳动密集型产品生产部门具有互补效应。在 Grossman(1989)的研究中,贸易政策对高技术部门的保护将使熟练劳动力从研发活动转向制造业,从而阻碍创新。

对于简单经济体的福利经济学分析也得出了显而易见的结论。由于资源配置产生的外溢效应未被计算在内,因此向部门 1 的资源配置是次优的。最优政策应该是补贴该部门,因此商业政策仅代表一种次优的政府干预。这些福利增进政策将会提高经济增长率,但是最优的增长率有可能远低于最大化的增长率,那些为知识创造带来资源过度配置的政策可能会降低福利水平。

对熊彼特式经济体研发活动的福利分析有类似的特点,但情形更加复杂。这样的经济体中,除了知识创造的外溢效应以外,存在着第二种扭曲。这一扭曲的产生是由于

成功企业家创新产品的非竞争性定价,它会导致创新产品数量上的供给不足。在
Grossman 和 Helpman(1989a)中,产品创新所带来的均衡增长过慢,但是 Grossman 和
Helpman(1989b)得出结论,当研发活动产生质量改进时,有可能配置过多资源到研发活
动当中。在前一种情况下,对研发活动的恰当补贴会增加福利,但是在后一种情况下,可
能需要向研发活动增加税收。此外,在更加富有的经济环境中,即使经济增长率缓慢,鼓
励增长的贸易政策可能也无法带来次优的福利效应。致力于最优经济增长水平的贸易
政策如果同时减少了非竞争性标价产品的产出水平,则有可能降低福利。

式(5-2)指出了增长过程中国际外溢效应的影响,表明了商品贸易影响经济增长的
另一个途径。技术进步 K 可以被简单地定义为产品 1 的世界产量函数。母国可以自动
享受外国创造知识的好处。但是这种定义可能无法描述技术国际扩散的大部分情况,
本地企业常常有必要投入资源来利用国外的知识外溢。在产品生命周期模型中,假定
产品首先是由工业化的"北方国家"开发出来的,然后被半工业化的"南方国家"有成本地
模仿,基于此刻画了南—北贸易中的增长效应。

贸易可以促进两个地区的增长,南方国家的产品模仿促进了北方国家的创新激励,
因为北方国家在垄断生产阶段可以获得更多利润。即使模仿使得最终的利润流枯竭,
但贸易会增加创新活动回报的预期现值。这一结果并不能一般化到适用于所有的情
形,但是仍旧表明技术扩散的速度(受到外国知识产权保护政策的影响)、创新的速度和
经济增长之间存在着密切的联系。

假设一个由两个国家构成的世界经济中,每一个国家的生产函数如式(5-1)所示,
式(5-2)所示的技术进步取决于产品 1 的世界产出。假定母国要补贴该产品的生产,或
者通过贸易政策的手段促进该产业。在其他条件不变的情况下,该国的要素将进入部
门 1,并且会促进世界经济的增长。但是在外国,要素会有相反的流动方向,对知识积累
的贡献会下降。技术进步的净效果以及世界经济增长将取决于上述两种相反效果的平
衡,而这一平衡则取决于哪个国家在生产 X^1 产品上有比较优势。

Grossman 和 Helpman(1990)以及 Grossman(1989)研究了贸易和产业政策对世界
经济长期增长的影响,即当存在研发的学习外部性时,一国的政策带来的国际影响。如
果一个在研发方面有比较优势的国家要补贴研发,世界经济增长将会加速。如果类似
的补贴是投向在生产而不是在创新中有比较优势的国家,世界经济增长将可能下降。
类似的,当一个国家在研发方面没有比较优势时,保护性贸易政策将会加快经济增长,
反过来,有研发比较优势的国家实施保护性贸易政策时将会有相反的结果。在政策积
极的国家,贸易保护将会把要素由研发转移到制造,而在政策不积极的国家,效果相反。

5.3.1.4 结论

因果观察和更系统性的实证研究表明,那些采取了外向型发展策略的国家比持保
护主义政策的国家有更快的经济增长,并且达到了更好的福利水平。提高出口政策效

果,包括各种形式的产业发展政策效果,并不是结论性的。将内生创新和内生人力资本形成纳入模型中,可以加深对国际贸易环境(包括贸易政策体系)和长期经济增长之间关系的理解。不发达国家在国家贸易关系中有更多的潜在收益,这是因为这些国家可以从工业化国家获取大量的累积的知识资本。但是,部分发展中国家的缓慢增长表明,技术流动不会自动发生。需要更多地研究知识和技术的国际扩散机制(例如跨国公司所起的作用),以及影响技术转移速度的动力。

5.3.2 贸易可以带来增长吗?

原文:Frankel J A, Romer D. Does trade cause growth? [J]. American Economic Review,1999,89(3):379-399.

5.3.2.1 引言

该文是有关国际贸易对于经济增长影响的实证研究。从斯密的专业化和市场范围、进口替代型和出口导向型经济增长的比较,以及报酬递增和内生技术进步等研究中,国际贸易与经济增长之间的关系都在被讨论,但是关于国际贸易对经济增长影响的实证证据仍然不够有说服力。

为什么研究贸易对增长的影响会存在困难? 一般而言,进行上述研究,需要对人均收入水平和贸易占 GDP 的比重(或其他变量)进行跨国回归,这样的回归通常会呈现正向的关系。但是这一关系有可能无法反映贸易对收入的影响,因为贸易依存度可能内生于人均收入,正如 Helpman(1988)、Bradford 和 Chakwin(1993)以及其他一些研究发现,高收入国家有可能产生更多的贸易。

在回归中利用国家的贸易政策变量(作为工具变量)代替贸易依存度并不能解决问题。例如,采用自由贸易政策的国家可能同时采取国内市场化政策以及稳健的财政和货币政策。由于这些政策同样会影响收入,一国的贸易政策有可能会与收入方程中所忽略的要素相关,因此它们并不能用于识别贸易的影响。

该文提出了另外一个贸易的工具变量,即贸易中的地理特征。地理特征在引力模型中被用到,是双向贸易的重要决定因素。该文的研究表明,地理特征对贸易总量也非常重要:一个国家离其他国家的距离会在一定程度上影响其与其他国家的贸易量。例如,新西兰离大多数国家都很远,减少了其贸易量;比利时离许多人口大国都较近,增加了其贸易量。

同样重要的是,一国的地理特征不会受到收入的影响,也不会受到政府政策和其他影响收入的因素影响。一个国家地理特征除了通过贸易产生影响之外,很难想到其他对收入产生重要影响的渠道。因此,国家的地理特征可以作为工具变量来估计贸易对收入的影响。

该文由两部分构成。第一部分讨论地理特征对贸易的影响,利用地理变量构建国际贸易工具变量,进行跨国收入回归。一个国家的收入既受到本国居民和外国居民的贸易量的影响,也受到本国居民之间的贸易量的影响。地理特征是国际贸易的重要决定因素,它也是国内贸易的一个重要决定因素。国家越大,居民越多,则居民越倾向于与本国居民产生更多贸易。例如,德国人与德国人之间的贸易会多于比利时人与比利时人之间的贸易。这就需要进行第二个基于地理特征的贸易对收入影响的检验:国内贸易是否影响收入?

这一问题使国际贸易的研究更加复杂,因为国家规模和与其他国家的距离是呈负相关关系的。德国比比利时大,因此德国人与其他国家的距离相对于比利时人来说就更远。利用距离估计贸易对收入的影响,需要控制国家规模。类似的,在使用国家规模来检验国内贸易是否能提高收入时,有必要控制国际贸易。

为了构建国际贸易的工具变量,首先建立一个双边贸易方程,然后计算出方程的拟合值来估计国家总贸易中的地理因素。与传统的双边贸易引力方程相比,该贸易方程只包含了地理特征:国家规模、两国之间的距离、两国是否有共同边界、是否大陆国家。这保证了工具变量仅取决于国家的地理特征,而不受收入或实际贸易模式的影响。这些地理特征是影响国家总贸易的重要因素。

该文的第二部分利用工具变量(IV)估计贸易对收入的影响。通过工具变量进行人均收入对于国际贸易和国家规模的跨国数据回归,并且将结果与该方程一般最小二乘(OLS)估计值进行比较。

该文主要有五个发现。

一是国际贸易和收入之间的正向联系不是由于高收入国家会因为其他原因参与更多贸易。相反的,在所有考虑的设定中,工具变量估计值高于 OLS 估计值,并且有显著的差距。

二是点估计表明贸易的影响是显著的。在典型类别中,贸易占 GDP 的比重每增加1 个百分点,人均收入会增加 1.5~2 个百分点。

三是国家规模越大,收入越高,这支持了更多的国内贸易会提高收入的假说。

四是当改变设定、样本和工具变量构成时,贸易和国家规模的正向效果是稳健的。

五是贸易和国家规模的影响并没有特别精确的估计。零假设是这些变量没有影响,这一假设只在边际水平上被拒绝。因此,该研究关于影响程度的大小并没有确定的结论。

5.3.2.2　构建工具

(1)背景

建立一个简单的三方程模型。第一,国家 i 的平均收入是这个国家与其他国家的经济互动(即国际贸易)、国内经济互动(即国内贸易)和其他要素的函数。

$$\ln Y_i = \alpha + \beta T_i + \gamma W_i + \varepsilon_i \tag{5-3}$$

式中，Y_i 是人均收入；β 和 γ 分别代表国际贸易和国内贸易对人均收入的影响；T_i 是国际贸易；W_i 是国内贸易；ε_i 是影响收入的其他因素。贸易影响收入的渠道有很多，如基于比较优势进行的专业化、通过更大的市场获得报酬递增、通过交流和旅行进行的思想交换、通过投资和新产品带来的技术传播等。距离能够促进所有上述互动，该研究无法识别贸易影响收入的具体机制。

另外两个方程分别是国际贸易和国内贸易的决定因素。国际贸易是一个国家与其他国家的距离(P_i)和其他变量的函数。

$$T_i = \psi + \phi P_i + \delta_i \tag{5-4}$$

类似的，国内贸易是国家规模(S_i)和其他变量的函数。

$$W_i = \eta + \lambda S_i + v_i \tag{5-5}$$

这些方程中的残差项，即 ε_i、δ_i 和 v_i 很可能是相关的。例如，一个拥有良好交通体系的国家，或良好政府政策的国家能够促进竞争和更多依赖市场来配置资源，这样的国家在给定地理特征条件下会有更多的国际和国内贸易，在给定贸易规模下会有更高的收入。

该研究的重要假定是国家的地理特征 P_i 和 S_i 与式(5-3)和式(5-5)的残差项不相关。距离和规模不受收入或其他因素如政府政策的影响，但是会影响收入。也就是说，距离和规模除了通过影响居民与外国居民之间或居民之间的互动之外，不通过其他渠道影响收入。

假定 P 和 S 与 ε 无关，利用工具变量和 Y、T、W、P 和 S 的数据，可以估计式(5-3)：P 和 S 与 T 和 W 相关，与 ε 不相关。但是类似于国际贸易的国内贸易数据无法获得，即无法度量一个国家内部所有个人之间进行商品和服务交换的价值，这一数据对于很多国家来说都应该是 GDP 的很多倍。

为了解决这一问题，将式(5-5)代入式(5-3)，得到：

$$\begin{aligned}
\ln Y_i &= \alpha + \beta T_i + \gamma (\eta + \lambda S_i + v_i) + \varepsilon_i \\
&= (\alpha + \gamma \eta) + \beta T_i + \gamma \lambda S_i + (\gamma v_i + \varepsilon_i)
\end{aligned} \tag{5-6}$$

基于之前的假定，P_i 和 S_i 与综合残差项($\gamma v_i + \varepsilon_i$)不相关。因此式(5-6)可以通过工具变量来估计，以 P_i 和 S_i 作为工具。

式(5-6)的估计不仅产生 β（即国际贸易对收入的影响）的估计结果，而且会产生 $\gamma \lambda$（即国家规模对收入的影响）的估计结果，由于后者是两个系数的乘积，因此无法得到关于 γ（国内贸易对收入的影响）的估计值。但是，只要 λ 是正的，即只要较大国家拥有更多的国内贸易，则 γ 的符号就会与 $\gamma \lambda$ 的符号相同。因此，尽管无法估计国内贸易对收入的影响程度，但可以知道其影响的符号。

前已述及，P_i 和 S_i 是呈负相关的：一个国家越大，其居民离其他国家的居民也越远。因此，如果不控制式(5-6)中的规模，P_i 将会与残差项呈负相关，不会成为一个有效的工具。直观来看,小国家可能与其他国家进行更多的贸易,因为它们的国内贸易规模较小。国际贸易中的这个地理差异不能被用于估计贸易对收入的影响。类似的,如果未能控制式(5-6)中的 T_i,S_i 将与残差项呈负相关。因此,需要同时检验国际贸易和国家规模的影响。

为了估计式(5-6),需要四个变量的数据:收入(Y)、国际贸易(T)、国家规模(S)和距离(P)。前三个变量有常规的数据来源,即收入用人均实际收入的数据,国际贸易用(进口+出口)/GDP,显然这并不是一个衡量与其他国家经济互动情况的理想指标。国家规模采用了两个自然变量,即人口和面积,两者均取了对数。为了解释与规模相关的结果,使用 ln 人口和 ln 面积的系数之和,即同时考虑人口和面积的影响,而人口密度没有变化。

距离的衡量需要计算每一个国家和其他所有国家的距离的加权平均值。为了确定权重,使用了一个基于距离和规模的双边贸易方程,利用该方程来确定国家 i 和国家 j 之间的贸易占国家 i 的 GDP 的比重拟合值。最后,通过加总 j 来确定国家 i 的贸易 T_i 的地理因素,并用来计算距离。

(2)双边贸易方程

对于双边贸易的引力模型的现有研究表明:两个国家的贸易与距离呈负相关,与它们的规模呈正相关,对数线性处理后的数据能够很好地显示其特征。双边贸易方程如下:

$$\ln\left(\frac{\tau_{ij}}{\text{GDP}}\right) = a_0 + a_1 \ln D_{ij} + a_2 \ln S_i + a_3 \ln S_j + e_{ij} \tag{5-7}$$

式中,τ_{ij} 是国家 i 和国家 j 之间的双边贸易(出口加进口);D_{ij} 是两国之间的距离;S_i 和 S_j 是两个国家的规模。

式(5-7)的设定忽略了一部分贸易的地理信息,该研究的估计与上式有三个区别:一是纳入了两个规模指标:ln 人口和 ln 面积。二是考虑了国家是否内陆国家,以及国家之间是否有共同边界等对贸易的影响,引入了上述虚拟变量。三是大量的国际贸易发生在邻近的国家之间,由于需要识别出地理因素对贸易的影响,因此加入了所有变量和共同边界虚拟变量的交互项。

该研究采用贸易与国家 i 的 GDP 的比值,意味着已经纳入了对国家 i 规模的一种度量。因此,在模型中不再对两个国家的人口系数或面积系数进行约束,而是约束了是否内陆国家的虚拟变量,以及是否有共同边界的虚拟变量的交互项。估计方程如下:

$$\begin{aligned}
\ln\left(\frac{\tau_{ij}}{\text{GDP}}\right) = {} & a_0 + a_1 \ln D_{ij} + a_2 \ln N_i + a_3 \ln A_i + a_4 \ln N_j + a_5 \ln A_j + a_6 (L_i + L_j) \\
& + a_7 B_{ij} + a_8 B_{ij} \ln D_{ij} + a_9 B_{ij} \ln N_i + a_{10} B_{ij} \ln A_i + a_{11} B_{ij} \ln N_j \\
& + a_{12} B_{ij} \ln A_j + a_{13} B_{ij} (L_i + L_j) + e_{ij}
\end{aligned} \tag{5-8}$$

式中，N 表示人口；A 表示面积；L 表示内陆国家虚拟变量；B 表示两个国家有共同边界的虚拟变量。

（3）数据和结果

该文利用 Frankel(1997) 中的双边贸易数据进行研究，该数据来自国际金融服务 (International Financial Services, IFS) 贸易统计导览。数据从 1985 年开始，覆盖 63 个国家和地区。两国（地区）之间贸易为 0 的数据被剔除。距离使用的是国家（地区）主要城市间的大圆距离。面积、共同边界、是否内陆国家（地区）等信息来自兰德·麦克纳利公司 (Rand McNally)1993 年出版的世界地图，人口数据来源于佩恩表。

结果如表 5-1 所示，第（3）列显示的是共同边界虚拟变量及其交互项的估计值和标准差，第（2）列显示的是其他变量系数的估计值和标准差。

表 5-1　双边贸易方程

（1）	（2）	（3）
指标	变量	交叉项
常数	−6.38 (0.42)	5.10 (1.78)
ln 距离	−0.85 (0.04)	0.15 (0.30)
ln 人口（国家 i）	−0.24 (0.03)	−0.29 (0.18)
ln 面积（国家 i）	−0.12 (0.02)	−0.06 (0.15)
ln 人口（国家 j）	0.61 (0.03)	−0.14 (0.18)
ln 面积（国家 j）	−0.19 (0.02)	−0.07 (0.15)
内陆国家	−0.36 (0.08)	0.33 (0.33)
样本量	3220	
R^2	0.36	
回归的标准误差 S. E.	1.64	

注：被解释变量为 $\ln\left(\dfrac{\tau_{ij}}{\text{GDP}}\right)$，第（2）列是所列变量的系数，第（3）列是有共同边界虚拟变量条件下的系数，括号内是标准差。

结果与预期一致。距离对双边贸易有着巨大且压倒性的显著负面影响，贸易对于距离的弹性估计值略小于 −1。国家 i 和国家 j 之间的贸易在 j 的规模较大时会有力增加，对于 j 的人口的弹性大约为 0.6；此外，贸易随着 i 的规模和 j 的面积的增加而减少。

如果一个国家(地区)是内陆国家(地区),贸易会减少三分之一。

由于只有很少一部分国家(地区)与其他国家(地区)有共同边界,关于共同边界变量的系数并没有得到精确估计。尽管如此,研究结果显示,共同边界对贸易有显著的影响。在有共同边界的条件下估计变量的平均值,得到的系数大约为2.2。这一估计也表明如果有共同边界存在,会影响其他变量的估计结果。例如,有共同边界时,贸易对于j国人口的弹性是0.47,而不是0.61;对距离的弹性是-0.7,而不是-0.85。

最重要的是,回归明确了地理变量是双边贸易的重要决定因素。回归的R^2值为0.36。下一步将加总所有国家(地区)的贸易数据,来讨论地理变量对于贸易总量是否同样重要。

(4)对贸易总量的估计

要研究地理因素对于国家(地区)贸易总量的影响,需要汇总双边贸易方程中的拟合值。首先重写式(5-8):

$$\ln(\tau_{ij}/\mathrm{GDP}) = a'X_{ij} + e_{ij} \tag{5-9}$$

式中,a是式(5-8)中系数的矩阵,即$(a_0, a_1, a_2, \cdots, a_{13})$;而$X_{ij}$是等式右边变量的矩阵,即$[1, \ln D_{ij}, \cdots, B_{ij}(L_i + L_j)]$。对于国家$i$总贸易的地理因素的估计如下:

$$\hat{T}_i = \sum_{j \neq i} \mathrm{e}^{a'X_{ij}} \tag{5-10}$$

也就是说,对于国家i贸易的地理因素的估计是其与世界上其他所有国家(地区)的双边贸易的地理因素的总和。

式(5-10)需要计算所有国家(地区)的人口和地理特征。因此对式(5-10)的计算不是仅仅加总双边贸易中所包含的国家(地区)数据,而是计算了世界上所有的国家(地区)。类似的,在计算构建贸易份额即$\hat{T}$时,计算了所有国家(地区)的贸易,而不是拥有双边贸易数据的国家(地区)。由于收入回归分析需要用到贸易和收入数据,因此将$\hat{T}$的计算局限于佩恩表中所列的国家(地区),最终计算了150个国家(地区)的$\hat{T}$。

(5)工具的质量

前已述及,构建贸易份额与国家(地区)规模相关,因此不能用于估计贸易对收入的影响:较小的国家(地区)可能更多参与国际贸易,但国内贸易较少。因此,要识别贸易对收入的影响,需要的是与其他外生变量(国家或地区规模指标)不相关的外生变量。

但构建贸易份额事实上与国家(地区)规模高度相关。例如,有着最低贸易份额的5个国家(地区),其面积均超过100万平方英里(约259万平方千米);有着最高贸易份额的5个国家(地区),其面积均小于1万平方英里。对贸易份额和常量、ln人口、ln面积的回归得到的结果是显著的负系数,R^2值为0.45。

地理变量是否提供了有关国际贸易的有用信息?需要继续讨论地理变量是否提供了除国家(地区)规模以外的信息。表5-2的第(2)列和第(3)列对比了实际贸易份额和构建贸易份额对于常数项和两个规模指标的回归结果。结果显示,规模对贸易有负面影响,其中面积是高度显著的,而人口较为温和。如果控制了国家(地区)规模,构建的贸易份额系数将下降超过一半。

表 5-2　实际贸易和构建贸易

指标	(1)	(2)	(3)
常数	46.41 (4.10)	218.58 (12.89)	166.97 (18.88)
构建贸易份额	0.99 (0.10)		0.45 (0.12)
$\ln$ 人口		−6.36 (2.09)	−4.72 (2.06)
$\ln$ 面积		−8.93 (1.70)	−6.45 (1.77)
样本数量	150	150	150
R^2	0.38	0.48	0.52
回归的标准差	36.33	33.49	32.19

注:被解释变量是实际贸易份额,括号内是标准差。

第(2)列和第(3)列的重要信息在于,构建贸易份额仍然包含相当多的实际贸易信息。例如,第(3)列的 t 统计量为 3.6,F 统计量为 13.1。后面的研究结果表明,由于工具变量的估计仅产生了温和的标准差,这意味着构建贸易份额含有实际贸易的足够信息。

5.3.2.3　贸易对收入的影响

(1)特征和样本

利用前面所构建的工具来研究贸易和收入的关系。因变量是人均收入的 $\ln$ 值,来自 1985 年的佩恩表。则:

$$\ln Y_i = a + bT_i + c_1 \ln N_i + c_2 \ln A_i + u_i \tag{5-11}$$

式中,Y_i 是国家 i 的人均收入,T_i 是贸易份额,N_i 和 A_i 分别是人口和面积。本式不同于式(5-6),因为本式中包含了规模的两个变量。

在回归中没有增加其他变量。当然有很多影响收入的其他因素,但是利用地理特征作为贸易的工具变量的恰当性在于,其他决定收入的因素与工具变量并不相关,因此它们均可被包含在误差项中。此外,如果包含其他变量,关于贸易对收入影响的估计将会包含通过这些变量产生的影响。例如,假定增加的贸易会增加境内投资回报,继而提高储蓄率。如果在回归中增加储蓄率这个变量,将会忽略贸易通过储蓄对收入所产生的影响。

本研究在以不同的方式分解国家(地区)的收入,研究贸易如何影响每一部分。通过这样的分析,进一步了解贸易影响收入的渠道。

（2）基本结果

表 5-3 是回归结果,第（1）列是人均收入对数对于常数、贸易份额和两个规模值的 OLS 回归结果。这一回归结果表明,贸易和收入在统计上和经济上存在显著关系。贸易份额的 t 统计量是 3.5;结果显示,贸易份额每增加 1 个百分点,人均收入增加 0.9 个百分点。如果控制了国际贸易,国家（地区）规模和人均收入呈正向关系（显著性只是边际性的）,这支持了境内贸易有益于收入的观点。如果人口和面积同时增加 1 个百分点,人均收入将增加 0.1 个百分点。

表 5-3 贸易和收入

指标	（1）	（2）	（3）	（4）
估计	OLS	IV	OLS	IV
常数	7.40 (0.66)	4.96 (2.20)	6.95 (1.12)	1.62 (3.85)
贸易份额	0.85 (0.25)	1.97 (0.99)	0.82 (0.32)	2.96 (1.49)
ln 人口	0.12 (0.06)	0.19 (0.09)	0.21 (0.10)	0.35 (0.15)
ln 面积	−0.01 (0.06)	0.09 (0.10)	−0.05 (0.08)	0.20 (0.19)
样本数量	150	150	98	98
R^2	0.09	0.09	0.11	0.09
回归的标准差	1.00	1.06	1.04	1.27
除去工具的一阶 F 统计量		13.13		8.45

注:被解释变量是 ln 人均收入(1985 年);150 个国家(地区)的样本包括所有可获得的数据,98 个国家(地区)的样本仅包括了 Mankiw 等(1992)中的国家(地区);括号内是标准差。

第（2）列是同一方程的工具变量估计。贸易份额被视为内生的,构建贸易份额被用作工具变量,贸易的系数大幅度提高。这表明,用 OLS 分析贸易和收入之间的关系事实上低估了贸易的作用。工具变量分析的结果是,贸易份额每增加 1 个百分点,人均收入会提高近 2 个百分点。此外,IV 的系数为零的假定在传统意义上被拒绝了（$t = 2.0$）。在工具变量下的系数估计没有 OLS 估计那么准确。IV 估计和 OLS 估计相等这一假定不能被拒绝（$t = 1.2$）。

从 OLS 估计转向 IV 估计增加了国家规模的影响,人口和面积同时增加 1 个百分点,人均收入增加大约 0.3 个百分点,这一估计略微显著地不等于零（$t = 1.8$）。

与规模相关的回归结果出现了一个有趣的情况,即关于面积的系数为正。有人认为面积增加,如果控制人口,会减少境内贸易,从而降低收入。一个可能性是正的系数由于抽样误差,即关于面积的 t 统计量略小于 1。另一个可能性是,更大的面积通过减少境内贸易产生负的影响,但是通过增加自然资源产生更大的正影响。正是由于第二个可能性,研究关注了 ln 人口和 ln 面积的系数之和。如上所述,ln 人口和 ln 面积的系数之和表明如果人口密度不变,面积增加。此外,仅用人口来代表规模对于分析结果没有大的影响。

第(3)列和第(4)列分析了 98 个国家(地区)的样本。这一改变对于 OLS 估计关于贸易和规模的系数没有大的影响,但是在 IV 估计中显著提高了估计值和标准差。OLS 估计的 t 统计量略有下降,IV 估计的则变化较小。

Frankel 和 Romer(1996)与 Frankel 和 Romer(1999)考虑了第二种构建贸易的工具变量的方法。除了利用与其贸易伙伴的距离之外,这两篇论文都使用了贸易伙伴的收入,特别是这些国家(地区)的物质资本和人力资本的积累与人口增长数据。这两篇论文的解释是,一国(地区)贸易伙伴的要素积累除了通过贸易和要素积累渠道影响收入之外,与该国(地区)收入的其他决定因素无关。在解释一国(地区)自己的要素积累对收入的影响时,最明显的渠道是贸易伙伴的要素积累可能会通过提高收入,从而增加与该国(地区)的贸易。因此,如果控制一个国家(地区)自己的要素积累,贸易伙伴的要素积累可用于构建工具变量。

在构建工具变量的时候利用更多的信息将增加估计的精确度,但是其估计效果在利用另一个工具时没有系统性的差别,这说明它是一个有效的工具。总体结论与该研究的基础工具估计下是一致的:贸易对于收入影响的 IV 估计远远地高于 OLS 估计,并且略微显著地不等于零。

(3)稳健性检验

稳健性检验主要包含以下四个方面。

第一,在估计实际贸易比和构建贸易比时,卢森堡和新加坡是主要的异常值。如果去掉其中一个或者全部两个国家的值,不影响结果。最显著的变化是当把卢森堡移除之后,表 5-3 中第(1)列和第(2)列的回归结果。这一结果与 98 个样本(不包括卢森堡)的结果类似:OLS 估计改变较小,但是 IV 估计值及其标准差会提高。类似的,如果在表 5-3 的第(3)列和第(4)列中增加卢森堡,会略微降低 IV 估计结果。

第二,世界不同区域的国家(地区)之间的系统性差异可能会改变回归结果。也就是说,可能世界特定区域的国家(地区)整体有更高的构建贸易份额和更高的收入,这会提高 IV 估计的结果。这样,回归结果显示的可能不是贸易的影响,而是这些区域其他特点的影响。

因此,为每一个大陆增加一个虚拟变量后,对表 5-3 进行重新回归。这一改变显著地增加了 IV 估计的标准差。因此,这一估计不再显著地不为零。150 个国家(地区)样本的 IV 估计[表 5-3 中的第(2)列]仅仅是略高于原有的 OLS 估计。当去掉卢森堡之后,IV 估计变得远远大于 OLS 估计。对于 98 个国家(地区)的样本,加入大陆虚拟变量后略微提高了 IV 估计,降低了 OLS 估计。

另外一种考虑世界不同区域影响的方法来自 Hall 和 Jones(1999),他们将一个国家(地区)离赤道的距离作为控制变量,这一变量反映了气候的影响,或是作为被忽略的国家(地区)特征的代理变量,这一代理变量与纬度相关。引入这一控制变量后,贸易和规模的 OLS 估计结果几乎和之前一样,只有在 98 个样本的回归中,略大于之前的估计值。这在一定程度上说明对于贸易的 IV 估计结果高于 OLS 估计结果,不同区域之间的系统性差异有着重要作用。即便如此,没有证据表明 OLS 估计夸大了贸易的影响。

第三,研究所使用的数据在很多方面都是不完善的。可能最重要的是,主要石油出口地所测算出来的 GDP 值代表了其现存资源的销售情况,而不是真实的附加值。这些国家(地区)位列样本中人均收入最高的国家(地区),它们可能会对估计结果产生显著影响。而事实上,它们对于本研究结论并无影响。98 个国家(地区)的样本中不包括这些国家(地区),如果在 150 个国家(地区)的样本中去掉它们,只是轻微地改变了估计值。为了进一步检验可能的数据问题,利用佩恩表中国家(地区)数据质量评估结论,剔除样本中质量最差的数据。将评级为 D 的数据全部去掉后,150 个国家(地区)的样本减少到99 个,98 个国家(地区)的样本减少到 77 个。这一样本减少温和地增加了 OLS 和 IV 估计的标准差,点估计的结果几乎没有变化。

第四,在估计影响贸易的地理因素时使用的所有变量可能内生于收入方程中的误差项。例如,一个国家(地区)是否靠海,在长期是内生的,并且可能受到其他影响收入的因素影响。类似的,人口在长期也是内生的。为了检查有没有影响结果的内生变量,研究重构了工具变量,并且对表 5-3 进行了五种不同的回归,即在双边贸易方程中去掉内陆国家(地区)的变量;去掉人口;去掉所有共同边界虚拟变量的交叉项;在国家(地区)规模和计算人均收入的时候用总人口数据而不是劳动人口数据;在两个方程中去掉面积。

以上所有调整均没有对结果产生重大影响。尽管这些调整有时候会明显影响 IV 估计值,但是在每种情况下 IV 估计值都远高于 OLS 估计值。此外,有些情况下估计值会提高,或者标准差会减少,但是没有发现 IV 估计值系统性降低的情形。

(4)贸易影响收入的渠道

到目前为止,研究结果并没有解释贸易通过何种渠道影响收入。为了讨论该主题,收入被分解,贸易对每个分解项的影响被分别检验。

该文对收入进行了两种分解,第一种分解是根据 Hall 和 Jones(1999)。假定国家 i 的产生由下式给出:

$$Y_i = K_i^{\alpha}\left[e^{\phi}(S_i)A_iN_i\right]^{1-\alpha} \tag{5-12}$$

式中,K 和 N 代表资本和劳动;S 是工人的平均在校时间;$\phi(.)$ 给出了教育的效果;A 是生产率。式(5-12)将人均产出分解为人均资本的贡献、在校时间和生产率。正如 Hall 和 Jones(1999)指出的,A 的增加会在给定的投资率水平上带来更高的 K 值。式(5-12)可以被重写为:

$$Y_i = (K_i/Y_i)^{\alpha/(1-\alpha)} e^{\phi(S_i)} A_i N_i \tag{5-13}$$

两边均除以 N_i 并取对数,就会得到:

$$\ln(Y_i/N_i) = \frac{\alpha}{1-\alpha} \ln(K_i/Y_i) + \phi(S_i) + \ln A_i \tag{5-14}$$

式(5-14)表明人均收入的对数值是以下几项之和:资本深化的贡献(反映投资及人口增长)、在校时间和生产率。将 α 设为 $1/3$,并且将 $\phi(.)$ 设定为分段线性函数,对其系数基于微观经济学证据给出了估计。这样,式(5-14)中除 $\ln A_i$ 之外的每一项均可以被衡量,$\ln A_i$ 被当作残差项。

第二种分解比较简单。对 1985 年的人均产出取对数,分解为样本期初(1960 年)值与样本期变化之和:

$$\ln(Y_i/N_i)_{1985} = \ln(Y_i/N_i)_{1960} + [\ln(Y_i/N_i)_{1985} - \ln(Y_i/N_i)_{1960}] \tag{5-15}$$

对于两种分解,对收入的每一个分解项进行回归,包括常数项、贸易份额和规模份额。研究仍然进行了 OLS 和 IV 回归。由于不能对全样本进行分解,只进行了 98 个国家(地区)样本的回归。

在两种分解下,IV 估计表明贸易通过所有的分解项增加收入。在第一种分解中,贸易对物质资本深化和在校时间的影响是温和的,对生产率的影响较大。这一估计表明,贸易份额每增加 1 个百分点,物质资本深化和在校时间都分别增加约 0.5 个百分点,生产率增加约 2 个百分点。在第二种分解中,贸易对于期初收入和增长的影响都较大。贸易份额每增加 1 个百分点,期初收入和增长都分别增加 1.5 个百分点。两种分解中,如果控制国际贸易,国家(地区)规模对收入的影响是有益的。在每种情形下,IV 估计值均显著大于 OLS 估计值。

IV 估计的标准差较大。对于样本期的生产率和增长而言,贸易影响的估计值边际显著不为零(t 统计量分别是 1.8 和 2.0)。其他解释变量的 t 统计量则介于 1.2~1.6。类似的,$\ln$ 人口和 $\ln$ 面积对生产率影响的系数之和的 t 统计量为 1.9,对增长影响的 t 统计量是 2.0,对其他解释变量影响的 t 统计量则介于 1.3~1.5。因此,尽管估计表明国际贸易和境内贸易通过不同渠道增加收入,但是无法对每一渠道的影响进行精确估算。

没有证据表明 OLS 估计是有偏的。对贸易影响的 IV 估计和 OLS 估计之间的差异在统计上并不显著。

(5)为什么 IV 估计值高于 OLS 估计值?

不论该文使用的是简单模型(式 5-6),还是对贸易和收入的普遍观点,均认为贸易对收入影响的 IV 估计值应该低于 OLS 估计值。主要的原因有以下四点:第一,采用自由贸易政策的国家(地区)更可能采用其他增加收入的政策。第二,由贸易之外的原因而富有的国家(地区),有更好的基础设施和运输体系。第三,由贸易之外的原因而贫穷的国家(地区),可能缺乏对境内经济活动征税的制度和资源,因此不得不严重依赖关税作为财政收入来源。第四,由贸易之外的原因带来的收入增加可能增加居民消费商品的种类,使居民需求构成从基本品转向加工品和重量更轻的商品。

所有上述因素可能会导致在 OLS 回归中贸易和误差项呈正相关,使贸易效应的 OLS 估计值有向上的偏差。由于距离和其他被忽略的国家(地区)特征之间不大可能有类似的相关性,因此 IV 估计值不应当有向上偏差。但该文的研究却表明,IV 估计值几乎总是明显高于 OLS 估计值。尽管其差异在统计上并不显著,但是仍然令人感到奇怪。

对于 IV 估计值高于 OLS 估计值,有两种主要的解释。第一种解释,是由于样本差异导致。尽管没有理由预期工具变量和残差项之间存在系统相关性,但是它们之间可能存在偶然的正相关性。支持这种可能性的主要证据是 IV 估计值和 OLS 估计值尽管差异较大,但却在样本误差范围之内。在基础回归中[表 5-3 中的第(1)列和第(2)列],OLS 估计和 IV 估计零假设的 t 统计量都是 1.2($p = 0.25$)。在基础回归的各种变化中,t 统计量从未超过 2,并且几乎总是低于 1.5,在少数情况下接近 0。

第二种解释,是 OLS 估计事实上存在向下偏差。单纯把货物从一地区运送到另一地区并不增加收入,贸易是国家(地区)之间多种可以增加收入的互动的代理变量,如专业化分工、思想的传播等。贸易与这些互动高度相关,但不是完全相关。因此,贸易并不是一个衡量提高收入的国家(地区)间互动的完美指标。这样的衡量误差导致向下偏差,即 OLS 估计会对收入提高型互动的效应低估。

关于 IV 估计值和 OLS 估计值之间的差异,简单的样本误差说法更有说服力。最重要的发现并不是 IV 估计值应该超过 OLS 估计值,而是没有证据支持 IV 估计值应当更低。此外,也意味着 IV 估计值可能受到样本误差的显著影响,这样 OLS 估计值应当是贸易对收入实际影响的更准确估计。

5.3.2.4 结论

该文研究了"贸易如何影响收入水平"这个问题,尽管这是一个古老的问题,但也是一个很难回答的问题。一个国家(地区)的贸易规模并不是外生决定的。因此,贸易与收入的相关性不足以识别贸易对收入的影响。

该文集中研究地理因素对贸易构成的影响。一些国家(地区)更多地参与国际贸易是因为靠近人口大国(地区),一些国家(地区)较少参与国际贸易是因为地理位置较为孤立。地理因素并不受收入或政府政策的影响,除了通过一国(地区)居民内部的互动或与其他国家(地区)居民之间的互动外,并不存在其他影响收入的渠道。因此,受到地理因素影响的贸易可以被看作识别贸易效应的自然试验。

试验的结果在研究所选样本和全部设定中都是一致的:贸易提高了收入。贸易中的地理因素和收入的关系表明,贸易对 GDP 的比重每提高 1 个百分点,就会使人均收入提高至少 1.5 个百分点。国际贸易可以通过刺激物质资本和人力资本积累,以及给定资本水平下增加产出,从而提高收入。

境内贸易同样会提高收入。如果控制国际贸易,更大的国家(地区),即有更多境内贸易的国家(地区),会有更高的收入。国家(地区)规模和面积每增加 1 个百分点,收入可以提高 0.1 个百分点或以上。表明境内贸易和国际贸易一样,通过资本积累和给定的资本水平下的产出来提高收入。

对于上述结论有两个重要的附加说明。第一,估计的精确度并不高。贸易和规模影响的零假设通常仅在边际显著水平被拒绝。此外,基于贸易地理因素的估计与基于总贸易的估计相同,这一假定通常没有被拒绝。因此,尽管研究结果支持贸易对收入的促进作用,但是没有决定性的证据。

这一局限性可能源于试验设计本身。如果控制国家(地区)规模,地理因素在国家(地区)的贸易差异中只占较小的部分。因此,地理变量在解释贸易和收入的关系中,提供的信息较为有限,除非其他影响收入但不影响贸易的因素被识别出来,贸易对收入影响的估计将很难改进。

第二,研究结果的贸易政策效果需要进一步评估。贸易有很多影响收入的途径,贸易差异有些是受到地理因素影响所致,有些是受到政策影响所致,它们的作用机制可能不同。因此,由政策所导致的贸易差异和地理因素所导致的贸易差异对收入的影响机制不同。

然而,基于地理因素贸易效果估计说明了政策效果的存在。估计显示,基于地理因素的贸易差异较大。同样,工具变量的估计结果大于简单的 OLS 估计结果。因此,贸易与收入呈正相关并不意味着收入影响贸易,或者两个变量有被忽略的因素。在这个意义上,该研究的结论支持贸易的重要性和贸易促进型政策的重要性。

5.4 扩展与应用

随着新增长理论的不断发展以及与契约理论等研究视角的结合,贸易与经济增长之间关系的探讨也越来越详细和深入,对上述研究的引用和更多角度的探索也不断增加。

5.4.1 国家规模和经济增长

以一个国家为例,通常,经济学家们认为国家规模是外生变量。然而,如果受到国际贸易模式等经济因素的影响,国家规模会发生变化。反过来,国家规模会影响经济绩效和国际经济政策偏好,例如,更小的国家保持自由贸易政策需要承担更大的风险。Alesina 等(2005)主要讨论了市场规模对经济增长的影响和国家规模的内生决定。他们认为,如果将国家规模纳入经济增长分析当中,对经济绩效和国际经济一体化历史的理解将会显著提升。

　　研究运用了 Frankel 和 Romer(1999)所使用的工具变量法,发现贸易开放度和规模对人均收入增长率有正的影响。另外,他们发现,开放度相同,国家规模对增长的影响较小,在比较开放的经济体中,国家规模的重要性降低。这些结果与理论的推测相一致,国际贸易为小国和较大的国家提供了相似的进入世界市场的机会。就市场规模的扩张来说,小国获益更多,因此贸易对其人均收入的影响更大。他们还发现,对于一个像马里大小的国家来说,开放度每增加一个标准差,其增长率将提高 0.42%。对于一个更小的国家,例如塞舌尔,开放度同样的变化将使其增长率提高 1.40%。但是对于像法国一样的国家而言,开放对经济增长的影响逐步消失,额外的贸易对经济增长没有贡献。

　　当其他条件相同时,可以进行更精确的比较,但是其他条件不可能相同,各国在此类经验研究中未加控制的重要方面有所区别。因此,得出的估计结果应当被解释为跨国的平衡影响。对于一些呈现特定特征的国家,贸易促进增长,而在呈现其他特征的国家,贸易可能会阻碍增长。从这些研究得出的一个有说服力的结论是:平均而言,正的影响占主导地位。

5.4.2　中国的贸易与增长

　　大多数关于中国经济增长和贸易发展的研究文献基本上只关注增长和贸易之间的相关性,并没有更仔细地研究其中的影响机制。沈坤荣和李剑(2003)吸收了 Frankel 和 Romer(1999)的研究思想,并针对中国国情进行了合理调整,用中国 1978—1999 年的时间序列数据研究中国贸易和增长之间的影响机制。

　　从水平量角度出发,他们使用逐步回归法、残差分析法和格兰杰因果分析法(Granger causality test)研究贸易和人均产出之间的影响机制,得出以下几点结论:第一,对贸易和人均产出的总体分析表明,国际贸易比重和人均产出呈现显著的正相关性,但国内贸易比重和人均产出呈现显著的负相关性。这说明在样本区间内(1978—1999 年),国际贸易和国内贸易对人均产出具有相反的影响。第二,人均产出决定因素的分解结果表明,尽管资本产出比在 Frankel 和 Romer(1999)的研究中是人均产出的显著决定因素,但中国的情况并非如此,中国的资本产出比和人均产出之间并没有一种显著的相关性。对中国的人均产出有显著贡献的变量是人均资本、制度变化、技术和人力资本。第三,对贸易和人均产出决定因素之间关系的计量分析表明,人均资本和制度变革是贸易(国际贸易和国内贸易)影响人均产出的显著渠道,国内贸易影响人均产出的渠道除了人均资本和制度以外,还有技术进步。第四,尽管人力资本对人均产出的贡献比较显著,但贸易对人均产出的影响较少地通过人力资本积累实现,这也说明中国的人力资本积累从统计上看并没有享受到开放所带来的益处。第五,在样本范围内格兰杰因果分析法可靠性不高,或者并不适用于中国现有的数据。其原因可能有两方面:一是中国的样本数据太少;二是格兰杰因果分析法本身对滞后长度具有敏感性,特别是在样本容量比较小的时候,因果分析结果的可靠性不高。

该文对中国贸易和经济增长之间影响机制的分析还为中国的经济改革实践提供了三点启示:第一,发挥中国劳动力要素丰富的比较优势能促进要素禀赋结构的提升,进而促进人均产出的上升;第二,市场化改革确实对经济产生了巨大的推动作用;第三,国内市场的一体化程度对经济具有重大影响,当中国政府积极推行扩大内需的政策时,不应忽略国内市场分割带来的负面影响。

盛斌和毛其淋(2011)的研究关注了两个自变量——贸易开放度和国内市场一体化水平与经济增长之间很可能存在高度的双向因果关系,这得到了许多文献研究的支持(Frankel and Romer,1999;Wei and Wu,2001),同时也与中国改革开放的历程相符。此外,遗漏某些随时间变化而又共同影响两个自变量和经济增长的非观测因素也可能会导致内生性。严重的内生性将导致 OLS 估计结果有偏或非一致。为了降低偏误,需要对上述估计模型存在的内生性问题进行处理。该研究利用中国 28 个省区市 1985—2008 年的面板数据,采用工具变量 GMM 方法考察了贸易开放度与国内市场一体化水平对经济增长的影响效应。结果表明,两个因素都显著促进了中国省际人均 GDP 的提高,它们对增长的贡献度分别为 7.2% 和 17.9%。但同时这种影响存在着时间与地域上的差别,具体表现为:随着时间的推移,贸易开放对经济增长的影响增强,而国内市场一体化的作用有所减弱;贸易开放对沿海地区经济增长的促进作用远远大于内陆地区,而国内市场一体化对内陆地区的影响更大。同时,经验检验还表明,在促进省际增长方面,贸易开放与国内市场一体化之间是相互替代的,表明不同省份可依据自身的实际情况选择性地利用国际市场和国内市场发展地区经济。该文在计量方法上使用工具变量,有效控制了贸易开放和国内市场一体化变量的内生性,纠正了以往研究中存在的系数被低估的问题。

5.5　本章小结

本章主要对贸易与经济增长的经典理论研究进行了回顾,贸易对经济增长的影响机制和渠道主要是市场规模效应、竞争效应、投资效应、溢出效应等,使贸易可以有效地推动经济可持续增长。在实证分析中,由于贸易和经济增长的内生性,Frankel 和 Romer(1999)采用工具变量有效地解决了问题,开创性地有关贸易对经济增长的影响进行了估算。此后的相关实证分析,特别是对中国贸易与增长的研究,多基于 Frankel 和 Romer(1999)的研究方法进行扩展。

5.6　扩展性阅读

[1] Acemoglu D, Ventura J. The world income distribution[J]. Quarterly Journal of Economics, 2002, 117(2):659-694.

[2] Alesina A, Spolaore E and Wacziarg R. Trade, growth and size of countries[EB/OL]. https://www. anderson. ucla. edu/facultypages/romain. wacziarg/downloads/2005handbook. pdf.

[3] Arrow K J. The economic implications of learning by doing[J]. Review of Economic Studies, 1962, 29(3):155-173.

[4] Bradford C, Chakwin N. Alternative explanation of the trade-output correlation in East Asian economies[J]. OECD Development Centre Technical Paper, 1993, No. 87.

[5] Frankel J, Romer D. Trade and growth: An empirical investigation[J]. NBER Working Paper, No. 5476,1996.

[6] Frankel J. Regional trading blocs in the world trading system[J]. Institute of International Economics, 1997.

[7] Frankel J A, Romer D. Does trade cause growth? [J]. American Economic Review, 1999,89(3):379-399.

[8] Grossman G M. Explaining Japan's innovation and trade[J]. Woodrow Wilson School Discussion Paper in Economics, No. 151, Princeton University, 1989.

[9] Grossman G M, Helpman E. Endogenous product cycles[J]. NBER Working Paper, No. 2913, 1989a.

[10] Grossman G M, Helpman E. Growth and welfare in the small open economy[J]. NBER Working Paper, No. 2970, 1989b.

[11] Grossman G M, Helpman E. Trade, innovation and growth[J]. The American Economic Review, 1990, 80(2):86-91.

[12] Grossman G M, Helpman E. Competitive advantage and long-run growth[J]. American Economic Review, 1990, 80(4):796-815.

[13] Grossman G M, Helpman E. Innovation and Growth in the Global Economy[M]. Cambridge: MIT Press, 1991.

[14] Grossman G M, Helpman E. Technology and Trade[M]//Grossman G, Rogoff K, eds. Handbook of International Economics. Amsterdam: Elsevier, 1995, Vol. 3.

[15] Hall R, Jones C. Why do some countries produce so much more output per worker than others? [J]. Quarterly Journal of Economics, 1999, 114(1): 83-116.

[16] Helpman E. Growth, technological progress and trade[C]. NBER Reprint No. 1145, 1988.

[17] Krugman P. The narrow moving band, the Dutch disease and the competitive consequences of Mrs. Thatcher: Notes on trade in the presence of dynamic scale economics[J]. Journal of Development Economics, 1987, 27(1-2):41-55.

[18] Lucas R. On the mechanics of economic development[J]. Journal of Monetary Economics, 1988, 22(1):3-22.

[19] Mankiw N, Romer D and Weil D. A contribution to the empirics of economic growth[J]. Quarterly Journal of Economics, 1992, 107(2):407-438.

[20] Romer P. Increasing returns and long-run growth[J]. Journal of Political Economy, 1986, 94(5):1002-1037.

[21] Romer P. Endogenous technological change[J]. Journal of Political Economy, 1990, 98(5):71-102.

[22] Wei S J, Wu Y. Globalization and inequality: Evidence from within China[J]. NBER Working Paper, 2001, No. 8611.

[23] 赫尔普曼. 经济增长的秘密[M]. 王世华,吴筱,译,何帆,校. 北京:中国人民大学出版社,2007.

[24] 沈坤荣,李剑. 中国贸易发展与经济增长影响机制的经验研究[J]. 经济研究,2003(5):32-56.

[25] 盛斌,毛其淋. 贸易开放、国内市场一体化与中国省际经济增长:1985～2008 年[J]. 世界经济,2011(11):44-66.

练习题

参考答案

1. 为什么贸易对经济增长的影响显而易见却又难以估算?
2. 试论述如何采用工具变量的方式来计算贸易对经济增长的影响?
3. 为什么采用工具变量的估计和一般 OLS 估计的结果有差异?

6 贸易产品质量

6.1 导读

我国正加快推进从"贸易大国"向"贸易强国"转变。随着出口质量重要性的凸显,越来越多的学者开始关注并研究贸易质量升级问题。2019年,《中共中央 国务院关于推进贸易高质量发展的指导意见》指出,"优化贸易结构,提高贸易质量和效益"。2020年4月10日,习近平总书记在中央财经委员会第七次会议上首次提出"构建以国内大循环为主体,国内国际双循环相互促进的新发展格局"[①],并在8月主持召开经济社会领域专家座谈会时强调"实现高质量发展,必须实现依靠创新驱动的内涵型增长"[②]。党的二十大报告再次强调"推动货物贸易优化升级,加快建设贸易强国"。提高出口产品质量,加快产业结构转型升级,推动贸易高质量发展,不仅是我国现阶段经济发展的一个重要课题,更是构建国内国际双循环新发展格局的重要内容。

高质量产品通常被视为出口成功的先决条件(Amiti and Khandelwal,2013)。随着越来越多的企业和产品层面数据的公开与获取,微观企业出口行为的研究成为国际贸易领域的重要课题之一,而识别出口行为的决定因素对于理解国家之间的贸易模式至关重要。大部分文献运用单属性异质性模型,认为生产率是企业在出口市场成功的唯一决定因素(Bernard et al.,2003;Melitz,2003;Chaney,2008;Arkolakis,2010;Verhoogen,2008;Baldwin and Harrigan,2011;Johnson,2012;Kugler and Verhoogen,2012),并认为相比非出口企业,出口企业往往生产率更高、支付更高的工资、生产技术更加呈资本密集型和技能劳动密集型(Bernard and Jensen,1995,1999;Bernard et al.,2011;Verhoogen,2008;Bustos,2011),出口企业更有可能采用ISO 9000(Verhoogen,2008),对其产出收取更高的价格((Kugler and Verhoogen,2012)。Melitz(2003)将企业

---

① 习近平. 把握新发展阶段,贯彻新发展理念,构建新发展格局[J]. 求是,2021(9):4-18.

② 习近平:在经济社会领域专家座谈会上的讲话[EB/OL]. (2020-08-25)[2024-11-14]. https://www.gov.cn/xinwen/2020-08/25/content_5537101.htm.

生产率异质性引入 Krugman(1980)的垄断竞争框架,构建的异质性企业贸易理论解释了生产率异质性与出口行为之间的关系。但 Melitz(2003)的模型只考虑消费者偏好的多样性,并未考虑产品垂直差异性。Baldwin 和 Harrigan(2011)发现美国企业出口产品价格随地理距离的增加而提高,但根据 Melitz(2003)的分析,地理距离越远,出口价格越低。Hallak 和 Sivadasan(2013)发现,出口企业价格高于非出口企业,但根据 Melitz(2003)的分析,出口企业效率更高,价格更低。单属性异质性模型预测,同等规模的企业其出口地位相同,但是无法解释同等规模的出口企业和非出口企业同时存在。更有甚者,Hallak 和 Sivadasan(2013)发现,规模较小、生产率较低的企业也能进入出口市场,而根据 Melitz(2003)的分析,出口企业往往是那些规模较大、生产率较高的企业。因此,需要对上述理论与现实的"脱节"展开进一步的分析。Hallak 和 Sivadasan(2013)强调了企业的多维度异质性,尤其考虑了企业产品质量异质性,在 Melitz(2003)的基础上重新剖析了企业的出口行为,试图解释上述"脱节"现象,从而丰富企业异质性和自我选择的新新贸易理论。

质量是进入国外市场的关键条件(Guler et al.,2002)。企业需要满足出口的最低质量要求,即是否能成功出口与企业满足质量约束的能力有关。根据人口普查或对大型企业数据集的研究发现,质量显著影响企业的出口能力(Brooks,2006;Verhoogen,2008),质量标准是出口竞争力评价的关键要求。此外,国外市场的成功与企业获得高水平产品质量的能力有关(Hallak and Sivadasan,2013)。Brooks(2006)发现,与 G7 国家相比,哥伦比亚企业中质量差距较小的部门往往出口比例更高。出口的质量门槛要求是国外市场准入的影响因素之一(Maskus et al.,2005)。

出口质量约束存在的主要原因如下:首先,高收入国家倾向于消费高质量的商品(Hallak,2006,2008),因此可能会设定相对更高的最低质量要求。其次,低质量商品的运输成本相对较高(Alchian and Allen,1964;Hummels and Skiba,2004),因此,低于某个最低质量阈值时,这些商品可能不再出口。最后,出口质量要求可能与管理质量认证(如 ISO 9000)有关,因为其质量信号、共同语言和冲突设置的特性,可以缓解国际交易中经常出现的严重信息不对称问题(Guler et al.,2002;Terlak and Kind,2006)。

有鉴于此,Hallak 和 Sivadasan(2013)将产品质量异质性引入 Melitz(2003)的模型,从"过程生产率"(即使用较少的可变投入来生产产出的能力)和"产品生产率"(质量生产能力,即使用较少的固定成本来生产高质量产品的能力)双维度异质性探究企业出口行为的影响因素以及出口企业溢价的基本驱动因素。Hallak 和 Sivadasan(2013)的分析逻辑是:在需求层面,消费者效用取决于产品数量和质量,是产品价格和产品质量之比,即性价比决定了消费者的最优选择;在供给层面,企业具有生产率和质量生产能力的双维度异质性。企业生产率越高,其可变成本越低,价格越低;企业质量生产能力越高,固定成本越低,其产品质量越高。两种能力共同决定企业的市场绩效(施炳展,2014)。本章选取 Hallak 和 Sivadasan(2013)的主要内容,以期为相关领域的后续分析和研究提供帮助。

6.2 名词解释

(1)产品质量(product quality)

产品质量被视为一个需求转换器,它反映消费者所偏好的产品的所有属性,而不仅仅是价格。Kuhn 和 Mcausland(2008)认为产品的生产过程涉及设计和再生产两个方面,他们将产品质量定义为在产品设计过程中所决定的对于消费者的吸引力,即产品的特征。

(2)出口产品质量(exports quality)

出口产品质量是指一国出口产品的品质,包括耐用性、兼容性、配套服务及使用灵活性等(Aiginger,2001),它指的是产品的性能,强调产品内的垂直差异性,而并非出口产品的种类、技术含量等。

出口产品质量的概念不同于出口技术复杂度。出口技术复杂度最早由 Hausmann 和 Rodrik(2003)提出,是指高收入经济体生产和销售高技术含量的产品,低收入经济体生产和销售较低技术含量的劳动密集型产品,这种局面会随着各国在国际贸易和世界市场中的自我探索而形成。Hausmann 和 Rodrik(2003)、Schott(2004)将这种高低收入经济体出口产品之间的差异定义为出口技术复杂度的差异。出口产品质量关注的是同一产品内的垂直差异,如高端鞋子相比低端鞋子有更高的舒适度,高端手机相比低端手机有更好的耐用性等。而出口技术复杂度则强调不同产品间的技术含量或复杂度差异。

(3)过程生产率(process productivity)

经济学文献中对生产率衡量的标准方法是指使用较少的可变投入生产产出的能力。在文中用 φ 表示。

(4)产品生产率(product productivity)

Shaked 和 Sutton(1983)指出,构思、设计和生产一种消费者愿意支付额外费用的产品需要产生与研发、广告和质量控制等活动相关的固定费用。管理和营销文献也认识到,并非所有企业都能有效地支出此类固定费用。虽然一些企业的成功是建立在过程的有效管理上(即过程生产率较高),但另一些企业的繁荣则建立在它们有能力通过产品差异化(产品生产率较高)创造消费者看重的商品(Rust et al.,2002)。文中构建的产品生产率是企业异质性的第二个来源,是指以较低的固定支出生产高质量产品的能力,以 ξ 表示。

(5)单位价值法(unit value)

早期测算出口产品质量,主要是用出口产品的单位价值作为出口产品质量的代理变量(Schott,2004;Hallak,2006;Hummels and Klenow,2005;Harding and Javorcik,2012),即假设在生产成本等因素不变的情况下,产品价格越高,代表着产品的质量越高。

其优点是计算便利,缺点是用价格本身来衡量产品质量的准确度存在较大的可变性,实际中较低的平均价格可能并不意味着较低的平均质量,同时,这种方法忽视了质量之外的其他因素(如生产效率、市场竞争强度、供需、运费、消费者偏好等)对价格的影响,存在较大的测度偏差。

(6)事后反推法(inferred method)

由于单位价值法的缺陷,大部分学者采用事后反推法来测算出口产品质量。该方法主要通过产品数量、产品价格或市场份额等信息,估算产品的消费需求函数,再基于需求函数反推产品质量(Hallak and Sivadasan,2009;Khandelwal,2010;Amiti and Khandelwal,2013;刘啟仁,铁瑛,2020;毛日昇,陈瑶雯,2021),其内在逻辑为:在价格相同的情况下,市场绩效更好的产品其消费者的认同度高,从而产品的质量更高。至于出口产品质量测算的具体方法,详见拓展与应用部分。

6.3　正文节选

原文:Hallak J C, Sivadasan J. Product and process productivity: Implications for quality choice and conditional exporter premia[J]. Journal of International Economics, 2013(91):53-67.

6.3.1　研究思路

Hallak 和 Sivadasan(2013)将产品质量异质性引入 Melitz(2003)模型,同时从需求和供给角度,将出口产品质量的选择内生化。该文构建了包含"产品生产率"(product productivity,或称质量生产能力,即使用较少的固定成本来生产高质量产品的能力)与"过程生产率"(process productivity,即使用较少的可变投入来生产产出的能力)的双维度企业异质性国际贸易模型,运用印度、美国、智利和哥伦比亚的制造业企业数据对质量异质性与企业出口行为之间的关系进行深入的分析,解释了一个经验事实,即企业规模与出口行为之间并不是单调相关的:部分小企业会选择出口,而大企业却不愿出口;在规模相同的情况下,出口企业销售的产品往往质量更高、价格更高、投入品成本更高,支付更高的工资,以及更加密集地使用资本。当存在出口质量约束时,过程生产率较高、产品生产率较低的企业规模很大,但却不愿意出口,因为这些企业发现满足出口质量约束的成本过高;反之,尽管规模较小,但过程生产率较低、产品生产率较高的企业在出口市场却很活跃;企业出口产品质量的选择是内生的,企业出口需要达到最低的质量门槛,只有固定投入效率高的企业才能完成质量升级,实现成功出口。

6.3.2 理论模型分析

该文构建了一个具有内生产品质量的局部均衡异质企业模型,该模型嵌入了两类异质性来源:"过程生产率"和"产品生产率"。质量选择的主要决定因素是"产品生产率",但"过程生产率"可通过降低质量对边际成本的影响,从而改变质量选择。因此,"产品生产率"和"过程生产率"都会改进企业对质量的最优选择。该文构建了理论模型,并用印度、美国、智利和哥伦比亚的制造业数据系统检验了质量选择及有条件出口商溢价的存在。

首先,求解封闭经济中的局部均衡;其次,解释开放经济中的质量选择。在上述两种情形下,"过程生产率"(φ)和"产品生产率"(ξ)可以组合成"综合生产率"$\eta[\eta = \eta(\varphi, \xi)]$。所有其他相关的关键变量都可以用这个标量参数来表示。不管(φ)和(ξ)的组合如何,具有相同的"综合生产率"(η)的企业有相同的收益、利润和出口状态,尽管它们选择不同的质量水平和价格水平。

假设企业需要满足最低质量要求才能出口。[①] 由于存在出口质量约束,意味着企业规模不再是推断其出口地位的充分信息,"过程生产率"(φ)高、"产品生产率"(ξ)低的非出口企业,可能与"过程生产率"(φ)低、"产品生产率"(ξ)高的出口企业有相同的规模(销售收入)。因为非出口企业的过程生产率较高,可以用较高的国内销售额弥补国外销售额的不足。

6.3.2.1 模型构建

(1)在需求方面

该文假设常数替代弹性需求函数(CES)和垄断竞争,引入不同品种之间的产品质量异质性:

$$q_j = p_j^{-\sigma} \lambda_j^{\sigma-1} W_j \tag{6-1}$$

式中,$W_j = EP^{\sigma-1} + I_j^x \tau(\lambda_j)^{1-\sigma} E^* P^{*\sigma-1}$。其中,$j$ 表示产品品种,假设每个企业只生产一个品种,则 j 也代表企业;λ_j、q_j 和 p_j 分别表示品种 j 的质量、数量和价格;$\sigma > 1$ 是替代弹性。W_j 衡量企业 j 的综合市场潜力,E 表示外生给定国内市场的支出水平,P 是 CES 价格指数,星号表示国外变量。国外需求只适用于支付固定出口成本为 f_X 的企业,此时,指标函数 I_j^X 的值为 1。

同时,引入贸易折旧因子 $\tau(\lambda)$ 来调节国外需求,并将其假设为冰山贸易成本形式,$\tau(\lambda) = \dfrac{t(\lambda)}{\lambda^\delta}$。其中,分子 $t(\lambda)$ 代表冰山运输成本,根据阿尔钦—艾伦效应,在按单位收费

---

① Rauch(2007)在同质企业模型中有过类似假设。

的情况下,运输成本在高质量商品中所占比例较小(Alchian and Allen,1964;Hummels and Skiba,2004)。分母 λ^δ 反映了各国的质量偏好强度差异,高收入国家倾向于消费更高质量的商品(Hallak,2006)、设定更严格的质量标准(Maskus et al.,2005)。根据国外对质量的偏好强度是强于($\delta>0$)还是弱于($\delta<0$)国内来调整每个质量水平下的外国需求。

假定 $\tau(\lambda)$ 是连续的,两次可微,且随着 λ 的提高而递减(满足式 A.1)。

定义贸易成本的质量弹性为 $\varepsilon_\tau(\lambda)=\dfrac{\tau'(\lambda)\lambda}{\tau(\lambda)}$,且 $\varepsilon_\tau(\lambda)$ 的值高于式 A.2,随着 λ 的提高而递减(见式 A.3),说明贸易成本随着质量的提高而下降,下降速率为 $dt^2(\lambda)/d\lambda^2>0$。

因此有如下假设。A.1:$\dfrac{d\tau(\lambda)}{\partial\lambda}\leqslant 0$;A.2:$\varepsilon(\lambda)b\dfrac{\alpha}{\sigma-1}-(1-\beta)$;A.3:$\dfrac{d\varepsilon(\lambda)}{\partial\lambda}<0$。

上述条件可确保企业利润最大化的求解。

(2)在供给方面

模型考虑两类异质性。根据标准模型(Melitz,2003;Bernard et al.,2003),第一类是"过程生产率"(φ)异质性,在质量水平给定的情况下,它可以降低单位产品的可变成本。边际成本函数可以表示为:

$$c(\lambda,\varphi)=\frac{k}{\varphi}\lambda^\beta,0\leqslant\beta<1 \tag{6-2}$$

式中,k 是常数;β 是边际成本的质量弹性。

第二类是"产品生产率"(ξ)异质性,也称为质量生产能力,表示企业以较低的固定成本生产高质量产品的能力。固定成本函数表示为:

$$F(\lambda,\xi)=F_0+\frac{f}{\xi}\lambda^\alpha,\alpha>0 \tag{6-3}$$

式中,F_0 是工厂运营的初始固定成本;f 是常数;α 是固定成本的质量弹性。这些固定成本可以看作产品设计和开发的成本,或是为防止产品缺陷而实施控制的相关成本。想要获得更高的质量需要支付更高的固定成本。

式(6-2)和式(6-3)表明,产品质量越高,企业所需要投入的可变成本和固定成本都越高;企业的"过程生产率"越高,生产某质量水平所需投入的可变成本越少;企业的"产品生产率"越高,生产某质量水平所需投入的固定成本越少。因此,企业的"过程生产率"和"产品生产率"同时影响企业的出口选择。

6.3.2.2 企业对价格和质量的最优选择

企业可以通过对价格和质量的选择,实现利润最大化。通过对利润最大化的求解,得到最优的产品质量。企业的收益由如下方程决定:

$$r(p_j,\lambda_j)=\widetilde{p}_j^{1-\sigma}W_j \tag{6-4}$$

式中,$\widetilde{p}_j\equiv\dfrac{p_j}{\lambda_j}$ 是经质量调整的价格。对于国内企业,$W_j=W=EP^{\sigma-1}$。

企业选择价格和质量后的利润：

$$\pi(p_j,\lambda_j) = \frac{1}{\sigma} \widetilde{p}_j^{1-\sigma} W_j(\lambda_j) - F(\lambda_j) - I_j^X f_X \tag{6-5}$$

最优 FOB 下，价格 $p = \frac{\sigma}{\sigma-1} \frac{k}{\varphi} \lambda^\beta$。

最优质量的求解取决于企业的出口状况。针对该问题，可通过三步来解决。首先，确定只服务于国内市场的企业最优质量；其次，求解出口企业的最优质量；最后，比较两种情形下的利润，确定企业是否决定进入出口市场。

（1）国内情形

国内情形存在一个封闭解。最优质量由以下给出：

$$\lambda_d(\varphi,\xi) = \left[\frac{1-\beta}{\alpha} \left(\frac{\sigma-1}{\sigma}\right)^\sigma \left(\frac{\varphi}{k}\right)^{\sigma-1} \frac{\xi}{f} EP^{\sigma-1} \right]^{\frac{1}{\alpha'}} \tag{6-6}$$

式中，d 表示"国内"企业[①]，即那些只在国内市场销售的企业。由于 A.2，故 $\alpha' \equiv \alpha - (1-\beta)(\sigma-1) > 0$。

解 λ_d 表明，"过程生产率"（φ）和"产品生产率"（ξ）都对质量选择有积极的影响，因为两者可分别降低可变成本和固定成本。

利用式（6-6）求解国内企业的最优价格，得到式（6-7）：

$$p_d(\varphi,\xi) = \left(\frac{\sigma}{\sigma-1}\right)^{\frac{\alpha-\beta(\sigma-1)}{\alpha}} \left(\frac{k}{\varphi}\right)^{\frac{\alpha-(\sigma-1)}{\alpha}} \left(\frac{1-\beta}{\alpha} \frac{\xi}{f} EP^{\sigma-1}\right)^{\frac{\beta}{\alpha'}} \tag{6-7}$$

当"过程生产率"（φ）相同时，"产品生产率"高的企业其销售价格更高，因为产品质量更高，从而边际成本更高。当"产品生产率"（ξ）相同时，"过程生产率"对价格的影响是不确定的。一方面，"过程生产率"提高，可以通过直接效应降低边际成本和价格；另一方面，"过程生产率"提高，可以通过间接效应刺激更高的质量选择，从而提高边际成本和价格。哪种效应占主导最终取决于 $\alpha - (\sigma-1)$ 的符号。在式（6-7）中，价格取决于两个参数的值。因此，相比基于单一异质要素的质量模型的预测（Baldwin and Harrigan，2011；Johnson，2012；Kugler and Verhoogen，2012），这里的价格不再是生产率和规模的单调函数。

（2）临界函数

根据最优质量式（6-6）和最优价格式（6-7），得到质量调整后的价格：

$$\widetilde{p}(\varphi,\xi) = A\eta(\varphi,\xi)^{\frac{-1}{\sigma-1}} (EP^{\sigma-1})^{\frac{-1-\beta}{\alpha}} \tag{6-8}$$

式中，$A \equiv \left(\frac{\alpha}{1-\beta}\right)^{1-\beta} \left(\frac{\sigma-1}{\sigma}\right)^{1+\sigma(1-\beta)}$。

$\eta(\varphi,\xi) \equiv \left[\left(\frac{\varphi}{k}\right)^{\frac{\alpha}{\alpha}} \left(\frac{\xi}{f}\right)^{\frac{1-\beta}{\alpha}} \right]^{\sigma-1}$ 被称为"综合生产率"，汇总了企业生产率参数的所有

[①] 本节所有企业都用 d 表示，因为考虑的是封闭经济情形。

信息，有相同 η 的企业收取相同的质量调整后的价格。

将求解得到的最优质量和最优价格代入式(6-4)，得到企业收入：

$$r_d(\varphi,\xi) = \eta H (EP^{\sigma-1})^{\frac{\sigma}{\alpha}} \tag{6-9}$$

其中，$H \equiv \left(\frac{\sigma-1}{\sigma}\right)^{\frac{\sigma-\alpha'}{\alpha'}} \left(\frac{1-\beta}{\alpha}\right)^{\frac{\sigma}{\alpha'}}$。

企业利润：

$$\pi_d(\varphi,\xi) = \eta J (EP^{\sigma-1})^{\frac{\sigma}{\alpha}} - F_0 \tag{6-10}$$

其中，$J \equiv \left(\frac{\sigma-1}{\sigma}\right)^{\frac{\sigma}{\alpha}} \left(\frac{1-\beta}{\sigma}\right)^{\frac{\sigma}{\alpha}} \left(\frac{\alpha'}{\alpha-\alpha'}\right)$。

由式(6-9)和式(6-10)可知，在国内情形下，"综合生产率"（η）是企业规模（收入）和利润的决定因素。具有相同 η 的国内企业，其得到的收益和利润也相同，不管 φ 和 ξ 的组合如何。因此，等综合生产率曲线也是等收益曲线和等利润曲线。但值得注意的是，尽管 η 相同，企业却具有不同的质量 λ 和不同的定价 p。根据上述特性，封闭情形下的模型可以转化为与 Melitz(2003)相同的一维模型。尤其是在 Melitz(2003)模型中，将 η 视为决定进入—退出决策的单一生产率。

当且仅当企业有非负利润 $\pi_d[\eta(\varphi,\xi)] \geqslant 0$ 时，才能留在市场。因此，临界值决定企业的生存，并在 $\varphi-\xi$ 空间建立生存临界函数：

$$\xi(\varphi) = f\left(\frac{F_0}{J}\right)^{\frac{\alpha'}{\alpha-\alpha'}} \left(\frac{\varphi}{k}\right)^{\frac{-\alpha}{1-\beta}} (EP^{\sigma-1})^{\frac{-\alpha}{\alpha-\alpha}} \tag{6-11}$$

对应于每一个"过程生产率"水平，都有一个最低的"产品生产率"，超过这个最低值的企业可以获得非负利润。图 6-1 给出了临界函数 $\xi(\varphi)$，图中的每一个点都代表一个企业，即一个（φ,ξ）组合，高于曲线 $\xi(\varphi)$ 的企业生存下来，低于曲线 $\xi(\varphi)$ 的企业退出市场。$\xi(\varphi)$ 的斜率为负，表明随着"过程生产率"（φ）的不断提高，"产品生产率"（ξ）不断下降，体现了两者之间的生存权衡：更高（更低）"过程生产率"的企业可以承受更低（更高）的"产品生产率"。

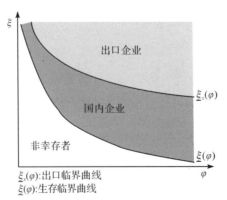

图 6-1　出口状态决策

资料来源：Hallak 和 Sivadasan(2013)。

（3）出口情形

本部分描述出口情形下的质量选择和收入、利润。虽然在封闭情形下无法求解出口均衡解，但是可以描述其解的主要特征，并以图形表示均衡状态。

对于任何企业 (φ,ξ)，如果决定出口，意味着 $r_x(\varphi,\xi) > r_d(\varphi,\xi)$，$\lambda_x(\varphi,\xi) > \lambda_d(\varphi,\xi)$，企业在获得更多的收益的同时选择更高的质量。一方面，服务于更大的国外市场将使收益增加，更多的收益和降低贸易成本的前景刺激企业投资于质量升级；另一方面，$\eta(\varphi,\xi)$ 不再是收益和利润的有效统计量，相比国内收益和利润，质量对 ξ 相对更敏感，相比国内情形，出口利润 π_x 对 ξ 相对更敏感，"出口等利润曲线" $[\xi_{\pi_x=k}(\varphi)]$ 比"国内等利润曲线" $[\xi_{\pi_d=k}(\varphi)]$ 更平坦。

6.3.2.3　出口状态决策

分析并比较服务国内情形和出口情形的企业利润，可以发现处于不同质量水平的企业的出口决策。当利润差 $\Delta\pi(\varphi,\xi) \equiv \pi_x(\varphi,\xi) - \pi_d(\varphi,\xi) \geqslant 0$，企业决定出口。因此，求解 $\Delta\pi(\varphi,\xi) = 0$，得到的 ξ 值即为出口临界曲线 $\underline{\xi}_x(\varphi)$。

结合图 6-1，当存在出口质量约束时，企业需要达到一定的质量水平 $\underline{\lambda}$ 才能出口，外国企业出口需要达到的最低质量值是 $\underline{\lambda}^*$。当"产品生产率"低于 $\underline{\xi}(\varphi)$ 时，企业退出国内市场；当"产品生产率"介于 $\underline{\xi}(\varphi)$ 和 $\underline{\xi}_x(\varphi)$ 时，企业仅服务国内市场；当"产品生产率"高于 $\underline{\xi}_x(\varphi)$ 时，企业选择出口。

6.3.2.4　预测

基于对质量约束条件下国内情形与出口情形的收入与利润的分析，可以预测5个有条件出口商溢价（CEP1～5），来比较规模相同的出口企业与非出口企业之间的区别，借此提出1个研究假说和4个推论。

Proposition 1. Conditional on size (revenue), quality is higher for exporters than for non-exporters.

研究假说1：对于给定的企业规模，相比非出口企业，出口企业的产品质量更高。

出口企业是相对高"产品生产率"、低"过程生产率"的企业，而非出口企业是相对低"产品生产率"、高"过程生产率"的企业。

基于研究假说1，同时做出以下4个推论。

Corollary 1. Conditional on size, exporters charge higher prices than non-exporters.

推论1：保持企业规模不变，出口企业的定价高于国内非出口企业。

Corollary 2. Conditional on size, exporters pay higher input prices than non-exporters.

推论2：保持企业规模不变，出口企业比非出口企业支付更高的投入品价格。

Corollary 3. Conditional on size, exporters pay higher average wages than non-exporters.

推论3:保持企业规模不变,出口企业比非出口企业支付更高的平均工资。

Corollary 4. Conditional on size, exporters use physical capital more intensively.

推论4:保持企业规模不变,出口企业比非出口企业更密集地使用实物资本。

6.3.3 实证结果与主要结论

6.3.3.1 实证结果

(1)实证方法

在均衡中,产出价格、投入价格、质量、收益、资本强度、平均工资和出口状态都是φ和ξ的函数。假说1和推论1~4都对由联合分布得到的条件期望施加了约束。

定义出口状态的指标变量D,命题1及其推论可表示为:

$$E(Y\mid_{r,D=1}) > E(Y\mid_{r,D=0}), \forall r, Y = \{\lambda, p, p^I, w, k\} \tag{6-12}$$

假定条件期望的线性可分形式是:$E(Y\mid_{r,D}) = g_Y(r) + \delta_Y D$,因此,可以进一步将推论写成:

$$y = g_Y(r) + \delta_Y D + u \tag{6-13}$$

式中,$g_Y(r)$是规模控制函数;u是随机扰动项;δ_Y是条件出口商溢价,即相同规模的出口企业与非出口企业之间预期y值的差异。

(2)实证结果

该文根据Rauch(1999)的分类,选取生产差异化产品的制造业行业,利用印度、美国、智利和哥伦比亚四个国家的制造业数据,采用OLS估计式(6-13),实证检验模型结果证实,保持企业规模不变,出口企业比国内非出口企业的商品收取更高的价格。

该文选择ISO 9000认证作为质量的一个较好的代理变量。理由如下:第一,ISO 9000认证与产品质量的直接测量相关(Withers and Ebrahimpour,2001);第二,其与模型假设一致,质量升级是昂贵的,但会转移需求。以ISO 9000认证为因变量的估计式得出的结果与假说1的预测一致,当规模给定时,出口企业更有可能获得ISO 9000认证。

根据实际数据检验投入价格、工资和资本密集度的出口商溢价来验证推论2~4。基准回归结果及稳健性检验都证实了投入价格CEP、平均工资CEP和资本密集度CEP显著存在。印度、智利和哥伦比亚的数据结果显示,资本密集度对有条件的出口商溢价都有显著的积极影响。但是美国出口企业的资本密集度低于非出口企业。因此,当企业规模给定时,出口企业比国内非出口企业收取更高的价格,会雇用更多的熟练工人,除了美国,其他国家出口企业的资本密集度更高。

6.3.3.2　基本结论

该文将"产品生产率"与"过程生产率"作为企业异质性的两个维度,假定质量内生,利用多维度异质性模型解释企业质量选择与出口决策之间的关系,并进一步以实证数据检验有条件出口商溢价的若干预测。结果表明,对于给定的相同规模,相比非出口企业,出口企业的生产质量往往更高、销售价格更高,需要更密集地使用技能型劳动力,需要支付更高的投入价格和平均工资,具有更高的资本密集度。该文对企业出口行为的描述与解释有着重要意义。虽然单维度异质性模型预测贸易自由化后生产率最高、规模最大的企业将进入国外市场,但该文提出的多维度异质性模型预测,许多大企业将不愿支付质量升级所需的成本。因此,贸易自由化后出口选择可能大大低于预期。

6.4　扩展与应用

出口质量对一国发展的重要性受到越来越多的学者的关注。高质量产品被视为出口成功的先决条件,也成为经济发展的先决条件(Amiti and Khandelwal,2013)。一国出口产品数量的多少并不能全面反映经济高质量发展,更重要的是出口产品质量,因为出口产品的质量和技术结构才是一国经济持续发展的决定因素(Hausmann et al.,2007)。对于发展中国家来说,只有实现出口产品由低质量向高质量转变,才能使国内经济得到持续发展(Khandelwal,2010)。

6.4.1　出口产品质量的测算方法

6.4.1.1　嵌套 Logit 法

嵌套 Logit 法,是通过使用价格、数量和市场份额等信息来测度出口到各国的产品质量(Khandelwal,2010)。该方法能够反映产品市场范围内质量差异或"质量阶梯"的异质性,并且认为高质量产品具有更高的市场份额,推导过程如式(6-14)、式(6-15)和式(6-16)所示。

$$\ln s_{cjt} - \ln s_{0t} = \lambda_{1,cj} + \lambda_{2,t} + \alpha p_{cjt} + \sigma \ln(ns_{cjt}) + \lambda_{3,cjt} \tag{6-14}$$

式中,c、j 和 t 分别代表出口国、产品和时间;s_j 表示产品 j 的市场份额;s_0 表示其他产品的市场份额;ns_{cjt} 为嵌套市场份额;$\lambda_{1,cj}$ 是不随时间变化的产品种类特征;$\lambda_{2,t}$ 是只随时间变化的产品种类特征;$\lambda_{3,cjt}$ 是无法观测到的但在估计误差中发挥作用的产品种类特征。这一模型弥补了组内产品水平差异对整体产品效应影响的忽略,但是并没有考虑行业异质性对市场份额的影响。现有研究一般通过加入出口国的人口规模来解决这一

问题,则模型变为:

$$\ln s_{cjt} - \ln s_{0t} = \lambda_{1,cj} + \lambda_{2,t} + \alpha p_{cjt} + \sigma\ln(ns_{cjt}) + \gamma\ln(pop_{ct}) + \lambda_{3,cjt} \qquad (6-15)$$

定义产品质量为 λ_{cjt},对式(6-15)进行回归后,可推导出产品的绝对质量:

$$\lambda_{cjt} = \hat{\lambda}_{1,cj} + \hat{\lambda}_{2,t} + \hat{\lambda}_{3,cjt} \qquad (6-16)$$

6.4.1.2 需求函数反推法

需求函数反推法是通过产品数量和产品价格估算产品的消费需求函数,再基于需求函数反推出产品质量(Hallak and Sivadasan,2009;Amiti and Khandelwal,2013;刘啟仁,铁瑛,2020;毛日昇,陈瑶雯,2021)。根据 Amiti 和 Khandelwal(2013)的研究,具体估计方程为:

$$\ln q_{djt} = -\sigma\ln p_{djt} + \phi_j + \phi_{dt} + \varepsilon_{djt} \qquad (6-17)$$

式中,下标 t、d 和 j 分别代表年份、目的国和产品三个维度;ϕ_j 表示产品固定效应;$\phi_{dt} = \ln E_{dt} - \ln P_{dt}$,为进口国—年份联合固定效应。$\varepsilon_{djt} = (\sigma-1)\ln\lambda_{djt}$ 是残差项,包含着出口产品 j 的质量信息 λ_{djt}。每年出口到每个国外市场的产品 j 的质量为:

$$\text{quality}_{djt} = \ln\hat{\lambda}_{djt} = \frac{\hat{\varepsilon}_{djt}}{(\sigma-1)} = \frac{\ln q_{djt} - \ln\hat{q}_{djt}}{(\sigma-1)} \qquad (6-18)$$

6.4.1.3 利用引力方程估计

利用引力方程估计的基本思路是通过不同估计方程的替代,对不可观测的质量的估计转化为对相关系数的估计(Henn et al.,2020)。

对于任一种产品,其出口单价 p_{dct} 都可表示为:

$$\ln p_{dct} = \zeta_0 + \zeta_1\ln\theta_{ct} + \zeta_2\ln y_{ct} + \zeta_3\ln\text{Dist}_{dc} + \xi_{dct} \qquad (6-19)$$

其中,d、c 和 t 分别代表进口国、出口国和时间;$\ln p$ 表示出口产品的单位价格;$\ln\theta$ 表示产品质量;$\ln y$ 表示出口国的人均收入,作为生产技术的代理变量;$\ln\text{Dist}$ 表示出口国与进口国的距离,包含运费对单位价格的影响,以消除出口国对目的国的选择性偏差。

而对于每一种产品,可以构建质量修正的引力方程:

$$\ln(\text{Imports})_{dct} = \text{FE}_d + \text{FE}_c + \alpha\ln\text{Dist}_{dc} + \beta I_{dct} + \delta\ln\theta_{dct}\ln y_{dt} + \xi_{dct} \qquad (6-20)$$

式中,FE 是固定效应,以控制其他未被模型纳入的因素。I_{dct} 是引力模型中贸易额的影响因素矩阵,包括共同边界、共同语言、特惠贸易协定、殖民关系、共同殖民者等。交叉项 $\ln\theta_{dct}\ln y_{dt}$ 关注进口方收入水平对质量需求的影响。对式(6-19)变形,代入式(6-20)以消去 $\ln\theta_{dct}$,可得:

$$\begin{aligned}
\ln\text{Imports}_{dct} = &\ \text{FE}_d + \text{FE}_c + \alpha\ln\text{Dist}_{dc} + \beta I_{dct} + \zeta'_1\ln p_{dct}\ln y_{dt} \\
&+ \zeta'_2\ln y_{ct}\ln y_{dt} + \zeta'_3\ln\text{Dist}_{dc}\ln y_{dt} + \xi'_{dct}
\end{aligned} \qquad (6-21)$$

其中,

$$\zeta'_1 = \frac{\delta}{\zeta_1},\ \zeta'_2 = -\frac{\delta\zeta_2}{\zeta_1},\ \zeta'_3 = -\frac{\delta\zeta_3}{\zeta_1},\ \xi'_{dct} = -\frac{\delta\zeta'_0 + \delta\xi_{dct}}{\zeta_1}\ln y_{dt} + \varepsilon_{dct}$$

从而得到关于质量的估计方程式：

$$\text{Quality}_{dct} = \ln\theta_{dct} = \zeta'_1 \ln p_{dct} + \zeta'_2 \ln y_{dt} + \zeta'_3 \ln\text{Dist}_{dc} \qquad (6-22)$$

6.4.2　中国出口产品质量测算的相关研究

6.4.2.1　基于国家—产品层面数据测算中国出口产品质量

施炳展(2010)利用 Hummels 和 Klenow(2005)的方法进行测算,发现价格对中国出口的增长几乎没有推动作用。施炳展和邵文波(2014)基于 Khandelwal(2010)的嵌套 Logit 方法研究了 1995—2006 年中国向美国出口的产品质量状况,发现 2000 年后中国出口产品质量水平持续大幅下跌,中国的劳动力资源相对其他要素更为充裕,故技术、资本密集型行业的质量阶梯更长,出口产品质量更低。李坤望等(2014)利用 CEPII 的 BACI 数据库,使用单位价值法分析 1995—2010 年中国出口产品质量分布,发现中国出口产品质量在加入 WTO 前持续上升,在加入 WTO 后却出现倒退现象,高品质产品出口比重急剧下降,同时低品质产品出口比重上升,被"品质陷阱"所迷惑。孙林等(2014)利用嵌套 Logit 模型对 2001—2010 年中国向美国出口的产品质量水平进行测算,发现中国出口产品质量总体水平高于全球平均水平,且稳定上升。王明益(2014)利用 Khandelwal(2010)的方法测算,结果表明,1998—2008 年中国制造业总体质量水平缓慢上升,其中质量水平最低与最高的分别为初级产品与资本密集型产品,劳动密集型产品质量以平缓的速度稳定上升。陈丰龙和徐康宁(2016)利用 1995—2012 年的中国制造业出口数据,以 Khandelwal(2010)的方法测算发现,技术密集型行业质量指数略高于资本和劳动密集型,且技术密集型行业质量阶梯较长,劳动密集型行业质量阶梯较短。

6.4.2.2　基于企业—产品—国家层面数据测算中国出口产品质量

由于出口产品质量测算方法的改进以及微观企业数据的可获得性,学者们利用更深层面的数据进行了研究分析。施炳展和邵文波(2014)利用回归方程反推法测算 2000—2006 年中国微观企业的出口产品质量,结果表明出口产品质量总体呈上升趋势,但本土企业与外资企业之间的产品质量差距扩大。张杰等(2014)利用海关数据库数据,使用 Piveteau 和 Smagghue(2013)的方法测度中国微观层面的出口产品质量发现, 2000—2006 年中国出口产品质量水平呈"U"形态势,但总体仍呈下降趋势,不同所有制企业的出口产品质量变化趋势不完全相同。黄先海等(2015)同样使用 Piveteau 和 Smagghue(2013)的方法对 2000—2011 年中国出口产品质量进行研究,发现中国出口产品质量在 2008 年金融危机之前呈上升态势,之后呈现"S"形下降趋势,且不同所有制企业的出口产品质量水平波动呈现不同的变化趋势,民营企业的出口产品质量水平在

2011年已经超过国有企业。许和连和王海成(2016)则指出,2000—2011年中国出口产品质量总体上升,同时变化趋势呈现出两个"U"形,分别出现在2000—2007年和2007—2011年。余淼杰和张睿(2017)采用供需信息加总法,测算出2000—2006年中国制造业出口绝对质量水平总体上升15%,其中出口到高收入国家的产品质量更高。

6.4.3 中国出口产品质量水平与分析

施炳展(2014)借鉴Hallak和Sivadasan(2009)构建质量内生决定理论模型,阐述产品质量异质性对企业贸易行为的影响。他发现由于持续出口企业产品质量升级,产品质量总体水平上升;产品质量越高,出口持续时间越长、广度越大。由于生产低质量产品企业的大量进入,本土企业产品质量总体水平下降,与外资企业差距扩大;本土企业的产品质量升级效应、出口稳定性、持续时间、广度均劣于外资企业。

施炳展(2014)利用2000—2006年142606家企业,对212个国家和地区出口的2876种产品数据进行测算发现,中国企业出口产品质量呈上升趋势,增值率为0.88%,本土企业质量呈下滑趋势,低技术产品主要由本土企业出口,因此低技术产品质量亦呈下降趋势(见表6-1、表6-2)。

表6-1 中国企业出口质量整体变化趋势 单位:%

企业类型	2000年	2001年	2002年	2003年	2004年	2005年	2006年	均值	增长率
整体	0.819	0.820	0.814	0.817	0.822	0.825	0.829	0.821	0.88
本土企业	0.807	0.805	0.791	0.789	0.783	0.775	0.777	0.789	−2.84
外资企业	0.825	0.828	0.825	0.829	0.837	0.844	0.849	0.834	2.07
一般贸易	0.742	0.745	0.744	0.752	0.757	0.756	0.763	0.751	2.00
加工贸易	0.836	0.839	0.837	0.841	0.847	0.853	0.859	0.845	1.84

资料来源:施炳展(2014)。

表6-2 不同技术类型产品质量变化 单位:%

企业类型	技术类型	2000年	2001年	2002年	2003年	2004年	2005年	2006年	均值	增长率
整体	高技术	0.834	0.832	0.834	0.833	0.839	0.845	0.849	0.838	1.30
	中技术	0.814	0.812	0.806	0.810	0.815	0.821	0.822	0.814	1.00
	低技术	0.810	0.814	0.803	0.806	0.808	0.804	0.809	0.808	−0.26
本土企业	高技术	0.825	0.816	0.805	0.794	0.782	0.782	0.777	0.797	−4.39
	中技术	0.790	0.787	0.776	0.773	0.766	0.760	0.765	0.774	−2.70
	低技术	0.807	0.807	0.791	0.792	0.790	0.780	0.782	0.793	−2.20

企业类型	技术类型	2000 年	2001 年	2002 年	2003 年	2004 年	2005 年	2006 年	均值	增长率
外资企业	高技术	0.837	0.836	0.839	0.839	0.848	0.854	0.861	0.845	2.01
	中技术	0.826	0.825	0.821	0.827	0.836	0.844	0.847	0.832	2.17
	低技术	0.812	0.819	0.811	0.815	0.819	0.820	0.826	0.817	0.94

资料来源:施炳展(2014)。

施炳展和邵文波(2014)借鉴 Gervais(2009)、Mark 等(2012)、Joel(2011)的测算方法,分析了中国企业出口产品质量发展趋势。从整体上看,中国出口产品质量呈现跨期差异性,高、中、低技术类型产品质量均呈现上升趋势;从中国出口的前十位贸易伙伴看,无论是美国等发达国家,还是韩国等新兴经济体国家,中国企业出口产品质量均呈现上升趋势。

6.4.4　出口产品质量的影响因素研究

国内外学者从多个角度对出口产品质量的影响因素进行了实证分析,为提升出口产品质量提供了可供借鉴的实证方法与理论指导。

从出口国角度来看,出口产品质量会受到出口国收入水平和收入分配的影响。首先,为生产出更高质量的产品通常需要高质量的投入,高收入的国家有更多资金用于生产研发投入,具有一定的技术优势,因此会出口价格更高但同时质量更好的产品。出口国最低工资上升,会使得企业成本上升,不利于企业的出口价格优势,因而可能对出口贸易产生负面影响(孙楚仁等,2014)。但张志明和铁瑛(2016)表示,工资上升会提高单位工资的劳动效率从而推动出口产品的质量升级。收入分配对不同收入水平的国家出口有着不同的影响机制。在高收入国家,收入分配不平等程度扩大,对出口质量的提升和数量的增加有促进作用;但在低收入国家,收入分配不平等只对出口数量产生了影响(Latzer and Mayneris,2021)。

出口企业进口中间品也是其提升产品质量的重要途径。中间品进口能够对企业产品质量产生中间品质量效应、产品种类效应,以及技术溢出效应(许家云等,2017)。这是因为企业进口的中间品通常具有更高的质量,代表着国外先进技术水平,对最终产品质量的提升产生了直接影响,并且本国企业在直接将进口中间品用于生产的同时也可以学习其中的技术知识和研发成果,从而促进企业最终产品质量的提升。另外,FDI 也是影响企业出口质量的重要因素之一。李瑞琴等(2018)通过实证检验发现,如果外商直接投资于上游服务业,则会促使下游企业的产品质量升级,而如果外商投资的是上游的制造业,可能会抑制下游企业的产品质量提升。出口方的产业集聚现象可以通过共享研发设施、高质量的中间投入、高质量的劳动力人才以及知识外溢、市场竞争等影响企业的生产效率、成本和市场需求,从而影响产品质量(孙楚仁等,2014;苏丹妮等,2018)。也有学者研究了汇率变动对产品质量的影响,发现人民币升值有利于提升出口产品质量,认为人民币升值时,较多的低质量产品退出市场,从而使得市场上的产品总体质量得到提升(王雅琦等,2018)。政府的出口退税、税收优惠、政府补贴、信贷支持等手段,均可以在一定程度上促进出口产品质量的升级(张洋,2017)。

而从进口国角度,进口国的收入水平同样会对一国的出口产品质量选择产生影响。由于高收入消费者倾向于购买更高质量的产品,所以富国倾向于从生产高质量产品的国家进口相对较多的产品(Hallak,2006)。进口国的关税税率作为贸易自由化的重要指标,影响了贸易成本,研究发现,关税减让能够促进高质量产品向着更高质量升级,但却会阻碍低质量产品提高其质量水平(Amiti and Khandelwal,2013)。另外,进口国与出口国之间的地理距离通过影响运输成本也会对出口产品的质量产生影响,而陈晓华和沈成燕(2015)的研究得出,与发达经济体接近的地理优势使出口国可以借助低成本优势出口大量低质量的产品,这样反而不能促进出口产品的质量升级。

6.5 本章小结

产品质量是企业进入国际市场的关键条件,决定着企业的出口行为。同时,出口产品质量升级对企业和国家都具有显著的经济效应,不但能够提高企业的出口绩效,同时有利于一国经济的高质量发展。产品质量的提升一定程度上增加了外部国家对出口国产品的需求,促进了贸易额的增加,反过来也刺激了国内企业的出口产品质量升级和国际竞争力的提高。出口企业也可以由此获得市场竞争优势。因此,关于产品质量异质性的探讨对国际贸易领域的研究具有重要的理论意义和现实意义。

6.6 扩展性阅读

[1] Aiginger K. Europe's position in quality competition. Background report for the European Competitiveness Report 2000[R]. Enterprise Papers No. 4, Journal of Natural Remedies, 2001.

[2] Alchian A, Allen W. University Economics: Elements of Inquiry[M]. Belmont, California: Wadsworth,1964.

[3] Arkolakis C. Market penetration costs and the new consumers margin in international trade[J]. Journal of Political Economy, 2010,118 (6):1151-1199.

[4] Armenter R, Koren M. Economies of scale and the size of exporters[J]. Journal of the European Economic Association, 2015,13 (3):482-511.

［5］Amiti M，Khandelwal A K. Import competition and quality upgrading［J］. Review of Economics and Statistics，2013，95(2):476-490.

［6］Anderson S，Daly J and Johnson M. Why firms seek ISO 9000 certification: Regulatory compliance or competitive advantage? ［J］. Production and Operations Management,1999,8(1): 28-43.

［7］Baldwin R，Harrigan J. Zeros，quality，and space: Trade theory and trade evidence ［J］. American Economic Journal: Microeconomics，2011,3 (2): 60-88.

［8］Bernard A，Jensen J B. Exporters，jobs，and wages in U. S. manufacturing: 1976-1987［J］. Brookings Papers on Economic Activity. Microeconomics，1995 (1): 67-119.

［9］Bernard A，Jensen J B. Exceptional exporter performance: Cause，effect，or both? ［J］. Journal of International Economics，1999，47 (1): 1-25.

［10］Bernard A，Jensen B，Redding S，et al. Plants and productivity in international trade［J］. American Economic Review，2003，93 (4): 1268-1290.

［11］Bernard A，Jensen B，Redding S，et al. Firms in international trade［J］. Journal of Economic Perspectives，2007，21 (3): 105-130.

［12］Bernard A，Redding S and Schott P. Multi-product firms and trade liberalization ［J］. Social Science Electronic Publishing，2011,126(3):1271-1318.

［13］Brooks E. Why don't firms export more? Product quality and Colombian plants ［J］. Journal of Development Economics，2006，80 (1):160-178.

［14］Bustos P. Trade liberalization，exports，and technology upgrading: Evidence on the impact of MERCOSUR on Argentinian firms［J］. American Economic Review，2011，101 (1): 304-340.

［15］Chaney T. Distorted gravity: The intensive and extensive margins of international trade［J］. American Economic Review，2008，98 (4): 1707-1721.

［16］Feenstra R C，Romalis J. International prices and endogenous quality［J］. Quarterly Journal of Economics，2014，129(2):477-527.

［17］Foster L，Haltiwanger J and Syverson C. Reallocation，firm turnover and efficiency: Selection on productivity or profitability? ［J］. American Economic Review,2007，98(1): 394-425.

［18］Gervais A. Product quality and firm heterogeneity in international trade［J］. Mimeo，2009.

［19］Guler I，Guillén M and Macpherson J. Global competition，institutions，and the diffusion of ISO 9000 quality certificates［J］. Administrative Science Quarterly，2002(47): 207-232.

[20] Hallak J C. Product quality and the direction of trade[J]. Journal of International Economics, 2006, 68(1): 238-265.

[21] Hallak J C, Schott P. Estimating cross-country differences in product quality[J]. NBER Working Paper, 2008: 13807.

[22] Hallak J C, Sivadasan. Firm's exporting behavior under quality constraints[J]. NBER Working Paper, 2009: 14928.

[23] Hallak J C, Sivadasan. Product and process productivity: Implications for quality choice and conditional exporter premia[J]. Journal of International Economics, 2013(91):53-67.

[24] Harding T, Javorcik B. Foreign direct investment and export upgrading[J]. Review of Economics and Statistics, 2012(94): 964-980.

[25] Hausmann R, Rodrik D. Economic development as self-discovery[J]. Journal of Development Economics, 2003, 72(2): 603-633.

[26] Hausmann R, Hwang J and Rodrik D. What you export matters[J]. Journal of Economic Growth, 2007(12): 1-25.

[27] Henn C, Papageorgiou C, Remero J, et al. Export quality in advanced and developing economies: Evidence from a new data set[J]. IMF Economic Review, 2020, 68(5).

[28] Hummels D, Skiba A. Shipping the good apples out: An empirical confirmation of the Alchian-Allen conjecture[J]. Journal of Political Economy, 2004, 112: 1384-1402.

[29] Hummels D, Klenow P J. The variety and quality of a nation's exports[J]. American Economic Review, 2005, 95(3): 704-723.

[30] Hummels D, Klenow P J. The variety and quality of a nation's exports[J]. American Economic Review, 2010, 95(3):704-723.

[31] Joel M D. Competition, innovation, and the sources of product quality and productivity growth[J]. Mimeo, 2011.

[32] Johnson R. Trade and prices with heterogeneous firms[J]. Journal of International Economics, 2012, 86 (1): 43-56.

[33] Khandelwal A K. The long and short of quality ladders[J]. Review of Economics Studies, 2010, 77(4):1450-1476.

[34] Krugman. Scale economies, product differentiation, and the pattern of Trade[J]. The American Economic Review, 1980, 70(5): 950-959.

[35] Kugler M, Verhoogen E. Prices, plant size, and product quality[J]. Review of Economic Studies, 2012, 79 (1): 307-339.

[36] Latzer H，Mayneris F. Average income，income inequality and export unit values [J]. Journal of Economic Behavior and Organization，2021(185)：625-646.

[37] Manova K，Yu Z. Multi-product firms and product quality[J]. Journal of International Economics，2017，109：116-137.

[38] Mark J，Xu D Y，Fan X Y，et al. A structural model of demand cost and export market selection for Chinese footwear products[J]. Mimeo，2012.

[39] Maskus K，Otsuki T and Wilson J. The cost of compliance with product standards for firms in developing countries：an econometric study[J]. World Bank Policy Researoh，2005：3590.

[40] Melitz M. The impact of trade on intra-industry reallocations and aggregate industry productivity[J]. Econometrica，2003，71 (6)：1695-1725.

[41] Piveteau P，Smagghue G. A new method for quality estimation using trade data：An application to French firms[J]. Mimeo，2013.

[42] Rauch J. Networks versus markets in international trade [J]. Journal of International Economics，1999，48(1)：7-35.

[43] Rauch J. Development through synergistic reform[J]. NBER Working Paper，2007：13170.

[44] Rust R，Moorman C and Dickson P R. Getting return on quality：Revenue expansion，cost reduction，or both? [J]. The Journal of Marketing，2002，66 (4)：7-24.

[45] Schott P K. Across-product versus within-product specialization in international trade[J]. Quarterly Journal of Economics，2004，119(2)：647-678.

[46] Shaked A，Sutton J. Natural oligopolies [J]. Econometrica，1983，51 (5)：1469-1483.

[47] Terlak A，King A. The effect of certification with the ISO 9000 quality management standard：A signaling approach[J]. Journal of Economic Behavior and Organization，2006(60)：579-602.

[48] Verhoogen E. Trade，quality upgrading and wage inequality in the Mexican manufacturing sector [J]. Quarterly Journal of Economics，2008，123 (2)：489-530.

[49] Withers B，Ebrahimpour M. Impacts of ISO 9000 registration on European firms：A case analysis[J]. Integrated Manufacturing Systems，2001，12 (2)：139-151.

[50] 陈丰龙,徐康宁. 中国出口产品的质量阶梯及其影响因素[J]. 国际贸易问题,2016 (10)：15-25.

[51] 陈晓华,沈成燕. 出口持续时间对出口产品质量的影响研究[J]. 国际贸易问题,

2015(1):47-57.

[52] 黄先海,蔡婉婷,宋华盛. 金融危机与出口质量变动:口红效应还是倒逼提升[J]. 国际贸易问题,2015(10):98-110.

[53] 李坤望,蒋为,宋立刚. 中国出口产品品质变动之谜:基于市场进入的微观解释[J]. 中国社会科学,2014(3):80-103,206.

[54] 李瑞琴,王汀汀,胡翠. FDI与中国企业出口产品质量升级——基于上下游产业关联的微观检验[J]. 金融研究,2018(6):91-108.

[55] 刘啟仁,铁瑛. 企业雇佣结构、中间投入与出口产品质量变动之谜[J]. 管理世界, 2020(3):1-23.

[56] 毛日昇,陈瑶雯. 汇率变动、产品再配置与行业出口质量[J]. 经济研究,2021(2): 123-140.

[57] 施炳展. 中国出口增长的三元边际[J]. 经济学(季刊),2010(4):1311-1330.

[58] 施炳展. 中国企业出口产品质量异质性:测度与事实[J]. 经济学(季刊),2014(1): 263-284.

[59] 施炳展,邵文波. 中国企业出口产品质量测算及其决定因素——培育出口竞争新优势的微观视角[J]. 管理世界,2014(9):90-106.

[60] 苏丹妮,盛斌,邵朝对. 产业集聚与企业出口产品质量升级[J]. 中国工业经济,2018 (11):117-135.

[61] 孙楚仁,田国强,章韬. 最低工资标准与中国企业的出口行为[J]. 经济研究,2013 (2):42-54.

[62] 孙楚仁,于欢,赵瑞丽. 城市出口产品质量能从集聚经济中获得提升吗[J]. 国际贸易问题,2014(7):23-32.

[63] 孙林,卢鑫,钟钰. 中国出口产品质量与质量升级研究[J]. 国际贸易问题,2014(5): 13-22.

[64] 王明益. 中国出口产品质量提高了吗[J]. 统计研究,2014(5):24-31.

[65] 王雅琦,张文魁,洪圣杰. 出口产品质量与中间品供给[J]. 管理世界,2018(8): 30-40.

[66] 许和连,王海成. 最低工资标准对企业出口产品质量的影响研究[J]. 世界经济, 2016(7):73-96.

[67] 许家云,毛其淋,胡鞍钢. 中间品进口与企业出口产品质量升级:基于中国证据的研究[J]. 世界经济,2017(3):52-75.

[68] 余淼杰,张睿. 中国制造业出口质量的准确衡量:挑战与解决方法[J]. 经济学(季刊),2017(2):463-484.

[69] 张杰,郑文平,翟福昕. 中国出口产品质量得到提升了么[J]. 经济研究,2014(10): 46-59.

[70] 张明志,铁瑛.工资上升对中国企业出口产品质量的影响研究[J].经济学动态,2016(9):41-56.

[71] 张洋.政府补贴提高了中国制造业企业出口产品质量吗[J].国际贸易问题,2017(4):27-37.

练习题

参考答案

1. 请借鉴需求函数反推法,采用最新数据,测算中国近几年出口产品质量水平,并分析原因。

2. 请简要分析并论述中国出口产品质量升级的影响因素。

3. 请简要论述数字经济对中国出口产品质量升级的影响路径。

7 区域贸易协定及效应

7.1 导读

当今世界,全球政治经济格局仍然处于大变革时期。世界经济整体复苏乏力,各国经济发展和对外贸易都面临着深层次调整的局面。多边贸易谈判举步维艰,各个国家(地区)已经把目标从多边贸易体制、全球贸易体制转变成了地区贸易协定,通过构建地区贸易协定来局部推动全球化发展。半个多世纪以来,内容规则更深入更广泛的区域贸易协定如雨后春笋般涌现,令世界经济进入诸多区域性贸易组织和多边贸易体制并存的状态。区域贸易协定(RTA)在全球范围内存在以下发展特征:合作形式由简单到复杂;合作层次由低级向高级;规则中涉及的内容更加丰富广泛;围绕市场、资源、标准和规则的博弈日趋激烈;参与国家(地区)的覆盖面越来越大。

WTO 于 2007 年公布了纳入其统计的区域贸易协定(Regional Trade Agreements,RTAs)的分类标准。WTO 将 RTAs 分为四类,即关税同盟(Customs Unions,CU)、自由贸易协定(Free Trade Agreement,FTA)、针对发展中国家的局部自由贸易协定(Partial Scope Agreement,PSA),以及服务贸易的经济一体化协定(Economic Integration Agreement,EIA)。WTO 在 2009 年 5 月将 PSA 改为 PTA(Partial Trade Agreement),但实质性内容没有改变。

政府为什么要谈判并签订区域贸易协定(RTAs)?该领域部分文献主要从经济因素(资源的分配效率、贸易条件效应[①])、政治经济学因素、自然贸易伙伴因素来解释。通过达成区域贸易协定或优惠贸易协议,成员可以通过调整外部关税获得正的贸易条件效应。而政治经济学角度的分析则可以解释无法操纵贸易条件的小国加入 RTA 的动机。Grossman 和 Helpman(1994,1995)认为在政治均衡中,利益集团寻求保护,而且每个集团的报价在其他所有集团的报价上给出,政府根据所有集团的贡献以及投票者的总福利来最大化自己的福利,当两国有机会达成 RTA 时,国内不同的利益集团与政府

---

① 贸易条件效应是通过贸易政策——关税,对进口国贸易条件产生影响。

之间会达成一定的均衡,从而形成政治上有效的 FTA 结构。还有一类文献则认为在自然的贸易伙伴中建立 RTA,会使得贸易创造大于贸易转移,提高福利水平。例如,Baier 和 Bergstrand(2007)的研究得出,当两国距离更近、与其他贸易伙伴距离更远、两国规模大并且寻求不同产品的规模经济、资本—劳动力要素禀赋差异越大、与其他贸易伙伴的要素禀赋差别越近时,这两个贸易伙伴更易形成 RTA,并享受福利的提高。

区域贸易协定与全球贸易自由化的关系如何?该问题在 Bhagwati(1993)首次提出"垫脚石"和"绊脚石"这两个词后引起关注。前者是指区域贸易协定推动全球贸易自由化的实现(如 Baldwin,1995);后者则相反,认为 RTA 分散甚至阻碍全球自由化的进程(如 Levy,1997;Limão,2006)。而有观点却认为不同类型的区域贸易协定不能一概而论,有些类型的区域贸易协定是"垫脚石",有些却是"绊脚石"。例如,FTA 和 CU 的成员与外部国家的关系不同,FTA 的推行最终可以实现全球贸易自由化,但是 CU 却不能或未必能实现全球贸易自由化(如 Saggi and Yildiz,2010;Saggi et al. ,2013)。

梳理国际权威期刊中 20 世纪 50 年代以来关于区域贸易协定(RTA)的文献,发现除了以上提到的研究领域外,RTA 的经济效应仍然是相关研究中文献量最多的领域,主要包括贸易效应、投资效应和福利效应等。其中,学者对 RTA 经济效应的研究始于贸易效应的分析,因为 RTA 会对成员和非成员的双边贸易流量带来最直接的影响,因此该领域最早引起学者关注并且不断扩展。本章选了 RTA 贸易效应经典文献中的主要内容以及相关领域的最新发展,以期为后续的学习与研究提供借鉴。

7.2 名词解释

(1)贸易创造(trade creation)

Viner(1950)在著作《关税同盟问题》中提出了贸易创造、贸易转移两个非常重要的概念。关税同盟建立之前,由于各国的关税保护抵消了贸易红利,各国间不进行贸易。关税同盟建立后,由于内部关税取消,来自伙伴国的高效率低价格产品进口将取代低效率高价格的国内生产,即成员之间的贸易增加,此为贸易创造效应。贸易创造使得产品生产从效率低的国家转移到了效率更高的国家。

(2)贸易转移(trade diversion)

关税同盟建立之前,B 国生产效率高于 C 国(B 国价格低于 C 国),因此 A 国从高效率的 B 国进口产品。A 国与 C 国建立关税同盟后,对外部国家加征关税,可能使得从 B 国进口的价格高于从 C 国进口的价格,即从外部进口转为从成员方进口,使贸易方向发生改变,此为贸易转移效应。贸易转移使得产品生产从效率高的国家转移到了效率低的国家,导致福利损失。

（3）区域经济一体化（regional economic integration）

著名经济学家丁伯根（Tinbergen）首次提出了"经济一体化"概念。Balassa（1961）在其著作《经济一体化理论》中将经济一体化定义为一种过程和状态，包括采取各种措施以消除各国经济单位之间的歧视，表现为各国间各种形式差别的消失。1980年，著名经济学家罗布森（Robson）指出，区域经济一体化的安排应体现三方面的特征：在某种条件下，成员方之间的歧视变小时；保持对非成员方的歧视；成员方之间在拥有持久的共同特性和限制经济政策工具的单边使用方面有一致的结论。

（4）特惠贸易安排（preferential trade agreements）

特惠贸易安排是指各成员之间通过签订协议来消除彼此间的贸易壁垒，使得各成员之间可以相互享受进出口关税或非关税减让。特惠贸易安排之所以被认为是区域经济一体化程度最低的类型，是因为特惠贸易安排未能完全消除各成员之间产品和生产要素自由流动的各种歧视，各成员之间还存在一定水平的关税或非关税的贸易壁垒，而且是组织较为松散的。

（5）自由贸易协定（free trade agreements）

自由贸易协定是指在自由贸易区内的各成员之间已完全消除了关税及非关税壁垒，并取消了对产品限制的各种歧视，实现了自由贸易。但各成员仍对区域外的非成员各自保留了一定程度的贸易壁垒与贸易歧视。近几十年来自由贸易协定快速发展[①]，被世界各国或地区广泛使用，成为区域经济一体化合作的主要形式。

（6）关税同盟（custom union）

关税同盟是指在关税同盟区域内的各成员之间已完全消除对产品限制的各种歧视，实现自由贸易。但各成员还统一对区域外的非成员实行贸易壁垒与贸易歧视，并使用共同的对外关税税率，形成了区域内各成员的关税一体化。

（7）经济一体化协议（economic integration agreements）

经济一体化协议一般被定义为在推进贸易自由化进程中服务市场开放的自由化协定，也就是说，CU或者FTA是EIA的基础，两个或多个国家（地区）首先建立CU或FTA，然后再涉及服务贸易领域的自由化协议，这一协议为EIA。

（8）《区域全面经济伙伴关系协定》（Regional Comprehensive Economic Partnership，RCEP）

2012年，《区域全面经济伙伴关系协定》（RCEP）谈判由东盟10国发起，邀请中国、日本、韩国、澳大利亚、新西兰、印度共同参加，它是以东盟为主导的区域经济一体化合作组织。2020年11月，RCEP正式签署（除印度外），它是目前亚太地区乃至全球经济最具活力、涵盖人口最多、覆盖地域最广、成员最多元的区域自贸协定。2022年1月1日，RCEP正式生效。

---

① 根据WTO的统计数据，截至2021年10月15日，全球有350个RTA已经实施。

（9）《全面与进步跨太平洋伙伴关系协定》（Comprehensive and Progressive Agreement for Trans-Pacific Partnership，CPTPP）

2015 年 10 月，美国、日本及加拿大等 12 个国家达成《跨太平洋伙伴关系协定》（Trans-Pacific Partnership Agreement，TPP）。2017 年 1 月，美国退出 TPP。2018 年 3 月，该协定改名为《全面与进步跨太平洋伙伴关系协定》（CPTPP），由日本、加拿大、澳大利亚、智利、新西兰、新加坡、文莱、马来西亚、越南、墨西哥和秘鲁 11 国签署。2018 年 12 月 30 日，《全面与进步跨太平洋伙伴关系协定》正式生效。2021 年 9 月 16 日，中国正式提出申请加入 CPTPP。

7.3 正文节选

新新贸易理论框架下的贸易增长包含两个方面，出口数量的增加和出口产品种类的增长，这意味着一国可以通过两个途径实现出口增长，即贸易集约边际（intensive margin）增长和贸易扩展边际（extensive margin）增长。随着 RTA 对贸易总量增长的促进作用不断被证实，RTA 对于贸易量增长的二元边际的影响成为学者的研究焦点。接下来我们就来看一篇 Baier 等（2018）的文章。

原文：Baier S L，Bergstrand J H and Clance M W. Heterogeneous effects of economic integration agreements ［J］. Journal of Development Economics，2018，135 (C)：587-608.

7.3.1 问题的提出及研究思路

经济一体化协议（EIA）以及其他贸易自由化政策有利于国家的经济增长和经济发展。但是，这些经济效应因一国的经济结构而异。该文研究的问题是 EIA 的贸易效应与福利效应对每一组国家异质性的固定贸易成本和可变贸易成本的敏感性如何。

该文有以下三大贡献：第一，扩展了标准梅里兹异质性企业贸易模型，理论上证明了贸易弹性对给定从价税率和出口固定成本效率的异质性取决于可变成本和出口固定成本的水平；第二，用经验验证了理论假设；第三，由于理论上解释了 EIA 贸易效应的异质性，使得可以事先预测 EIA 下的局部效应。

7.3.2 理论模型

7.3.2.1 模型

假设世界上有 N 个国家，L_j 代表 j 国的外生的人口和劳动力。假设一个行业里有

异质性企业,每个企业生产一个异质性产品,规模报酬递增,垄断竞争市场。消费者(生产者)是对称的,效用函数为:

$$U_j = \left[\int_{\Omega \in \Omega(\cdot)} q(\Omega)^{\frac{\sigma-1}{\sigma}} d\Omega \right]^{\frac{\sigma}{\sigma-1}} \tag{7-1}$$

式中,$q(\omega)$ 代表从可选产品集合 Ω_j 中消费产品 ω 的数量;σ 是消费者替代弹性($\sigma > 1$)。消费者最大化效用取决于标准收入约束,得出国家 j 从国家 i 进口各种 ω 的需求函数:

$$q_{ij}(\Omega) = \left(\frac{p_{ij}(\Omega)}{P_j} \right)^{-\sigma} \left(\frac{E_j}{P_j} \right) \tag{7-2}$$

式中,$P_j = \left[\int_{\Omega \in \Omega_j} p(\Omega)^{1-\sigma} d\Omega \right]^{\frac{1}{1-\sigma}}$;$w_j$ 是国家 j 的工资率;E_j 是国家 j 的总消费支出。

企业有异质性生产率。一个企业在 i 国市场会有外生成本 f_i^e。为了在 j 国市场销售,一家企业需支付固定成本 f_{ij}。假设固定成本 f_{ij} 能被线性分解为非政策性的(天然的)固定成本(例如与地理距离或者文化差异有关的),以及和目的国市场的贸易政策相关的固定成本。一个生产率为 ϕ 的企业在目的国 j 销售 q_{ij} 的成本 c,面临从价的冰山贸易成本 τ_{ij}(假设 $\tau_{ij} \geqslant 1$)为:

$$c(q_{ij}) = (w_i q_{ij} \tau_{ij}) / \phi + w_j f_{ij} \tag{7-3}$$

面对需求曲线式(7-2),i 国企业在 j 国的定价为:

$$p_{ij}(\varphi) = \frac{w_i \tau_{ij}}{\rho \varphi} \tag{7-4}$$

式中,$\rho = (\sigma - 1) / \sigma$。

将可变贸易成本 τ_{ij} 分解为关税和运费:

$$p_{ij}(\varphi) = \frac{w_i \tau_{ij}}{\rho \varphi} = \frac{w_i(t_{ij} + fr_{ij})}{\rho \varphi} \tag{7-5}$$

现将网络效应[①]引入固定成本 f_{ij} 中,假设固定成本由两个外生成分(A_{ij}^N 和 A_{ij}^P)和一个反映网络效果的内生部分($M_{ij}^{-\eta}$)决定。

假设 i 国到 j 国销售一个产品的固定成本与在 j 国销售的 i 国企业数量 M_{ij} 呈负相关,固定成本为:

$$w_j f_{ij} = w_j (A_{ij}^N + A_{ij}^P + M_{ij}^{-\eta}) \tag{7-6}$$

式中,η 是固定成本的弹性,与在 j 国销售的 i 国企业数量有关,并假定 $0 < \eta < 1$。i 国生产者的固定成本由目的国支付。

基于 Redding(2011),企业 ϕ 在 j 国销售的利润 π_{ij} 为:

$$\pi_{ij}(\varphi) = \max \left[0, \left(\frac{w_i \tau_{ij}}{\rho \varphi P_j} \right)^{1-\sigma} \frac{E_j}{\sigma} - w_j (A_{ij}^N + A_{ij}^P + M_{ij}^{-\eta}) \right] \tag{7-7}$$

---

① 出口企业组成一个网络,当新企业加入这个网络时,已有企业与其他企业分享它们的出口信息。对于所有目的地都需要执行类似的特定于市场的任务,当通过网络获得更多特定于市场的信息时,执行这些任务也会更便宜。

i 国的企业会选择去 j 国销售,只要利润大于 0。当利润为 0 时,可以得出阈值生产率(ϕ_{ij}^*):

$$\left(\frac{w_i \tau_{ij}}{\rho P_j}\right)^{1-\sigma} \frac{E_j}{\sigma} (\varphi_{ij}^*)^{\sigma-1} = w_j (A_{ij}^N + A_{ij}^P + M_{ij}^{-\eta}) \tag{7-8}$$

式(7-8)的左边是可变利润,右边是固定成本。

假设企业生产率服从未截尾的帕累托分布[①],则生产率分布的概率密度函数 $g(\varphi) = \gamma \varphi^{-(\gamma+1)}$,累计分布函数 $G(\varphi) = 1 - \varphi^{-\gamma}$,方便起见,假定为 $\varphi_{\min} = 1$。因此,$1 - G(\varphi) = \varphi^{-\gamma}$。

根据帕累托分布,推测在 j 国销售的 i 国企业数量为:

$$M_{ij} = \alpha_i L_i (\varphi_{ij}^*)^{-\gamma} \tag{7-9}$$

7.3.2.2　引力方程

根据 Redding(2011),i 国到 j 国的贸易流量可以分解为扩展边际和平均出口边际:

$$X_{ij} = \underbrace{\left[\frac{1-G(\varphi_{ij}^*)}{1-G(\varphi_{ii}^*)}\right] M_i}_{\text{Extensive}} \int_{\varphi_{ij}^*}^{\infty} \left(\frac{w_i \tau_{ij}}{\rho \varphi P_j}\right)^{1-\sigma} E_j \frac{g(\varphi)}{1-G(\varphi_{ij}^*)} \mathrm{d}\varphi \tag{7-10}$$

根据帕累托分布,由上述方程可得:

$$X_{ij} = (\alpha_i L_i)(\varphi_{ij}^*)^{-\gamma} \left(\frac{\sigma\gamma}{\gamma-(\sigma-1)}\right) w_j A_{ij} \left[\left(1 + \frac{(\alpha_i L_i)^{-\eta}(\varphi_{ij}^*)^{\eta\gamma}}{A_{ij}}\right)\right] \tag{7-11}$$

式中,$\alpha_i = \left(\frac{\sigma-1}{\gamma\sigma f_i^e}\right)\left(1 - \dfrac{\dfrac{\gamma}{\sigma-1}-1}{1+\gamma}\dfrac{T_i}{w_i L_i}\right)$。

式(7-11)与 Redding(2011)中的式(15)相似。为了简单起见,令 $A_{ij} = A_{ij}^N + A_{ij}^P$。式(7-11)右边前两项的乘积是扩展边际,后面三项的乘积是 Redding(2011)中所说的集约边际。

7.3.3　关税与贸易二元边际

根据 $\tau_{ij} = t_{ij} + fr_{ij}$,扩展边际($\mathrm{EM}_{ij}$)的从价关税弹性为:

$$\frac{\mathrm{dln}\mathrm{EM}_{ij}}{\mathrm{dln}t_{ij}} = -\left(\frac{1}{1+\frac{fr_{ij}}{t_{ij}}}\right)\left[\frac{\gamma-(\sigma-1)}{1-\frac{\gamma}{\sigma-1}\eta s_{ij}}\right] < 0 \tag{7-12}$$

式中,$s_{ij} = \dfrac{M_{ij}^{-\eta}}{A_{ij}^N + A_{ij}^P + M_{ij}^{-\eta}}$,是指内生出口固定成本在总出口固定成本中的份额。

---

①　帕累托分布是以意大利经济学家维弗雷多·帕累托的名字命名的,是从大量真实世界的现象中发现的幂定律分布。经济学上,帕累托分布可以归纳为一个非常简洁的表述:20%的人将占有80%的社会财富。即把全世界每个人拥有的财富从大到小排列,一边是一个纤细但高耸入云的头,另一边是漫长的一望无际、低矮得让人绝望的尾。

式(7-12)有几个意义:第一,如同 Chaney(2008)所述,更低的关税 t_{ij} 增加扩展边际; τ_{ij} 下降直接降低出口生产率阈值,增加出口企业数目 M_{ij}。此外,如同 Krautheim 和 Sebastian(2012),当出口企业数量增加,网络效应会扩大,更进一步降低了出口生产率阈值。第二,外生的自然固定出口成本 (A_{ij}^N) 或者政策性固定出口成本 (A_{ij}^P) 更低,s_{ij} 更高,增大了网络效应的相对重要性,增加了扩展边际弹性。第三,扩展边际弹性对从价运费率和最初的关税率敏感。

集约边际(IM_{ij})的从价关税率弹性为:

$$\frac{\mathrm{dlnIM}_{ij}}{\mathrm{dln}t_{ij}} = -\left(\frac{1}{1+\frac{fr_{ij}}{t_{ij}}}\right)(\sigma-1) < 0 \tag{7-13}$$

集约边际弹性在不同国家对之间是异质性的,更低的从价运费成本因素意味着更大的集约边际弹性(绝对值)。

总贸易流量的关税弹性是前面两个弹性的和:

$$\frac{\mathrm{dln}X_{ij}}{\mathrm{dln}t_{ij}} = -\left(\frac{1}{1+\frac{fr_{ij}}{t_{ij}}}\right)\left\{(\sigma-1)+\left[\frac{\gamma-(\sigma-1)}{1-\frac{\gamma}{\sigma-1}\mathscr{r}_{ij}}\right]\right\} < 0 \tag{7-14}$$

7.3.4 政策性固定成本与贸易二元边际

当外生双边政策性出口固定成本发生1%的变化时,扩展边际的弹性为:

$$\frac{\mathrm{dlnEM}_{ij}}{\mathrm{dln}A_{ij}^P} = -\left(\frac{\frac{\gamma}{\sigma-1}-1}{1-\frac{\gamma}{\sigma-1}\mathscr{r}_{ij}}\right)\left(\frac{A_{ij}^P}{A_{ij}^N+A_{ij}^P+(\alpha_iL_i)^{-\eta}(\varphi_{ij}^*)^{\eta}}\right) < 0 \tag{7-15}$$

式(7-15)有两大重要意义:第一,意味着初始外生性非政策出口固定成本 A_{ij}^N 越低,外生性政策出口固定成本 A_{ij}^P 变化1个百分点对扩展边际的影响的绝对值越大。举例说,EIA 通过降低 A_{ij}^P(以及 τ_{ij})对扩展边际产生影响,如果两国有更大的文化相似性,这个影响会更大。因为更低的 A_{ij}^N 同时影响公式右边的两项,另外,更低的 A_{ij}^N 增加了政策固定出口成本变化($\mathrm{dln}A_{ij}^P$)的相对重要性,进一步扩大了弹性。

式(7-15)对于政策出口固定成本的初始水平 A_{ij}^P 有不同的结论。尽管更低的政策性出口固定成本,比如共同的制度背景(共同的法律渊源等),会提高 s_{ij},增加 $\mathrm{dln}A_{ij}^P$ 的弹性,但更低的初始政策出口固定成本降低了式(7-15)括号中的第二项,又会降低 $\mathrm{dln}A_{ij}^P$ 的弹性。

政策性出口固定成本的集约边际弹性是:

$$\frac{\mathrm{dlnIM}_{ij}}{\mathrm{dln}A_{ij}^P} = 0 \tag{7-16}$$

其结果类似于 Chaney(2008)的结论。

对总贸易流量的弹性与对扩展边际的影响相同:

$$\frac{\mathrm{dln}X_{ij}}{\mathrm{dln}A_{ij}{}^{P}}=-\left(\frac{\dfrac{\gamma}{\sigma-1}-1}{1-\dfrac{\gamma}{\sigma-1}\eta_{ij}}\right)\left(\frac{A_{ij}^{P}}{A_{ij}^{N}+A_{ij}^{P}+(\alpha_{i}L_{i})^{-\eta}(\varphi_{ij}^{*})^{\eta}}\right)<0 \qquad (7\text{-}17)$$

7.3.5　实证分析

假定 EIA_{ij} 代表给定程度的 EIA，根据 Cameron 和 Trivedi(2005)，作者考虑以下方程：$\ln X_{ijt}=\alpha+\eta_{it}+\theta_{jt}+\phi_{ij}+\beta_{ij}\mathrm{EIA}_{ijt}+\upsilon_{ijt}$

EIA 对每一个国家贸易量的影响是异质性的，理论部分意味着存在一系列变量 Z_{ij}：

$$E(\ln X_{ijt}/\alpha,\eta_{it},\theta_{jt},\phi_{ij},\beta_{ij},\mathrm{EIA}_{ijt},Z_{ij})=\alpha+\eta_{it}+\theta_{jt}+\phi_{ij}+\beta_{ij}\mathrm{EIA}_{ijt}$$

不知道 β_{ij} 的真实值，期望所有变量能得到：

$$E(\ln X_{ijt}/\alpha,\eta_{it},\theta_{jt},\phi_{ij},\beta_{ij},\mathrm{EIA}_{ijt},Z_{ij})$$
$$=\alpha+\eta_{it}+\theta_{jt}+\phi_{ij}+E(\beta_{ij}/\alpha,\eta_{it},\theta_{jt},\phi_{ij},\mathrm{EIA}_{ijt},Z_{ij})\mathrm{EIA}_{ijt}$$

假定 i 国和 j 国间的 EIA 对所有其他变量的影响的预期效应是：

$$E(\beta_{ij}/\eta_{it},\theta_{jt},\phi_{ij},Z_{ij})=\beta+b_{Z}(Z_{ij}-\mu_{Z})$$

式中，$Z_{ij}-\mu_{Z}$ 代表 Z_{ij} 去均值后的值。假设一个变量，双边距离的对数 $\mathrm{lndistance}_{ij}$ 决定了 Z_{ij}，则令 $\mathrm{lnDIST}_{ij}=\mathrm{lndistance}_{ij}-\mu_{\mathrm{distance}}$。在 β_{ij} 未知的情况下，根据 Cameron 和 Trivedi(2005)，应该估计：

$$E(\ln X_{ijt}/\alpha,\eta_{it},\theta_{jt},\phi_{ij},\mathrm{EIA}_{ijt},Z_{ij})$$
$$=\alpha+\eta_{it}+\theta_{jt}+\phi_{ij}+\beta\mathrm{EIA}_{ijt}+b_{Z}(\mathrm{EIA}_{ijt}\times\mathrm{lnDIST}_{ij})$$

实证分析的主要目的是识别 Z_{ij} 中的变量，以确定最佳的线性无偏预测。

标准引力协变量有：双边距离、宗教相似度度量、共同陆地边界的虚拟变量、主要语言、法律渊源和殖民历史。Helpman 等(2008)探讨了构建的可观测的双边变量，分为地理(包括双边距离和常见的国际陆地边界虚拟变量，称为邻接)、文化(宗教相似，一个共同语言虚拟变量)和制度(包括共同的法律起源和共同的殖民历史虚拟变量)。本文使用同样的分类。

遵循以往研究，作者用距离(lnDIST)和毗邻(ADJ)来代表双边天然(非政策性)可变贸易成本 fr_{ij}。然而，尽管毗邻可能会降低货运成本，增加集约边际，但 Helpman 等(2008)和 Egger 等(2011)认为，拥有共同的国际陆地边界可能会造成更高水平的自然净出口成本(A_{ij}^{N})，即"边界效应"。

作者将 Helpman 等(2008)的双边文化变量——宗教相似性(RELIG)和共同语言(LANG)作为双边非政策天然固定出口成本(A_{ij}^{N})。作者预期宗教相似性和共同语言影响两国的天然固定出口成本，而不影响可变成本。支持这一观点的是 Helpman 等(2008)和 Egger 等(2011)的发现，即宗教相似性和共同语言在经济和统计上对积极贸易的概率有显著影响，但对贸易水平几乎没有影响。

作者将 Helpman 等(2008)的双边制度变量,共同法律渊源(LEGAL)和共同殖民历史(COLONY)作为双边政策性固定出口成本(A_{ij}^P)。与文化变量相比,制度变量对扩展边际和贸易流量的 EIA 弹性是不确定的。因为尽管更低的 A_{ij}^P 能提高 s_{ij},趋向增加可变贸易成本和固定出口成本弹性,但是更低的 A_{ij}^P 也会降低相应的政策/非政策固定出口成本的相对重要性,降低政策出口固定成本的 EIA 弹性。所有双边变量均来自CEPII。

其他变量就是各种水平的 EIA、名义总贸易流量、集约边际和扩展边际。

名义总贸易流量来自 COMTRADE(1965 年、1970 年、1975 年、1980 年、1985 年、1990 年、1995 年、2000 年、2005 年和 2010 年)。

根据 Hummels 和 Klenow(2005):

i 国出口 j 国产品的扩展边际定义为:$\mathrm{EM}_{ijt} = \dfrac{\sum\limits_{m \in M_{ijt}} X_{Wjt}^m}{\sum\limits_{m \in M_{w_{jt}}} X_{Wjt}^m}$

i 国出口 j 国产品的集约边际定义为:$\mathrm{IM}_{ijt} = \dfrac{\sum\limits_{m \in M_{ijt}} X_{ijt}^m}{\sum\limits_{m \in M_{ijt}} X_{Wjt}^m}$

其中,X_{ijt}^m 是 i 出口到 j 的产品 m 的价值。IM_{ijt} 代表 i 出口到 j 的产品占据 j 国从世界进口的同类产品的市场份额。

Hummels 和 Klenow(2005)对贸易边际分解方法的特征是,集约边际和扩展边际的乘积等于国家 i 出口到国家 j 的贸易量与国家 j 的总进口(世界出口到国家 j)的比率:

$$\mathrm{EM}_{ijt}\,\mathrm{IM}_{ijt} = \frac{\sum\limits_{m \in M_{ijt}} X_{ijmt}}{\sum\limits_{m \in MW_{jt}} X_{Wjmt}} = X_{ijt}/X_{jt}$$

对该式子左右两边取自然对数并变换,可得:

$$\ln X_{ijt} = \ln \mathrm{EM}_{ijt} + \ln \mathrm{IM}_{ijt} + \ln X_{jt}$$

该公式的含义是 i 国出口到 j 国的贸易量的自然对数能被线性分解为扩展边际的自然对数、集约边际的自然对数和 j 国的总进口的自然对数。

根据以上分析,作者估计以下方程:

$$
\begin{aligned}
\ln \mathrm{EM}_{ijt} = {} & \alpha_0 + \eta_{it} + \theta_{jt} + \varphi_{ij} + \alpha_1 \mathrm{EIA}_{ijt} + \alpha_2(\mathrm{EIA}_{ijt} \times \ln \mathrm{DIST}_{ij}) \\
& + \alpha_3(\mathrm{EIA}_{ijt} \times \mathrm{ADJ}_{ij}) + \alpha_4(\mathrm{EIA}_{ijt} \times \mathrm{LANG}_{ij}) + \alpha_5(\mathrm{EIA}_{ijt} \times \mathrm{RELIG}_{ij}) \\
& + \alpha_6(\mathrm{EIA}_{ijt} \times \mathrm{LEGAL}_{ij}) + \alpha_7(\mathrm{EIA}_{ijt} \times \mathrm{COLONY}_{ij}) + V_{ijt}
\end{aligned}
$$

$$\text{(7-18)}$$

$$
\begin{aligned}
\ln \mathrm{IM}_{ijt} = {} & \phi_0 + \eta_{it} + \theta_{jt} + \varphi_{ij} + \phi_1 \mathrm{EIA}_{ijt} + \phi_2(\mathrm{EIA}_{ijt} \times \ln \mathrm{DIST}_{ij}) \\
& + \phi_3(\mathrm{EIA}_{ijt} \times \mathrm{ADJ}_{ij}) + \phi_4(\mathrm{EIA}_{ijt} \times \mathrm{LANG}_{ij}) + \phi_5(\mathrm{EIA}_{ijt} \times \mathrm{RELIG}_{ij}) \\
& + \phi_6(\mathrm{EIA}_{ijt} \times \mathrm{LEGAL}_{ij}) + \phi_7(\mathrm{EIA}_{ijt} \times \mathrm{COLONY}_{ij}) + v_{ijt}
\end{aligned}
$$

$$\text{(7-19)}$$

$$\ln X_{ijt} = \beta_0 + \eta_{it} + \theta_{jt} + \phi_{ij} + \beta_1 \mathrm{EIA}_{ijt} + \beta_2 (\mathrm{EIA}_{ijt} \times \ln \mathrm{DIST}_{ij})$$
$$+ \beta_3 (\mathrm{EIA}_{ijt} \times \mathrm{ADJ}_{ij}) + \beta_4 (\mathrm{EIA}_{ijt} \times \mathrm{LANG}_{ij}) + \beta_5 (\mathrm{EIA}_{ijt} \times \mathrm{RELIG}_{ij})$$
$$+ \beta_6 (\mathrm{EIA}_{ijt} \times \mathrm{LEGAL}_{ij}) + \beta_7 (\mathrm{EIA}_{ijt} \times \mathrm{COLONY}_{ij}) + \upsilon_{ijt}$$

$$(7\text{-}20)$$

$\ln \mathrm{DIST}_{ij}$ 是双边距离的自然对数，ADJ_{ij} 是哑变量，当有国界相邻时则为 1，否则为 0；LANG_{ij} 是哑变量，当有共同官方语言时则为 1，否则为 0；RELIG_{ij} 是两国的宗教相似性；LEGAL_{ij} 是哑变量，当有共同法律渊源时则为 1，否则为 0；COLONY_{ij} 是哑变量，当有共同殖民历史时则为 1，否则为 0。$\alpha_0 + \varphi_0 = \beta_0$ $\alpha_1 + \varphi_1 = \beta_1$ $\alpha_2 + \varphi_2 = \beta_2$。

7.3.6 实证结果

实证结果见表 7-1。

表 7-1 OLS 和面板数据估计结果

(1) 变量	(2) 预期符号 扩展边际	(3) 扩展边际	(4) 预期符号 集约边际	(5) 集约边际	(6) 扩展边际 贸易	(7) 贸易
EIA_t	+	0.182*** (4.7)	+	0.104*** (3.35)	+	0.286*** (7.97)
$\mathrm{EIA}_t \times \ln\mathrm{DIST}$	−	−0.142*** (−4.21)	−	−0.087*** (−3.41)	−	−0.229*** (−7.3)
$\mathrm{EIA}_t \times \mathrm{ADJ}$	−	−0.206** (−2.14)	+	0.24*** (3.7)	?	0.034 (0.39)
$\mathrm{EIA}_t \times \mathrm{LANG}$	+	0.174** (2.32)	0	0.026 (0.48)	+	0.201*** (2.96)
$\mathrm{EIA}_t \times \mathrm{RELEG}$	+	0.161** (2.16)	0	0.085 (1.57)	+	0.245*** (3.65)
$\mathrm{EIA}_t \times \mathrm{LEGAL}$	?	−0.139** (−2.32)	0	0.028 (0.63)	?	−0.111** (−2.05)
$\mathrm{EIA}_t \times \mathrm{COLONY}$	?	−0.362*** (−2.58)	0	0.157* (1.77)	?	−0.205* (−1.68)
Fixed Effects						
Exporter-Year		Yes		Yes		Yes
Importer-Year		Yes		Yes		Yes
Country-Year		Yes		Yes		Yes
R^2		0.811		0.808		0.906
N		66940		66940		66940

注：*、**、*** 分别表示 1%、5%、10% 的显著性水平。非贸易品的临界金额为 100 万美元，这将影响样本大小。
资料来源：Baier 等（2018）。

7.4　扩展与应用

7.4.1　区域贸易协定的贸易效应研究

正如本章前文所述的，RTA 的贸易效应是最早引起关注的研究领域，也为区域贸易协定其他扩展研究奠定了基础。早期的文献如 Aitken（1973）、Winters（2000）等都检验了欧洲经济共同体的贸易创造和贸易转移效应。而 Baier 和 Bergstrand（2009，2014）早期发表的几篇重要的实证文献则是本章前文重点文献的基础。Baier 和 Bergstrand（2007）采用引力方程分析 FTA 对成员的贸易创造效应，得出平均水平上来说 FTA 成立 10 年后会使得贸易伙伴的双边贸易量翻一倍。贸易流量的变化远高于关税变化能解释的范围，因为 FTA 导致了不可观察的有效降低贸易成本的行为。Baier 和 Bergstrand（2009）采用他们认为更稳定的匹配计量经济学的方法研究了 FTA 对贸易伙伴长期贸易流量的影响：长期平均看，FTA 显著地增加了双边贸易流量，几乎是两倍。Baier 等（2014）研究了不同类型的 EIA[①] 对贸易集约边际和扩展边际的影响。其结论是，不同类型 EIA 的贸易效应不同，且对集约边际的影响要早于扩展边际，即短期内 EIA 对贸易流量效应更多的是集约边际的影响，长期效应则更多的是对扩展边际的影响。

7.4.2　区域贸易协定的文本异质性研究

Horn 等（2010）将美国和欧盟的 FTA 进行了文本分析，对 FTA 条款进行了分类并对其赋值。他们将现有的 RTA 条款分类为"WTO＋"和"WTO—X"两类共 52 项条款。其中，"WTO＋"是指 RTA 和 WTO 中都涉及但是 RTA 中自由化程度更高的条款，包括制造业关税减让、农业关税减让、贸易便利化、出口税、SPS、TBT、国营贸易企业、反倾销、反补贴、国家援助、政府采购、TRIMS、GATS、TRIPS 共 14 项基础条款。"WTO—X"则是指 WTO 中不包含而仅在 FTA 中涉及的新条款，包括反腐败、竞争政策、环境、其他知识产权条约、投资、劳动市场监管、资本流动、消费者保护、数据保护、农业合作、近似立法、视听合作、市民保护、创新政策等 38 个更加广泛的议题。

Hofmann 等（2017）在 Horn 等（2010）的基础上对 1958—2015 年签订的 279 个

---

① 他们此篇文章中的 EIA 包括单向优惠贸易协定（OWPTAs）、双向优惠贸易协定（TWPTAs）、自由贸易区（FTA）、关税同盟、共同市场和经济同盟（CUCMECUs）等几类不同协议。

RTA 条款的覆盖面和法律可执行性进行了统计。Hofmann 等(2017)认为应考虑条款的法律可执行度。一般来说，如果协议使用的语言足够精确，并且未被排除在争议解决程序之外，则该领域就被视为具有法律效力。而使用"应鼓励……""在……加强合作""认识到……重要性"等此类语言，则被认为在法律上没有可执行力。有些领域在 FTA 协议中虽然被争端解决程序排除在外，但一些条款却非常精确，发生争端时也可以解决，那么这个领域也是可行的。因此对 FTA 条款进行赋值如下：当该 FTA 不包含此项条款或语言表述在法律上不可行，赋值 0；当 FTA 提及该条款，则该条款的语言表述在法律上可执行，但被争议解决条款明确排除在外，则赋值 1；当 FTA 明确包含此项条款且语言表述在法律上可行，发生争端时可以解决，则赋值 2。

近几年国内外学者在 Hofmann 等(2017)的基础上，基于 RTA 条款文本异质性展开了应用分析，其中包括异质性贸易效应分析。

7.4.3　区域贸易协定的异质性贸易效应研究

早期的学者关注 RTA 贸易效应的异质性主要表现在研究 RTA 类型、缔结对象等方面。Magee(2008)的研究显示，CU 对区域内贸易流量的影响时间最长，PTA 对贸易流量的积极影响最小。Baier 等(2014)的实证分析也得出深度的 RTA、FTA 以及双向或单向 PTA 对贸易流量的效应是依次递减的。基于以上文献，Limão(2016)认为 RTA 的异质性贸易效应源自 RTA 的类型不同。国内学者曲越等(2018)用 GTAP 模型对中国的 FTA 异质性效应进行了模拟分析。李春顶等(2018)研究了正在谈判的大型 RTA 对中国的潜在经济效应，认为亚太贸易自由区(FTAAP)和《区域全面经济伙伴关系协定》(RCEP)的积极效应最大。陈淑梅和林晓凤(2018)则从出口国内增加值率的异质性视角，发现中国对 FTA 伙伴出口中的国内增加值占比越高，对应 FTA 带来的贸易创造效应越大，而且 FTA 的贸易效应因贸易伙伴和实施阶段而异。

对与 RTA 本身条款内容的异质性研究，近 10 年来开始出现相关成果。Osnago 等(2016)研究了 RTA 条款深度与全球价值链的关系，得出签订深度 RTA 条款的国家会有更多的产品零部件贸易，总出口中的国外增加值更高。Mattoo 等(2022)利用 Hofmann 等(2017)的数据库，在标准引力模型中加入 RTA 水平深度变量，研究表明，RTA 水平深度增高能够带来更多的贸易创造效应。国内学者近年来也从 FTA 协定的文本中进行了分析，研究异质性的 FTA 对贸易及投资的影响(韩剑等,2018;吴小康,韩剑,2019;张中元,2019;林梦瑶,张中元,2019;张应武,郑凡之,2019)。韩剑等(2018)探讨了含有知识产权保护条款的中国 FTA 对双边贸易的影响及作用机制。韩剑和王灿(2019)考察了深度 FTA 对各国全球价值链嵌入的影响，得出 FTA 深度能够有效促进一国对全球价值链的参与并提升价值链上游度水平，而且此效应对发展中国家更为显著。吴小康和韩剑(2019)系统评估了中国迄今签订的所有区域贸易协定在不同议题上的覆盖程度和法律可执行程度。张中元(2019)研究发现,区域贸易协定的"总深度"条款对出口经济体在全球价值链中的前向垂直专业化参与率有明显的促进作用,其中"WTO＋"条款与"WTO—X"条款的影响具有较大的差异。

7.4.4　中国的自由贸易区战略

表7-2　中国内地与香港、澳门以及中国与其他国家和地区已签署的 RTA 现状

	RTA 名称	类型	所在地区	签订时间	生效时间	协议覆盖领域
1	关于建立更紧密经贸关系的安排(CEPA)	FTA	东亚	香港 2003 年 6 月/澳门 2003 年 10 月	2003 年 6 月	货物贸易、关税配额、反倾销、补贴与反补贴、原产地、服务贸易、贸易投资便利化等
2	中国—东盟全面经济合作框架协议	FTA	东亚	2004 年 11 月(G)/2007 年 1 月(S)	2005 年 1 月(G)/2007 年 7 月(S)	货物贸易、服务贸易、投资、最惠国待遇、争端解决机制等
3	中国—智利自由贸易协定	FTA	拉丁美洲	2005 年 11 月(G)2008 年 11 月(S)	2006 年 10 月(G)/2010 年 8 月(S)	货物的国民待遇和市场准入、原产地规则、与原产地规则相关的程序、贸易救济、卫生和植物卫生措施、技术性贸易壁垒、争端解决等
4	中国—巴基斯坦自由贸易协定	FTA	南亚	2006 年 11 月(G)2009 年 2 月(S)	2007 年 7 月(G)/2009 年 10 月(S)	货物的国民待遇和市场准入、原产地规则、贸易救济、卫生和植物卫生措施、技术性贸易壁垒、投资、争端解决等
5	中国—新西兰自由贸易协定	FTA	大洋洲	2008 年 4 月	2008 年 10 月	货物贸易、原产地规则及操作程序、海关程序与合作、贸易救济、卫生与植物卫生措施、技术性贸易壁垒、服务贸易、自然人移动、投资、知识产权、合作、争端解决等
6	中国—新加坡自由贸易协定	FTA	东亚	2008 年 10 月	2009 年 1 月	货物贸易、原产地规则、海关程序、贸易救济、技术性贸易壁垒、卫生与植物卫生措施、服务贸易、自然人移动、投资、经济合作、争端解决等
7	中国—秘鲁自由贸易协定	FTA	拉丁美洲	2009 年 4 月	2010 年 3 月	货物的国民待遇和市场准入、原产地规则及与原产地相关的操作程序、海关程序与贸易便利化、贸易救济、卫生与植物卫生措施、技术性贸易壁垒、服务贸易、商务人员临时入境、投资、知识产权、合作、争端解决等

	RTA 名称	类型	所在地区	签订时间	生效时间	协议覆盖领域
8	中国—哥斯达黎加自由贸易协定	FTA	拉丁美洲	2010 年 4 月	2011 年 8 月	货物的国民待遇和市场准入、原产地规则及与原产地相关的操作程序、海关手续、卫生与植物卫生措施、技术性贸易壁垒、贸易救济、投资,服务贸易和商务人员临时入境、知识产权、合作、贸易关系促进、争端解决等
9	中国—冰岛自由贸易协定	FTA	欧洲	2013 年 4 月	2014 年 7 月	货物贸易、原产地规则、海关手续与贸易便利化、竞争、知识产权、服务贸易、投资、合作、争端解决等
10	中国—瑞士自由贸易协定	FTA	欧洲	2013 年 7 月	2014 年 7 月	货物贸易、原产地规则和实施程序、海关手续和贸易便利化、贸易救济、技术性贸易壁垒、卫生与植物卫生措施、服务贸易、投资促进、竞争、知识产权保护、环境问题、经济技术合作、争端解决等
11	中国—韩国自由贸易协定	FTA	东亚	2015 年 6 月	2015 年 12 月	国民待遇与市场准入、原产地规则和实施程序、海关程序和贸易便利化、卫生与植物卫生措施、技术性贸易壁垒、贸易救济、服务贸易、金融贸易、电信、自然人移动、投资、电子商务、竞争政策、知识产权、环境与贸易、经济合作、争端解决等
12	中国—澳大利亚自由贸易协定	FTA	大洋洲	2015 年 6 月	2015 年 12 月	货物贸易、原产地规则和实施程序、海关程序和贸易便利化、卫生与植物卫生措施、技术性贸易壁垒、贸易救济、服务贸易、投资、自然人移动、知识产权、电子商务、争端解决等
13	中国—格鲁吉亚自由贸易协定	FTA	西亚	2017 年 5 月	2018 年 1 月	货物贸易、原产地规则、海关程序和贸易便利化、卫生与植物卫生措施、技术性贸易壁垒、贸易救济、服务贸易、环境与贸易、竞争、知识产权、合作领域、透明度、机制条款、争端解决等
14	中国—马尔代夫自由贸易协定	FTA	南亚	2017 年 12 月	未定	未公布

续 表

	RTA 名称	类型	所在地区	签订时间	生效时间	协议覆盖领域
15	中国—毛里求斯自由贸易协定	FTA	非洲	2019 年 10 月	2021 年 1 月	货物贸易、原产地规则和实施诚信、卫生与植物卫生措施、技术性贸易壁垒、贸易救济、服务贸易、投资、竞争、知识产权、电子商务、经济合作、透明度、行政与机制条款、争端解决等
16	中国—柬埔寨自由贸易协定	FTA	南亚	2020 年 10 月	2022 年 1 月	货物贸易、原产地规则、海关程序和贸易便利化、技术性贸易壁垒、卫生与植物措施、服务贸易、投资合作、"一带一路"倡议合作、电子商务、经济技术合作、透明度等
17	RCEP	FTA	亚洲、大洋洲	2020 年 11 月	2022 年 1 月	货物贸易、原产地规则、海关程序和贸易便利化、卫生与植物措施、标准、技术法规和合格评定程序、贸易救济、服务贸易、自然人临时移动、投资、知识产权、电子商务、竞争、中小企业、经济技术合作、政府采购等
18	中国—厄瓜多尔自贸协定	FTA	南美洲	2023 年 5 月	未定	未公布

注：G 表示关贸总协定，S 表示服务贸易协定。

数据来源：根据中国自由贸易区服务网 http://fta.mofcom.gov.cn/整理统计，截至 2023 年 7 月。

7.5 本章小结

中国经济对外辐射作用强，既有大量进口需求，也有大量出口需求；中国既是吸引外资最多的国家，也是对外投资大国。加快实施自由贸易区战略，进一步推动中国高水平对外开放，是我国积极参与国际经贸规则制订、争取全球经济治理制度性权力的重要平台。加强自由贸易区建设，同时也有助于促进中国国内消费、优化经济结构，有利于增强我国国际竞争力，为构建新发展格局提供有力支撑。

国际贸易研究中，区域经济一体化理论以关税同盟理论为起点，与共同市场、产业内贸易、异质性贸易、全球价值链分工等各种相关理论交叉结合，研究内容不断扩展深入。从研究对象看，从最初的"是否签订 RTA""和谁签订 RTA"，到"签订怎样的RTA"，以及"RTA 涉及的条款内容"，研究的对象从宏观到微观不断深入，因此将来的文献必将更关注 RTA 协议文本的具体内容以及对贸易、投资、全球价值链等各方面带来的影响。

7.6 扩展性阅读

[1] Aitken N D. The effect of the EEC and EFTA on European trade: A temporal cross-section analysis[J]. American Economic Review, 1973, 63(5): 881-892.

[2] Baier S, Bergstrand J. Do free trade agreement actually increase members' international trade? [J]. Journal of International Economics, 2007, 71(1):72-95.

[3] Baier S, Bergstrand J. Estimating the effects of free trade agreements on international trade flows using matching econometrics[J]. Journal of International Economics, 2009, 77(1):63-76.

[4] Baier S L, Bergstrand J H and Feng M. Economic integration agreements and the margins of international trade[J]. Journal of International Economics, 2014, 93 (2):339-350.

[5] Baier S L, Bergstrand J H and Clance M W. Heterogeneous effects of economic integration agreements [J]. Journal of Development Economics, 2018, 135(C): 587-608.

[6] Baier S L, Yotov Y V and Zylkin T. On the widely differing effects of free trade agreements: Lessons from twenty years of trade integration [J]. Journal of International Economics,2019,116(C):206-226.

[7] Baldwin R. A Domino Theory of Regionalism[M]//Richard B, Haaparnata P and Kiander J, eds. Expanding Membership of the European Union. Cambridge, U. K.: Cambridge University Press, 1995.

[8] Balassa B. The Theory of Economic Integration [M]. Homewood, Illinois: Irwin, 1961.

[9] Bhagwati J. Regionalism and Multilateralism: An Overview [M]//Melo, Panagariya, ed. New Dimensions in Regional Integration. Cambridge, Great Britain: Cambridge University Press, 1993.

[10] Cameron A C, Trivedi P K. Microeconometrics: Methods and Applications[M]. Cambridge: Cambridge University Press, 2005.

[11] Chaney T. Distorted gravity: The intensive and extensive margins of international trade[J]. American Economics Review, 2008,98 (4), 1707-1721.

[12] Egger P, Larch M, Staub K E, et al. The trade effects of endogenous preferential trade agreements[J]. American Economic. Journal, 2011,3 (3): 113-143.

[13] Foster N J, Poeschl R S. The impact of preferential trade agreements on the

margins of international trade[J]. Economic Systems, 2011,35(1):84-97.

[14] Grossman G M, Helpman E. Protection for sale[J]. American Economic Review, 1994, 84(4): 675-708.

[15] Grossman G M, Helpman E. Trade wars and trade talks[J]. Journal of Political Economy, 1995,103(4): 675-708.

[16] Helpman E, Melitz M and Rubinstein Y. Trading partners and trading volumes [J]. Quarterly Journal of Economics, 2008, 123(2):441-487.

[17] Hillberry R, McDaniel C. A decomposition of north American trade growth since NAFTA[J]. International Economic Review, 2002:1-6.

[18] Hofmann C, Alberto O and Michele R. Horizontal depth: A new database on the content of deep agreements [J]. Policy Research Working Paper, World Bank, 2017.

[19] Horn H, Mavroidis P C and Sapir A. Beyond the WTO? An anatomy of EU and US preferential trade agreements[J]. The World Economy, 2010, 33 (11): 1565-1588.

[20] Kehoe T J, Ruhl K J. How important is the new goods margin in international trade? [J]. Journal of Political Economy, 2013,121(2): 358-392.

[21] Krautheim, Sebastian. Heterogeneous firms, exporter networks and the effect ofdistance on international trade[J]. Journal of International Economics, 2012 (87):27-35.

[22] Krishna P. The Economics of preferential Trade Agreements[M]//Handbook of International Trade: Economic and Legal Analyses of Trade Policy and Institutions, 2008:294-312.

[23] Hummels D, Klenow P J. The variety and quality of a nation's exports[J]. American Economic Review, 2005, 95(3):704-723.

[24] Levy P. A political-economic analysis of free-trade agreements[J]. American Economic Review, 1997, 87(4): 506-519.

[25] Limão N. Preferential trade agreements as stumbling blocks for multilateral trade liberalization: Evidence for the U. S. [J]. American Economic Review, 2006,96 (3): 896-914.

[26] Limão N. Preferential Trade Agreements[M]// Undergraduates U, Macroeconomics A (Eds.), Handbook of Commerical Policy. Elsevier Science,2016.

[27] Magee C. New measures of trade creation and trade diversion[J]. Journal of International Economics, 2008, 75(2): 349-362.

[28] Mattoo A, Mulabdic A and Ruta M. Trade creation and trade diversion in deep

agreements[J]. Canadian Journal of Economics，2022，55(3)：1598-1637

[29] Osnago A，Rocha N and Ruta M. Deep agreements and global value chains[J]. Working Paper，World Bank，2016.

[30] Redding S. Theories of heterogeneous firms and trade[J]. Annual Review of Economics，2011(3):77-105.

[31] Saggi K，Yildiz H M. Bilateralism，multilateralism，and the quest for global free trade[J]. Journal of International Economics，2010，81(1)：26-37.

[32] Saggi K，Woodland A and Yildiz H M. On the relationship between preferential and multilateral trade liberalization：The case of customs unions[J]. American Economic Journal，2013,5 (1)：63-99.

[33] Tinbergen J. International Economic Integration[M]. Amsterdam：Elsevier,1954.

[34] Viner J. The Customs Union Issue[M]. New York：Carnegie Endowment for International Peace，1950.

[35] Winters L A，Chang W. Regional integration and import prices：An empirical investigation[J]. Journal of International Economics，2000,51(2)：363-377.

[36] 陈淑梅，林晓凤. 全球价值链视角下中国 FTA 的贸易效应再检验[J]. 东南大学学报(哲学社会科学版),2018(3):32-42,146,2.

[37] 韩剑，王灿. 自由贸易协定与全球价值链嵌入:对 FTA 深度作用的考察[J]. 国际贸易问题,2019(2):54-67.

[38] 韩剑，冯帆，李妍. FTA 知识产权保护与国际贸易:来自中国进出口贸易的证据[J]. 世界经济,2018(9):51-74.

[39] 李春顶，郭志芳，何传添. 中国大型区域贸易协定谈判的潜在经济影响[J]. 经济研究,2018(5):132-145.

[40] 林梦瑶，张中元. 区域贸易协定中竞争政策对外商直接投资的影响[J]. 中国工业经济,2019(8):99-117.

[41] 曲越，秦晓钰，黄海刚，等. 基于效应异质性的中国 FTA 国别选择研究[J]. 国际贸易问题,2018(10):72-87.

[42] 吴小康，韩剑. 中国的自贸区战略只重量而不重质吗？——基于 RTA 文本数据的研究[J]. 世界经济与政治论坛,2019(4):1-28.

[43] 张中元. 区域贸易协定的水平深度对参与全球价值链的影响[J]. 国际贸易问题,2019(8):95-108.

[44] 张应武，郑凡之. 中国内容异质性 FTA 的贸易效应研究[J]. 国际经贸探索,2019(3):37-53.

练习题

参考答案

(1)区域贸易协定安排与 WTO 的关系是互补还是替代? 请思考并说明理由。

(2)RCEP 的实施,中国可以收获哪些利益?

(3)找一个近期的中国 FTA 协定文本,学习并讨论条款内容。

8 数字贸易规则与数字贸易出口

8.1 导读

2019年11月,《中共中央 国务院关于推进贸易高质量发展的指导意见》正式提出要加快数字贸易发展,提升贸易数字化水平,形成以数据驱动为核心、以平台为支撑、以商产融合为主线的数字化、网络化、智能化的发展模式。伴随着全球贸易数字化发展,人类社会正迈入以数字贸易为突出特征的第四次全球化浪潮,对全球供应链、产业链、价值链产生了巨大影响,国家间经济分工、贸易利益分配正面临巨大挑战,新的国际规则、国际治理挑战也接踵而来。深入研究数字贸易发展规律、发展影响、治理模式,积极参与全球数字经济和数字贸易规则制订,推动建立各方普遍接受的国际规则,对我国中长期经济增长和国家竞争力提升有着重大意义。

美国是世界上最大的数字贸易出口国,数字贸易出口在其对外贸易中占有很重要的地位。根据世界银行(World Bank)提供的数据,2019年美国货物和服务贸易总出口额为25147.5亿美元,贸易逆差高达6105亿美元;尽管总体贸易赤字严重,但美国数字服务贸易却一直保持在顺差地位,2019年数字服务出口达5341.8亿美元,顺差近2233亿美元。由此可见,数字贸易成为改善美国贸易赤字总额的关键力量。然而,WTO成员在数字贸易治理上立场差异巨大,且受制于多边贸易体制的谈判效率,WTO框架下的多边数字贸易规则发展缓慢。在内外因的推动下,美国"另辟蹊径",在其主导的区域贸易协定(RTAs)中,不断输出符合其利益诉求的数字贸易规则,期望主导全球数字贸易规则的构建。

自2000年美国—约旦自由贸易协定(FTA))首次涵盖数字贸易规则开始,美国经过20多年的努力,在其主导的一系列RTAs中构建了数字贸易规则"美式模板",并不断演进升级。《跨太平洋伙伴关系协定》(TPP)框架下的数字贸易规则是奥巴马时期数字贸易规则美式模板的集大成者。特朗普政府在数字贸易治理上较奥巴马政府更具雄心,主要表现为两点:一是在区域层面积极助推数字贸易规则美式模板自身的演进升级,《美墨加协定》(United States-Mexico-Canada Agreement,USMCA)和《美日数字贸易协定》(U. S. -Japan Digital Trade Agreement,UJDTA)中的数字贸易谈判直接以 TPP 为逻辑起点,并在其基础上做出一系列深化和拓展。二是在多边及准多边层面努力谋求将数字贸易规则美式模板进行扩展适用。在美国的努力推动下,数字贸易规则美式模板已具有一定的国际影响力。一些典型的美式数字贸易规则已渗透在澳大利亚、日本及新西兰等经济体主导签署的 RTAs 之中。

作为服务贸易的组成部分,数字贸易属于监管规则密集型贸易,政策变量尤其是贸易政策变量对数字贸易的影响不容忽视。RTAs 框架下数字贸易规则美式模板的形成和扩展适用,标志着全球数字贸易发展的政策环境正在发生改变。在此背景下,对 RTAs 框架下数字贸易规则美式模板的贸易影响展开研究就显得尤为重要,这有助于对美国在全球数字贸易治理中的领导力和美式数字贸易规则的贸易影响进行精准评估,也能为中国如何应对美式模板和参与数字贸易治理提供决策参考。

本章将重点介绍周念利和陈寰琦发表在《世界经济》2020 年第 10 期上的论文《RTAs 框架下美式数字贸易规则的数字贸易效应研究》,作者基于 2010—2018 年 OECD 的服务贸易数据,考察 RTAs 框架下具有代表性的美式数字贸易规则的贸易效应及其异质性影响。该文的主要贡献包括以下两点:①对美国主导的 RTAs 中与数字贸易密切相关的规则进行全面梳理,提炼出 7 项关键规则,对此量化并以此刻画美国在数字贸易治理上的核心诉求,是对已有 RTA 理论的有益补充。②该研究在当前时代背景下具有重要的实践意义。研究 RTAs 框架下数字贸易规则美式模板的贸易影响对于中国如何应对美式模板,以及如何参与数字贸易治理具有重要的指导性意义。

8.2 名词解释①

(1)传统商务和贸易(traditional commerce and trade)

传统商务和贸易主要是指以货币为媒介的一切交换活动或行为。其活动范围不仅包括商业所从事的商品交换活动,还包括商品生产者或他人所组织的商品买卖活动;不仅包括国内贸易,还包括国与国之间的国际贸易。简单来说,从人们日常生活中的消费交易到企业间的跨境贸易均归属其中。

(2)电子商务(electronic commerce)

电子商务是指商务活动的电子化、网络化,即借助信息技术,如线上推广、网络零售、移动支付等开展商务贸易活动。OECD 在《电子商务的社会与经济影响》一文中将电子商务定义为"发生在开放网络上的包含企业之间、企业和消费者之间的商业交易"。欧洲

---

① 本部分涉及的名词解释来源于中国信息通信研究院《数字贸易发展与影响白皮书(2019 年)》和《数字贸易发展白皮书(2020 年)》。

经济委员会对电子商务的定义是"参与方之间以电子方式而不是以物理交换或直接物理接触方式完成任何形式的业务交易"。美国政府在《全球电子商务纲要》中将电子商务描述为"通过互联网进行的各项商务活动,包括广告、交易、支付、服务等活动"。中国政府在《电子商务发展"十一五"规划》中将电子商务界定为"利用互联网、电信网络以及广播电视网等方式的生产、流通和消费等活动"。

(3)跨境电子商务(cross-border e-commerce)

中国电子商务研究中心(2015)认为跨境电子商务是指分属于不同国家的交易主体,通过电子商务手段将传统进出口贸易中的展示、洽谈和交易环节电子化,并通过跨境物流及异地仓储送达商品,完成交易的一种国际商业活动。阿里研究院发布的《2016中国跨境电子商务发展报告》中认为广义的跨境电子商务是指分属不同关境的交易主体通过电子商务手段达成交易的跨境进出口贸易活动;狭义的跨境电子商务特指跨境网络零售,即指分属不同关境的交易主体通过电子商务平台达成交易,进行跨境支付结算,通过跨境物流送达商品,完成交易的一种国际贸易新业态。

(4)数字贸易(digital trade)

数字贸易是由于信息技术对贸易影响的进一步深化所产生的概念。相较于以上两个概念,数字贸易更突出数字化的产品和服务贸易[①],但国际上对数字贸易的讨论和谈判大多仍在电子商务框架基础上展开。目前,各国和地区对数字贸易的认识尚不统一。美国贸易代表办公室(USTR)2017年发布的报告《数字贸易的主要障碍》认为数字贸易"不仅包括网上消费产品的销售和在线服务的供应,还包括使全球价值链成为可能的数据流、使智能制造成为可能的数字服务以及无数其他平台和应用"[②]。澳大利亚政府认为数字贸易不只是在线上购买商品和服务,还包括信息和数据的跨境流动。[③] OECD认为数字贸易是指数字技术赋能于商品和服务贸易,同时涉及数字的和物理的传输。[④] 中国信息通信研究院的《数字贸易发展与影响白皮书(2019年)》认为,数字贸易是指信息通信技术发挥重要作用的贸易形式,其不仅包括基于信息通信技术开展的线上宣传、交易、结算等促成的实物商品贸易,还包括通过信息通信网络(语音和数据网络等)传输的数字服务贸易,如数据、数字产品、数字化服务等贸易。从传统商务到数字贸易的发展进程见图8-1。

---

① 数字贸易与跨境电子商务在很多方面都具有类似的特征,无非是侧重点有所不同,即跨境电子商务多指基于互联网的跨境货物贸易,重点在于"货物流动",而数字贸易偏向于数字化内容的跨境流动,核心是"数据流动"。

② Office of the United States Trade Representative. Key barriers to digital trade, https://ustr.gov/about-us/policy-offices/press-office/fact-sheets/2017/march/key-barriers-digital-trade。

③ https://www.dfat.gov.au/trade/services-and-digital-trade/Pages/e-commerce-and-digital-trade。

④ https://www.oecd.org/trade/topics/digital-trade/。

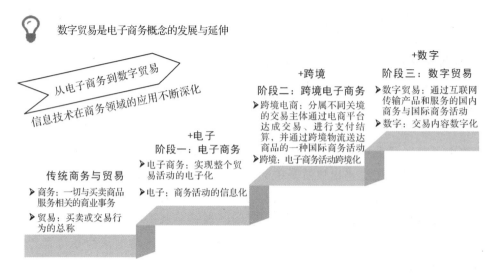

图 8-1 从传统商务到数字贸易

资料来源:中国信息通信研究院《数字贸易发展与影响白皮书(2019 年)》。

(5)数字贸易与传统贸易的异同

数字贸易与传统贸易最大的区别首先在于贸易方式数字化和贸易对象的数字化。其中,贸易方式数字化是指数字技术与传统贸易在开展过程中各个环节深入融合渗透,如电子商务、线上广告、数字海关、智慧物流等新模式和新业态对贸易赋能,从而带来贸易效率的提升和成本的降低,表现为传统贸易方式的数字化升级;贸易对象的数字化是指数据和以数据形式存在的产品与服务贸易:一是研发、生产和消费等基础数据;二是图书、影音、软件等数字产品;三是线上提供的教育、医疗、社交媒体、云计算、人工智能等数字服务,表现为贸易内容的数字化拓展。

其次,数字贸易可能打破现有的国际贸易平衡,并对国际贸易监管模式发起新的挑战。和传统贸易相比,数字贸易的关键技术不仅包括生产制造技术、交通物流技术,还包括信息通信技术。信息通信技术的应用又导致贸易方式和贸易商品等基础贸易条件的变化。一方面,原有的国际贸易分工、分配模式面临重构,对各国或各地区的产业发展、人民生活水平产生深远的影响,使得国际贸易规则也面临重构;另一方面,碎片化的小单货物贸易、日益复杂的数字服务,对传统货物贸易监管部门和新兴数字产业监管部门构成了巨大挑战。

数字贸易和传统贸易的异同见图 8-2。

(6)数字贸易与数字服务贸易[1](digital trade and digital service trade)

从具体业态看,数字贸易主要包括以货物贸易为主的跨境电商、供应链数字化和以服务贸易为主的数字服务贸易。然而多数文献在分析时往往聚焦于数字服务贸易。这

---

[1]   本部分内容参考中国信息通信研究院《数字贸易发展白皮书(2020 年)》。

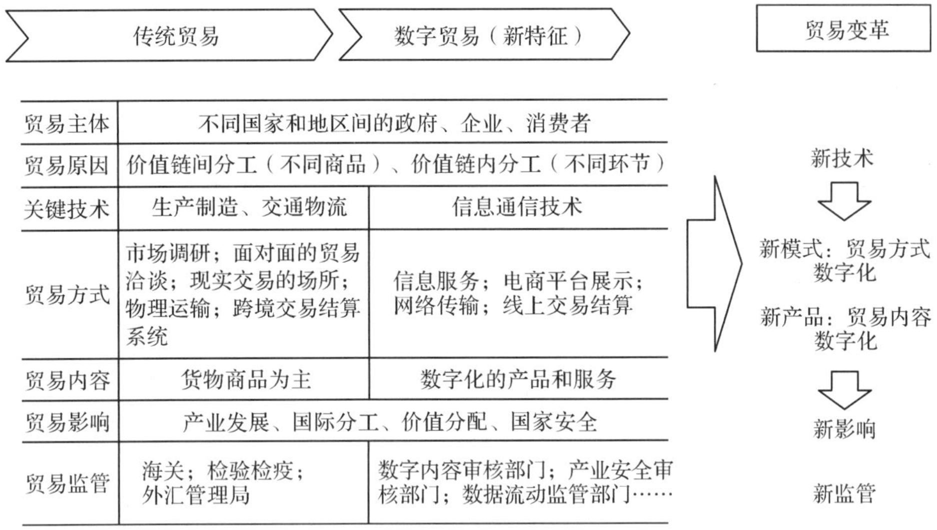

图 8-2　数字贸易和传统贸易的异同

资料来源：中国信息通信研究院《数字贸易发展与影响白皮书（2019 年）》。

是因为：第一，数字贸易与跨境电商的最大差异就是数字服务贸易，即出现了可以通过数字传输交付的贸易标的，并使得一些原本依赖物理运输的货物贸易转变为数字服务贸易，如 3D 打印。第二，跨境数据流和数字服务流是数字贸易的关键所在，推动线下贸易与线上经济相融合，进而使得跨境电商和数字服务贸易出现和发展。第三，数字服务贸易与跨境电商的理论规律和政策设计存在较大差异，跨境电商更强调货物贸易管理和支持体系的数字化，数字服务贸易则更强调数字服务产业发展和国际化，需适当分别讨论。第四，我国跨境电商产业发展和政策设计已经相对成熟。截至 2020 年 5 月，全国累计批准建立 105 个跨境电商综合试验区，覆盖了 30 个省区市，在货物贸易数字化转型方面，积累了丰富的发展经验，已形成了较完备的政策体系。而数字服务贸易是我国数字贸易发展急需提升的短板，我国数字服务贸易处于刚起步阶段，对其经济理论、监管治理、政策设计的研究非常欠缺，且数字服务贸易是数字贸易规则谈判焦点所在。

根据联合国贸发会议（UNCTAD）的报告，扩大国际收支服务分类（EBOPS）的 12 类细分服务贸易中有 6 类涉及数字服务贸易，分别是保险服务、金融服务、知识产权服务、ICT 服务、其他商业服务和个人文娱服务。具体数据的获取方式可参考周念利和陈寰琦（2020）。

（7）数字贸易规则（digital trade rules）

WTO 是负责制订和维护国际贸易规则的最主要的国际组织，但在当前的多边谈判体制下，WTO 框架中并未包含专门的数字贸易规则，相关规则零星地散落在《与贸易有关的知识产权协定》（Agreement on Trade-Related Aspects of Intellectual Property Rights, TRIPS）、《服务贸易总协定》（General Agreement on Trade in Services, GATS）和《全球电子商务宣言》中。由于不同国家和地区数字贸易发展水平不同,WTO 成员在数字贸易治理上立场差异巨大,且受制于多边贸易体制的谈判效率,WTO 框架下的数字贸易相关谈判一直难以取得突破性进展(Burri,2017)。而区域贸易协定(RTA)可以迅速满足少数几个国家和地区的共同需求,对多边框架下无法取得进展的敏感话题展开讨论并取得成果。现有的数字贸易规则根据是否由美欧主导,可总结为"美式模板"和"欧式模板"两种。

自 2000 年在美国—约旦 FTA 中第一次引入非强制性的数字贸易规则至今,在区域贸易安排框架下,数字贸易规则美式模板已历经三次升级。概括而言,2000—2007 年期间,美国与约旦、新加坡、智利、澳大利亚、摩洛哥、韩国等经济体相继缔结的 12 项 RTA 中涵盖的数字贸易规则被称作"美式模板"1.0 版,以 2007 年签署的美国—韩国 FTA(简称 KORUS)为代表。该 1.0 版主要尝试对一些基础概念、术语等进行界定,即使涵盖了一些能维护美国自身利益的进攻性条款,但绝大多数都是软性条款,仅停留在倡议层面,并不具有约束力。2008—2015 年期间,美国参与的《跨太平洋伙伴关系协定》(TPP)、《国际服务贸易协定》(Trade in Service Agreement,TISA)及《跨大西洋贸易与投资伙伴协议》(Transatlantic Trade and Investment Partnership,TTIP)谈判(俗称 3T谈判)中涵盖的数字贸易规则被称作"美式模板"2.0 版。其中,TPP(2015 年)中专门设有"电子商务"章,并推出"跨境数据自由流动""数据存储非强制当地化""源代码保护"等更全面且更具有约束力的数字贸易规则,TPP 成为"美式模板"2.0 版的代表。2015 年之后,美国先后缔结《美墨加协定》(USMCA,2018 年)和《美日数字贸易协定》(UJDTA,2019 年),两项协定升级了 TPP 框架下既有的数字贸易规则(如"跨境数据自由流动"和"数据存储非强制本地化"等),并引入了一些 TPP 中未包含的新议题("政府数据公开""非知识产权领域的网络中介责任豁免""数字服务税非歧视性征收"等),并且 USMCA 设立了专门的"数字贸易"章,成为"美式模板"2.5 版的代表(周念利,王千,2019)。

相比在自由贸易协定 FTA 中已自成体系的数字贸易规则美式模板,欧盟数字贸易专门内容的构建进程是比较滞后的。迄今为止,欧盟共签署了数十个 FTA,这些 FTA中与数字贸易相关的内容主要包括"电信章""金融章""投资章""知识产权章"。在以欧盟—智利 FTA(2005)为代表的早期贸易协定中,欧盟以语言温和著称,常采用富有劝导性的措辞来展开数字贸易合作。然而,随着 WTO 谈判因南北国家分歧难以调和而陷入僵局,为顺利地把自身诉求融合进全球贸易规则,欧盟于 2006 年推出了《欧洲全球》战略,欧盟的战略重心自此从多边转移到双边和诸边谈判(《全球数字治理白皮书(2020)》),此前谨慎的"软性语言"也逐步过渡为"进攻性条款"。欧盟—韩国 FTA(2015)在数字贸易规则美式模板的影响下,措辞变得更翔实和具有约束力。随后,欧盟和加拿大于 2016 年签署的综合性经济贸易协议(Comprehensive Economic and Trade Agreement,CETA)首次引入了专门的"电子商务章",尤其是针对"消费者保护"引入了若干更为深入的条款,以推进电子商务的便利化。

对比美式模板与欧式模板,可以发现以下几点差异:首先,与美式模板相比,欧式模板缺乏相对严谨的标准化和体系化构建。在上述欧盟已签订的区域贸易协定中,关于数字贸易规则的条框零散地分布于各章中,在实际应用过程中存在较大难度。同时,欧盟在传统贸易规则的适用性问题方面比较保守,需要进一步解决。如欧盟—韩国 FTA 中,关于信息和数据传输条例、电信部门签订的外资股权上限只对金融服务部门有效,具有比较低的开放程度。除此之外,对传统贸易规则具有挑战性的问题,类似"最惠国待遇"原则和"国民待遇"原则是否同样适用于数字贸易领域等,欧式模板也没有具体的解答(徐华,魏然,2021)。其次,美式模板和欧式模板的差异主要集中在跨境数据自由流动、数据存储本地化和个人隐私保护方面(Meltzer,2015)。美国积极推动跨境数据自由流动,强调信息和数据的自由化,而欧盟的态度更谨慎,强调跨境数据只有在有效的监管下才能自由流动(徐金海,周蓉蓉,2019);并且,欧盟始终坚持"隐私保护"和"视听例外"的立场。欧式模板认为视听部门是数字贸易的核心内容,也是其文化部门的重要组成部分。欧盟不仅在 WTO 多边谈判体制中多次提出"文化例外"(把文化部门排除在谈判之外),同时也在双边和诸边谈判中一直坚决否定传统贸易规则在文化部门的适用性。欧式模板在传统领域的坚定立场,导致了欧盟与以美国为代表的数字强国的贸易谈判举步维艰的现状,众多关键谈判内容一直难以有所进展。同时,由于欧盟对"隐私保护"的严苛标准,导致其在"知识产权保护""数据跨境自由传输"等核心问题上的谈判进展缓慢(周念利,陈寰琦,2018)。

8.3　正文节选

原文:周念利,陈寰琦.RTAs 框架下美式数字贸易规则的数字贸易效应研究.世界经济,2020(10):28-51.

8.3.1　问题导入

近年来全球数字贸易发展迅速,已成为推动经济发展的新动能,它的飞速发展也对传统贸易体制提出了挑战。由于 WTO 成员在数字贸易治理上立场差异巨大,且受制于多边贸易体制的谈判效率,WTO 框架下的多边数字贸易规则发展缓慢。在此背景下,美国"另辟蹊径",在其主导的区域贸易协定(RTAs)中,不断输出符合其利益诉求的数字贸易规则,这势必会对规则密集型的数字贸易产生不容忽视的影响。基于此,主要探讨以下问题:①RTAs 框架下美式数字贸易规则具有何种贸易效应? ②上述贸易效应有何异质性?

8.3.2　研究设计

8.3.2.1　理论分析

美式数字贸易规则是指美国作为世界领先的数字贸易大国和强国,在多边数字贸易规则发展缓慢的时代背景下,不断地在其主导的区域贸易协定输出符合其利益诉求的数字贸易规则。由于其具有明显的"利美性",以及越来越大的国际影响力,因此签订涵盖美式数字贸易规则的 RTAs 势必会对签订国的数字贸易产生影响。

其影响机理在于:①数字贸易属于规则密集型贸易,政策变量尤其是贸易政策变量对于数字贸易的影响不容忽视。而 RTAs 框架下数字贸易规则美式模板的形成和扩展适用,标志着全球数字贸易发展的政策环境正在发生改变,即美式数字贸易规则可以通过影响政策变量进而影响数字贸易。②美式数字贸易规则在国际社会中被越来越多的国家和地区接纳的现实背景下,基于降低贸易壁垒的视角,签订涵盖美式数字贸易规则的 RTAs 有利于促进该国(地区)与其他美式模板接纳国(地区)的双边数字贸易。

此外,该文依循一国(地区)规制国际化的基本逻辑,对过去 20 年美国缔结的 17 项 RTAs 中涵盖的数字贸易相关规则进行了全面系统的考察梳理,从中选出了 7 项代表美国核心诉求的数字贸易规则,分别为"电子传输免关税""跨境数据自由流动""数据存储非强制本地化""源代码保护""网络中介责任豁免""技术非强制本地化""数字产品非歧视性待遇"。每项代表性美式数字贸易规则,根据其在促进数字贸易自由化的重要水平、推进数字贸易规制环境的稳定性以及可预见性提高等方面的表现及其在 RTAs 协定文本中的不同表述及对成员的约束力度方面由高到低分别赋值 3~1 分(如表 8-1 所示),以此来评估美式数字贸易规则在 RTAs 文本中的渗透水平。

表 8-1　针对每项 RTA 所涵盖代表性美式数字贸易规则的打分标准

分值规则	3 分	2 分	1 分
电子传输免关税	承诺对电子传输免收关税	承诺对电子传输免收关税,设置例外条款	倡导对电子传输免收关税
跨境数据自由流动	承诺不限制跨境数据自由流动	努力避免对跨境数据流动进行限制	倡导就跨境数据流动进行合作
数据存储非强制本地化	不得强制要求将计算设施设置在领土内	在考虑监管要求和合理公共政策目标的前提下,不得强制要求将计算设施设置在领土内	提倡数据存储非强制本地化
源代码保护	不得强制转移源代码或算法	在商业软件中,不得强制转移源代码或算法	不得强制转移加密等保护源代码的技术

分值规则	3分	2分	1分
网络中介责任豁免	豁免网络中介的第三方侵权责任	豁免网络中介的第三方知识产权侵权责任,附详细执行规定	豁免网络中介的第三方知识产权侵权责任
技术非强制转移	不得强制转移技术	不得将强制转移技术作为投资的前提条件	提倡不得转移技术
数字产品非歧视性待遇	给予数字产品非歧视性待遇	给予数字产品非歧视性待遇,不适用于特定部门	提倡给予数字产品非歧视性待遇

8.3.2.2　基准回归模型构建

为研究 RTAs 框架下美式数字贸易规则的贸易效应,周念利和陈寰琦(2020)构建如下扩展引力模型[①]进行基准回归:

$$\ln Y_{ijt} = \beta_0 + \beta_1 \mathrm{RTA}_{ijt}^{\mathrm{dummy}} + \beta_2 \ln \mathrm{Dist}_{ij} + \beta_3 \mathrm{Comcol}_{ij} + \beta_4 \mathrm{Comlang}_{ij} \\ + \beta_5 \mathrm{Comcontig}_{ij} + \gamma_{it} + \gamma_{jt} + \varepsilon_{ijt} \tag{8-1}$$

$$\ln Y_{ijt} = \beta_0 + \beta_1 \mathrm{RTA}_{ijt}^{\mathrm{depth}} + \beta_2 \ln \mathrm{Dist}_{ij} + \beta_3 \mathrm{Comcol}_{ij} + \beta_4 \mathrm{Comlang}_{ij} \\ + \beta_5 \mathrm{Comcontig}_{ij} + \gamma_{it} + \gamma_{jt} + \varepsilon_{ijt} \tag{8-2}$$

其中,i 和 j 分别代表出口和进口经济体,t 代表年份。$\ln Y_{ijt}$ 为被解释变量,表示在年份 t 经济体 i 出口到 j 的数字贸易额,用保险、金融、知识产权、电信、其他商业服务、个人娱乐服务 6 个部门的数字服务贸易出口流量来衡量。RTA 为核心解释变量,表示贸易双方缔结的 RTAs 中对美式数字贸易规则的接纳情况,具体来说,式(8-1)中的 $\mathrm{RTA}_{ijt}^{\mathrm{dummy}}$ 表示贸易双方是否签署涵盖代表性美式数字贸易规则的 RTAs,若涵盖 7 项代表性美式数字贸易规则中的任何一项,取值为 1,未涵盖则取值为 0;式(8-2)中的 $\mathrm{RTA}_{ijt}^{\mathrm{depth}}$ 表示贸易双方签署的 RTAs 中涵盖的代表性美式数字贸易规则的深度水平,用该文选取的 7 项代表性美式数字贸易规则对成员约束力度的得分之和来衡量。其他为控制变量,包括经济体间的加权距离的对数($\ln \mathrm{Dist}_{ij}$)、是否存在殖民地关系(Comcol_{ij})、是否采用共同官方语言($\mathrm{Comlang}_{ij}$)以及是否接壤($\mathrm{Comcontig}_{ij}$)。此外,该文还在模型中控制了进出口经济体随年份变化的固定效应 γ_{it} 和 γ_{jt} 之和。

8.3.2.3　实证分析

(1)样本及数据来源

• 被解释变量:数字贸易出口

周念利和陈寰琦(2020)使用 2010—2018 年的 OECD 服务贸易数据[②],选取 15 个主

---

① 关于引力模型的介绍,请参考本章附录部分。

② 数据来源:https://stats.oecd.org/Index.aspx? DataSetCode=TISP。

要的服务贸易出口大国和 100 个进口经济体为研究对象,其中,双边数字贸易出口额数据由美国商务部经济分析局(USBEA,2018)界定的"可潜在地被信息通信技术化的服务贸易(Potentially ICT-enabled Service Trade,PICTE)"的统计口径与 OECD 双边服务贸易数据库中的服务部门匹配后,将"保险和退休金服务""金融服务""知识产权费用""电信、计算机和信息服务""其他商业服务""个人、文化和娱乐服务"6 个部门纳入数字贸易出口流量的统计范畴。

- 解释变量

贸易双方缔结的 RTAs 中对美式数字贸易规则的接纳情况数据来自 WTO 的RTAs 数据库;经济体间的加权距离、殖民地关系、共同官方语言、接壤关系数据来自CEPII 数据库;GDP、互联网普及率数据来自世界银行数据库。

(2)实证分析结果

周念利和陈寰琦(2020)基于式(8-1)进行基准回归,对美式数字贸易规则是否会对数字贸易流量产生影响进行整体判断。与此同时,为缓解签订协议和数字贸易量所产生的双向因果问题,将核心解释变量滞后 1 期(RTA_{ijt-1}^{dummy})进行回归,结果如表 8-2 中第(1)列和第(2)列所示。签署涵盖代表性美式数字贸易规则的 RTAs(RTA_{ijt-1}^{dummy})在 1% 水平上对数字贸易有显著促进作用。因被解释变量 lnY_{ijt} 以对数形式出现,而 RTA_{ijt}^{dummy} 以原始值出现,故估计系数 β_1 测度的是半弹性系数,需利用($e^{\beta_1}-1$)× 100% 进行系数换算,结果发现经济体间缔结涵盖美式数字贸易规则的 RTAs 可将双边数字贸易流量增加 57.75% ~ 59.76%。基准回归式(8-2)的回归结果见表 8-3 第(1)列和第(2)列,RTA_{ijt}^{depth} 对双边数字贸易的作用也是正向显著的。

表 8-2　式(8-1)基准回归和稳健性检验结果

变量	lnY_{ijt}		lnY_{ijst}	
	(1)	(2)	(3)	(4)
RTA_{ijt}^{dummy}	0.468*** (0.146)		0.466*** (0.122)	
$RTA_{ij,t-1}^{dummy}$		0.456*** (0.149)		0.451*** (0.123)
观测值	3363	3314	16 548	16 282
R^2	0.874	0.874	0.771	0.773

说明:*、**、*** 分别表示在 10%、5%、1% 的显著性水平。括号内的值为进出口经济体间聚类调整的标准误。全部回归都控制了两个经济体的加权距离、1945 年后是否为殖民地、是否接壤、是否有共同语言。进出口经济体对层面的回归控制了出口经济体—年份固定效应和进口经济体—年份固定效应;拓展至部门层面的回归则在此基础上添加了部门—年份固定效应。下同。

表 8-3 式(8-2)基准回归和稳健性检验结果

变量	$\ln Y_{ijt}$		$\ln Y_{ijst}$	
	(1)	(2)	(3)	(4)
$\mathrm{RTA}_{ijt}^{\mathrm{depth}}$	0.044*** (0.013)		0.047*** (0.011)	
$\mathrm{RTA}_{ij,t-1}^{\mathrm{depth}}$		0.045*** (0.014)		0.047*** (0.011)
观测值	3363	3314	16 548	16 282
R^2	0.874	0.874	0.771	0.773

为保证上述结果的可靠性,该文进行了如下稳健性检验。首先,将数字贸易量拓展至部门层面,即将基准回归模型(1)的被解释变量替换为 $\ln Y_{ijst}$,同时在模型中添加部门—年份固定效应,以控制部门层面随时间变化的因素。具体回归结果见表 8-2 和表 8-3 中的第(3)列和第(4)列,从中可知,回归结果和基准回归一致,证明 RTAs 中涵盖的美式数字贸易规则可对数字贸易产生显著的促进作用,并且随贸易双方签署的 RTAs 中涵盖的代表性美式数字贸易规则的深度水平的提升,其对数字贸易产生的正向影响也会增强。

其次,为了检验实证分析中核心解释变量是否存在反向因果导致的内生性问题[①],该文通过识别“在双方缔结涵盖美式数字贸易规则 RTAs 但尚未实施情形下双方的数字贸易增速”和“在双方一直未缔结 RTAs 情形下双方的数字贸易增速”是否存在显著性差异进行了核心解释变量的外生性验证。周念利和陈寰琦(2020)将式(8-1)中的核心解释变量 $\mathrm{RTA}_{ijt}^{\mathrm{dummy}}$ 替换为 2018 年前是否缔结代表性美式数字贸易规则($\mathrm{RTA}_{ij}^{\mathrm{dummy}}$)这一外生变量,并在式(8-1)中加入其与年份的交互项($\mathrm{RTA}_{ij}^{\mathrm{dummy}} \times \mathrm{Year}_t$),对交互项回归系数的显著性进行验证。同时,被解释变量只保留签订协议前(或没有签订协议时)的数字贸易流量观测值。表 8-4 的回归结果显示,交互项的系数不显著,表明在签署协定前,年份给数字贸易带来的作用在签署涵盖代表性美式数字贸易规则的经济体和没有签署涵盖代表性美式数字贸易规则的经济体之间是一致的,即数字贸易的增长速度本身不会影响双方缔结涵盖代表性美式数字贸易规则的 RTAs,从而证明核心解释变量是符合外生性条件的。

[①] 一方面,数字贸易规则的签订会带来数字贸易的增长;但另一方面,数字贸易的快速增长也可能会让政府签订更有利的数字贸易规则。因此,两者之间可能存在反向因果导致的内生性问题,引发估计偏误。周念利和陈寰琦(2020)对这一问题进行了检验,从而证明了结论的可靠性。

表 8-4　"是否签署涵盖代表性美式数字贸易规则的 RTAs"的外生性检验

变量	$\ln Y_{ijt}^{\text{Past}}$	$\ln Y_{ijt}^{\text{Past}}$
	(1)	(2)
$\text{RTA}_{ij}^{\text{dummy}}$	−34.511 (213.347)	−151.496 (125.694)
$\text{RTA}_{ij}^{\text{dummy}} \times \text{Year}_t$	0.017 (0.106)	0.075 (0.062)
观测值	1652	7787
R^2	0.866	0.562

周念利和陈寰琦(2020)进一步对美式数字贸易规则贸易效应的异质性做了如下分析。

首先,针对特定美式数字贸易规则贸易效应的异质性,将式(8-2)中的变量 $\text{RTA}_{ijt}^{\text{depth}}$ 替换为 7 项代表性美式贸易规则各自的约束力度得分 $\text{RTA}_{ijt}^{\text{rule}}$,并分别进行回归。表 8-5 显示,7 项代表性美式数字贸易规则均能对数字贸易产生显著的正向促进作用,其中尤以"跨境数据自由流动""数据存储非强制本地化""源代码保护"的促进作用最为明显。因为根据美国商务部经济分析局的界定,数字贸易是指"可数字化的服务贸易"。数字贸易的对象多是知识密集型和数据密集型的产品与服务,因此,上述 3 项与数据流动和知识产权保护相关的规则所带来的贸易促进效果会相对更为显著。

表 8-5　特定美式数字贸易规则的数字贸易效应

变量	(1)	(2)	(3)	(4)	(5)	(6)	(7)
$\text{RTA}_{ijt}^{\text{dutyfree}}$	0.143*** (0.049)						
$\text{RTA}_{ijt}^{\text{freeflow}}$		0.281*** (0.104)					
$\text{RTA}_{ijt}^{\text{local}}$			0.357*** (0.118)				
$\text{RTA}_{ijt}^{\text{source}}$				0.373*** (0.103)			
$\text{RTA}_{ijt}^{\text{tech}}$					0.184*** (0.065)		
$\text{RTA}_{ijt}^{\text{inter}}$						0.200*** (0.074)	
$\text{RTA}_{ijt}^{\text{ndiscrim}}$							0.216*** (0.077)
观测值	3363	3363	3363	3363	3363	3363	3363
R^2	0.874	0.873	0.873	0.874	0.873	0.874	0.873

其次,针对特定部门贸易效应的异质性,将数字贸易量拓展至部门层面,根据美国商务部经济分析局对数字贸易的定义,选取保险、金融、知识产权、电信、其他商业服务、个人

娱乐这 6 个部门分别进行回归。图 8-3 显示,代表性美式数字贸易规则对各数字贸易部门的贸易影响存在差别。这些规则对金融、保险及其他商业服务的推进作用最为显著,知识产权和电信部门次之;而针对个人娱乐部门,代表性美式数字贸易规则的影响并不显著。周念利和陈寰琦(2020)给出了两点解释:一是个人娱乐部门的服务具有较强的政治和文化敏感性,经济体对开放该部门的态度较为谨慎;二是纳入研究范畴的 7 项代表性美式数字贸易规则对个人娱乐部门数字贸易的影响存在内在冲突,既有促进作用又有抑制作用。

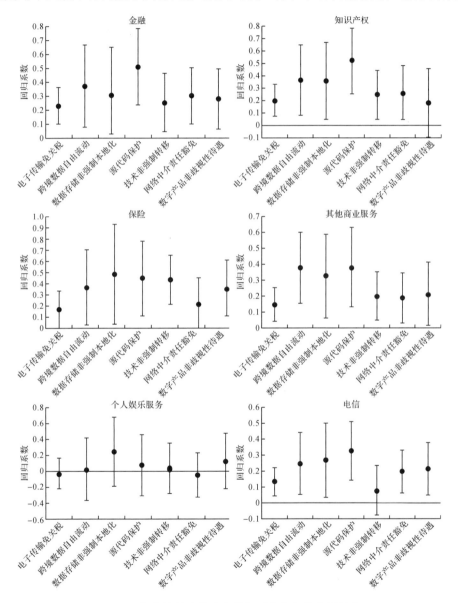

图 8-3　代表性美式数字贸易规则分部门的贸易效应

再次,针对缔约伙伴间经济发展水平差距的异质性,周念利和陈寰琦(2020)加入了

7 项代表性美式数字贸易规则的深度水平得分（RTA_{ijt}^{rule}）与贸易双方人均 GDP 差额（$PGDPgap_{ijt}$）的交互项，并分别进行回归分析。表 8-6 显示，与预期相符，代表性美式数字贸易规则会对双边数字贸易产生显著的正向作用，且交互项的系数显示贸易双方经济发展水平差异越大，双方缔结涵盖美式数字贸易规则的 RTAs 对其双边数字贸易的促进作用越大。周念利和陈寰琦（2020）指出，当贸易双方经济体发展水平差距越大时，双方在价值链中所处的位置的差别可能越大，其产品形成互补的可能性越大，贸易潜力也相对越大。两者缔结涵盖代表性美式数字贸易规则的 RTAs 能为双方数字贸易的开展创造更加自由稳定的制度环境，有助于将两者之间的数字贸易潜力转化为现实。

表 8-6　针对缔约对象经济体发展水平差距的异质性分析

变量	(1)	(2)	(3)	(4)	(5)	(6)	(7)
$RTA_{ijt}^{dutyfree}$	0.294*** (0.067)						
$RTA_{ijt}^{dutyfree} \times PGDPgap_{ijt}$	0.170*** (0.052)						
$RTA_{ijt}^{freeflow}$		0.867*** (0.192)					
$RTA_{ijt}^{freeflow} \times PGDPgap_{ijt}$		0.579*** (0.145)					
RTA_{ijt}^{local}			2.925** (1.451)				
$RTA_{ijt}^{local} \times PGDPgap_{ijt}$			1.966* (1.100)				
RTA_{ijt}^{source}	(0.169)			0.789***			
$RTA_{ijt}^{source} \times PGDPgap_{ijt}$	(0.126)			0.416***			
RTA_{ijt}^{tech}					0.323*** (0.096)		
$RTA_{ijt}^{tech} \times PGDPgap_{ijt}$					0.139** (0.070)		
RTA_{ijt}^{inter}						0.446*** (0.104)	
$RTA_{ijt}^{inter} \times PGDPgap_{ijt}$						0.272*** (0.081)	
$RTA_{ijt}^{ndiscrim}$							0.460*** (0.140)
$RTA_{ijt}^{ndiscrim} \times PGDPgap_{ijt}$							0.219** (0.102)
观测值	3363	3363	3363	3363	3363	3363	3363
R^2	0.876	0.877	0.873	0.877	0.873	0.876	0.873

最后,针对缔约伙伴互联网发展水平的异质性,周念利和陈寰琦(2020)加入了 7 项代表性美式数字贸易规则的深度水平得分(RTA_{ijt}^{rule})与互联网普及水平(ICT_{ijt})的交互项,并分别进行回归。表 8-7 显示,大部分交互项的系数显著为负。这表明,总体上缔约双方互联网普及率越高,缔结涵盖代表性美式数字贸易规则的 RTAs 对双边数字贸易流量的促进效应越小。周念利和陈寰琦(2020)认为,相较于互联网普及率低的经济体,互联网普及率高的经济体的网民更有可能自行克服阻碍数字贸易开展的制度壁垒。在某些数字贸易制度壁垒已被网民逾越或突破的情形下,贸易双方通过缔结涵盖美式数字贸易规则的 RTAs 促进贸易的空间就会相对有限。

表 8-7 经济体互联网普及水平的异质性分析

变量	(1)	(2)	(3)	(4)	(5)	(6)	(7)
$RTA_{ijt}^{dutyfree}$	0.294 *** (0.069)						
$RTA_{ijt}^{dutyfree} \times$ PGDPgap$_{ijt}$	−0.005 *** (0.001)						
$RTA_{ijt}^{freeflow}$		0.826 *** (0.197)					
$RTA_{ijt}^{freeflow} \times$ PGDPgap$_{ijt}$		−0.017 *** (0.004)					
RTA_{ijt}^{local}			0.672 (0.455)				
$RTA_{ijt}^{local} \times$ PGDPgap$_{ijt}$			−0.007 (0.012)				
RTA_{ijt}^{source}				0.917 *** (0.194)			
$RTA_{ijt}^{source} \times$ PGDPgap$_{ijt}$				−0.015 *** (0.004)			
RTA_{ijt}^{tech}					0.282 ** (0.125)		
$RTA_{ijt}^{tech} \times$ PGDPgap$_{ijt}$					−0.002 (0.003)		
RTA_{ijt}^{inter}						0.437 *** (0.104)	
$RTA_{ijt}^{inter} \times$ PGDPgap$_{ijt}$						−0.008 *** (0.002)	
$RTA_{ijt}^{ndiscrim}$							0.197 (0.185)
$RTA_{ijt}^{ndiscrim} \times$ PGDPgap$_{ijt}$							0.001 (0.005)
观测值	3218	3218	3218	3218	3218	3218	3218
R^2	0.874	0.874	0.872	0.875	0.871	0.871	0.872

8.3.3 主要结论

周念利和陈寰琦(2020)基于 2010—2018 年 OECD 数据库的双边数字贸易面板数据,对代表性美式数字贸易规则的贸易效应展开了经验研究,得出的主要结论如下:①缔结涵盖美式数字贸易规则的 RTAs 能显著提升双边数字贸易流量;②相较于其他美式数字贸易规则,"跨境数据自由流动""数据存储非强制本地化""源代码保护"带来的贸易促进效应更为显著;③代表性美式数字贸易规则对保险、金融、其他商业服务分部门的促进作用更加明显,对知识产权和电信分部门促进作用相对较弱,对个人娱乐分部门的促进作用不显著;④贸易伙伴经济发展水平差距越大,美式数字贸易规则对双边数字贸易的积极促进作用越明显;⑤随着贸易双方互联网普及率整体水平的提升,美式数字贸易规则对双边数字贸易的促进作用会被削弱。

通过上文的分析,剥离出以下政策内涵和见解:①鉴于美式数字贸易规则已具备一定的国际影响力,中国在参与全球数字贸易治理时,一定要对其充分重视。但针对特定的美式数字贸易规则,尤其是"跨境数据自由流动""数据存储非强制本地化"等目前国际接受度相对较低的规则,中国一定要态度谨慎,摸清其动态演进规律,对该规则在不同发展阶段的约束力和影响的风险点进行深入具体的评估。②从整体上看,代表性美式数字贸易规则具有较显著的贸易促进效应。中国的服务贸易多年处于逆差状态。既然数字贸易是服务贸易的组成部分,针对移动支付、内容电商、地理信息服务等中国具有比较优势的数字服务产业,中国可积极谋求与主要贸易伙伴缔结 RTAs 并融入代表性的美式数字贸易规则,以期实现数字服务出口促进效果。③继货物贸易之后,服务贸易尤其是数字贸易,会成为未来中国与其他经济体在国际经贸治理领域的重要角力点。结合改革开放和数字服务产业发展所需,中国在参与缔结的 RTAs 中应优先涵盖哪些特定的数字贸易规则,以及针对哪些部门优先做出数字贸易相关的开放承诺都需要统筹谋划和深入思考。

8.4 扩展与应用

8.4.1 RCEP 数字贸易规则

由中国、日本、韩国、澳大利亚、新西兰与东盟(10 国)共 15 个国家于 2020 年 11 月 15 日签署的《区域全面经济伙伴关系协定》(RCEP)是中国参与构建全球高标准自由贸易区的新起点,其中的数字贸易规则对中国数字贸易的发展具有重要意义。华东理工大学课题组彭德雷和张子琳(2021)梳理了 RCEP 涉及的数字贸易规则发现:①RCEP 核心数字贸易规则反映了缔约方在数字贸易领域的发展诉求,内容涉及电子商务、金融服务、电信服务、投资和知识产权等领域,旨在确保国家基本安全的前提下推进数字贸易发展。②与中国已经签署的自贸协定相比,RCEP 数字贸易规则在数据跨境流动、数据本地化等议题方面均有突破。③RCEP 核准生效之后将对中国产生重要影响,即在政府层面,RCEP 数字贸易规则进一步明确了中国在数字贸易领域的关键诉求,将加强中国与各缔约方之间的数字贸易合作,为构建全球数字贸易规则注入新的活力,有助于各缔约方继续完善国内的数字规则体系;在企业层面,RCEP 数字贸易规则为缔约方数字企业发展带来了机遇,同时也对数字企业的合规体系建设提出了新的要求。

洪俊杰和陈明(2021)将 RCEP 与《全面与进步跨太平洋伙伴关系协定》(CPTPP)、《美墨加协定》(USMCA)的数字贸易规则进行了逐条详细对比,发现无论是在数据流动、源代码保护、非歧视待遇等关键条款上,还是在无纸化、透明度等相对次要的条款上,三者都存在或多或少的区别(见表 8-8):与 CPTPP 和 USMCA 相比,RCEP 未涉及数字产品的待遇和源代码等问题,并且个别规则语义模糊,增大了发生规则滥用和争端的可能性,一定程度上弱化了协定约束力度。针对数字时代,数字贸易"规则战"愈演愈烈的态势,洪俊杰和陈明(2021)提出中国必须内外兼修,在全球经贸新格局演变过程中发出更多中国声音,尽快形成数字贸易的"中式模板";同时,积极发挥政府宏观调控的作用,引导要素资源流向,增强我国经济的内在生命力。

表 8-8 RCEP、CPTPP、USMCA 数字贸易条款对比

对比项	RCEP	CPTPP	USMCA
章名	电子商务	电子商务	数字贸易
合作	第 12.4 条	第 14.15 条	第 19.14 条
无纸化贸易	第 12.5 条	第 14.9 条	第 19.9 条
电子认证和电子签名	第 12.6 条	第 14.6 条	第 19.6 条
线上消费者保护	第 12.7 条	第 14.7 条	第 19.7 条
个人信息保护	第 12.8 条	第 14.8 条	第 19.8 条
非应邀商业电子信息	第 12.9 条	第 14.14 条	第 19.13 条
国内监管框架	第 12.10 条	第 14.5 条	第 19.5 条
海关关税	第 12.11 条	第 14.3 条	第 19.3 条
透明度	第 12.12 条	无	无
网络安全	第 12.13 条	第 14.16 条	第 19.15 条
计算设施的位置	第 12.14 条	第 14.13 条	第 19.12 条
通过电子方式跨境传输信息	第 12.15 条	第 14.11 条	第 19.11 条

续 表

对比项	RCEP	CPTPP	USMCA
电子商务对话	第 12.16 条	无	无
争端解决	第 12.17 条	第 14.18 条	无
数字产品的非歧视待遇	无	第 14.4 条	第 19.4 条
关于接入和使用互联网进行电子商务的原则	无	第 14.10 条	第 19.10 条
互联网互联费用分摊	无	第 14.12 条	无
源代码	无	第 14.17 条	第 19.16 条
交互式计算机服务	无	无	第 19.17 条
公开政府数据	无	无	第 19.18 条

8.4.2 规制融合对数字贸易的影响

由于各经济体诉求的差异性导致规制难以实现有效融合,目前数字贸易仍没有形成全球统一规则。为打破数字贸易壁垒,贸易伙伴之间通过签署区域贸易协定(RTA)制订统一规则,从双边和区域层面促进数字贸易。根据数字贸易规则是否由美欧主导,可总结出美式模板和欧式模板两种规则诉求,美式模板更强调数字产品内容进入他国市场的非歧视待遇以及信息和数据跨境的自由流动;而欧式模板对跨境数据流动的开放度要求较低,倡议数据存储本地化,加强对个人信息的保护。从中国已经签署的自由贸易协定(FTA)来看,中国尚未形成数字贸易规则谈判的"中国方案",国内学者关于在数字贸易规则制订时是倾向于美式模板还是欧式模板仍存在争论。基于此,刘斌等(2021)从规制融合后碎片化的消除能否带来数字贸易增长的角度,对这个问题给出了答案。

分析过程分为以下五个步骤:第一,刘斌等(2021)通过构建垄断竞争模型分析规制融合和数字贸易之间的关系,发现规制融合会通过降低数字贸易的固定成本促进数字贸易。第二,在指标构建和实证模型的基础上,刘斌等(2021)使用 OLS 和 PPML 方法进行了回归分析,发现规制融合的系数均显著为正,说明规制融合确实促进了数字贸易。同时,在更换测算指标并通过双重差分(differences-in-differences,DID)方法和两阶段最小二乘法(2SLS)考虑了内生性问题后,发现规制融合对数字贸易的促进作用依然稳健。第三,刘斌等(2021)进一步探究了规制融合对数字贸易可能的影响渠道,发现规制融合主要通过降低贸易成本、增强双边网络效应和缩短制度距离三条机制促进数字贸易发展。第四,刘斌等(2021)考察了规制融合对数字贸易影响的行业差异性,发现规制融合对影视音乐行业数字贸易的促进作用最大,而对电信业和信息服务行业的促进作用相对较小,并指出这与当前电信业和信息服务行业数字贸易协定内容的开放标准相对较低密切相关。第五,刘斌等(2021)通过余弦相似度自然语言文本处理方法,对数字贸易条款的异质性进行了测算。他们基于 WTO 的 RTA 数据库中的协议文本内容，将样本中所有生效的 RTA 涉及电子商务内容的条款分别与 TPP 和欧洲经济区（European Economic Area，EEA）协议进行了对比，构建了数字贸易美式模板相似度指标和数字贸易欧式模板相似度指标，并分析了其对数字贸易的影响效应。研究发现，尽管美式模板的标准更高，但相较于欧式模板，美式模板并没有表现出对数字贸易更强的促进作用。美式模板对跨境数据自由流动等议题提出了较高要求，并不符合大多数国家和地区的现实需求。该结论具有重要的政策含义，为促进数字贸易的进一步发展，在数字贸易谈判时可以倾向使用欧式模板，不必苛求美式模板的高标准，并在规则谈判中努力提出符合自身利益诉求的中国方案。

8.5　本章小结

国家工业信息安全发展研究中心发布的《2020 年我国数字贸易发展报告》显示，2019 年我国数字贸易顺差为 1873.9 亿元，同比增长 46.1%，数字贸易已成为拉动我国外贸发展的新的增长点。《中华人民共和国国民经济和社会发展第十四个五年规划和 2035 年远景目标纲要》提出"创新发展服务贸易""提升贸易数字化水平"的要求。以数字贸易引领贸易创新发展，将是未来一个时期我国优化贸易结构、提升贸易效益、增强贸易实力，进而推动贸易高质量发展的重要抓手①。然而，通过回顾和梳理以往文献，不难发现，国内学术界对数字贸易及数字贸易规则的研究仍处于起步阶段。本章以周念利和陈寰琦（2020）为例，详细分析了数字贸易与数字贸易规则的内涵、构建了引力模型以及实证分析了具体过程，并在扩展与应用部分讲述了关于 RCEP 数字贸易规则以及规制融合对数字贸易影响的最新论文，以期为进一步推动该领域的深入研究提供参考。

8.6　扩展性阅读

[1] Anderson J E. A Theoretical foundation for the gravity equation[J]. The American Economic Review，1979，69(1)：106-116.

[2] Anderson J E，van Wincoop E. Gravity with gravitas：A solution to the border puzzle[J]. The American Economic Review，2003，93(1)：170-192.

[3] Bacchetta M. A Practical Guide to Trade Policy Analysis[M]. Co-published by the

---

① 王晓红：以数字贸易引领贸易创新发展［EB/OL］.（2021-07-20）［2024-07-30］. http://www.jwview.com/jingwei/html/07-20/414662.shtml.

WTO and UNCTAD，2012.

［4］Baier S L，Bergstrand J H. Bonus vetus OLS：A simple method for approximating international trade-cost effects using the gravity equation［J］. Journal of International Economics，2009,77(1)：77-85.

［5］Baldwin R，Taglioni D. Trade effects of the Euro：A comparison of estimators[J]. Journal of Economic Integration,2007,22(4)：780-818.

［6］Burri M. New legal design for digital commerce in free trade agreements［J］. Digiworld Economic Journal，2017,107(3)：1-21.

［7］Burri M，Polanco R. Digital trade provisions in preferential trade agreements： Introducing a new dataset［J］. Journal of International Economic Law，2020，23 (1)：187-220.

［8］Correia S，Guimarães P and Zylkin T. PPMLHDFE：Fast poisson estimation with high-dimensional fixed effects[J]. The Stata Journal，2020,20(1)：95-115.

［9］Djankov S，Freund C and Pham C S. Trading on time[J]. Review of Economics and Statistics，2010,92 (1)：166-173.

［10］Head K，Mayer T. Gravity Equations：Workhorse，Toolkit，and Cookbook ［M］// Gopinath G，Helpman E and Rogoff K (eds.). Handbook of International Economics. North Holland：Elsevier，2014(4)：131-195.

［11］Heckman，J J Sample selection bias as a specification error[J]. Econometrica， 1979,47(1)，153-161.

［12］McCallum J. National borders matter：Canada-U. S. regional trade patterns[J]. The American Economic Review，1995,85(3)：615-623.

［13］Meltzer J P. The Internet，cross-border data flows and International trade[J]. Asia & the Pacific Policy Studies,2015,2(1)：90-102.

［14］Monteiro J A，Teh R. Provisions on electronic commerce in regional trade agreements[J]. WTO Working Paper，ERSD-2017(11).

［15］Obstfeld M，Rogoff K. The six major puzzles in International macroeconomics：Is there a common cause? ［R］. NBER Macroeconomics Annual，2000 (15)： 339-390.

［16］Rauch J E. Networks versus markets in International trade［J］. Journal of International Economics，1999,48(1)：7-35.

［17］Shepherd B. The Gravity Model of International Trade：A User Guide（An Updated Version）［M］. Bangkok：The Asia-Pacific Research and Training Network on Trade（ARTNeT）and United Nations Publication，2016.

［18］Silva J M C S，Tenreyro S. The log of gravity[J]. The Review of Economics and

Statistics，2006，88(4)：641-658.

[19]Stack M M. Regional Integration and trade：Controlling for varying degrees of heterogeneity in the gravity model[J]. The World Economy，2009，2(5)：772-789.

[20]Sun L，Reed M R. Impacts of free trade agreements on agricultural trade creation and trade diversion[J]. American Journal of Agricultural Economics，2010，92(5)：1351-1363.

[21]Tinbergen J. Shaping the world economy：Suggestions for an International economic policy[R]. New York：Twentieth Century Fund，1969.

[22]USBEA. Defining and measuring the digital economy. US Department of Commerce Bureau of Economic Analysis[R]. Washington，DC，2018(15)：210.

[23]Van der Marel E，Ferracane M F. Do data policy restrictions inhibit trade in services？[J]. Review of World Economics，2021，157(4)：727-776.

[24]Yotov Y V，Piermartini R and Larch M. An advanced guide to trade policy analysis：The Structural Gravity Model[R]. WTO iLibrary，2016.

[25]弓永钦，王健. TPP 电子商务条款解读以及中国的差距[J]. 亚太经济，2016(3)：36-41.

[26]国家工业信息安全发展研究中心. 2020 年我国数字贸易发展报告[R]，2020.

[27]韩剑，蔡继伟，许亚云. 数字贸易谈判与规则竞争——基于区域贸易协定文本量化的研究[J]. 中国工业经济，2019(11)：117-135.

[28]洪俊杰，陈明.巨型自由贸易协定框架下数字贸易规则对中国的挑战及对策[J].国际贸易，2021(5)：4-11.

[29]李杨，陈寰琦，周念利. 数字贸易规则"美式模板"对中国的挑战及应对[J]. 国际贸易，2016(10)：24-27.

[30]林发勤. 贸易中的引力模型：理论基础与实证应用[M]. 北京：经济科学出版社，2016.

[31]刘斌，甄洋，李小帆. 规制融合对数字贸易的影响：基于 WIOD 数字内容行业的检验[J]. 世界经济，2021(7)：3-28.

[32]马述忠，房超，梁银锋. 数字贸易及其时代价值与研究展望[J]. 国际贸易问题，2018(10)：16-30.

[33]彭德雷，张子琳. RCEP 核心数字贸易规则及其影响[J].中国流通经济，2021(8)：18-29.

[34]彭羽，杨碧舟，沈玉良. RTA 数字贸易规则如何影响数字服务出口——基于协定条款异质性视角[J].国际贸易问题，2021(4)：110-126.

[35]钱学锋. 企业异质性、贸易成本与中国出口增长的二元边际[J].管理世界，2008(9)：48-56.

[36] 孙林. 贸易流量零值情况下引力模型估计方法的优化选择——来自蒙特卡罗模拟的证据[J]. 数量经济技术经济研究,2011(3):152-160.

[37] 唐锋. 农食产品标准的国际贸易效应研究[D]. 杭州:浙江工业大学,2017.

[38] 唐锋,谭晶荣. 核心劳工标准对国际贸易的影响——基于包含"多边阻力项"的引力模型[J]. 中南财经政法大学学报,2014(6):102-108.

[39] 徐华,魏然. 数字贸易规则构建的国际经验与启示[J]. 经济论坛,2021(4):99-104.

[40] 徐金海,周蓉蓉. 数字贸易规则制定:发展趋势、国际经验与政策建议[J]. 国际贸易,2019(6):61-68.

[41] 徐世腾. 基于贸易流量的引力模型:最新研究进展综述[J]. 中南财经政法大学学报,2014(5):103-110.

[42] 周念利,陈寰琦. 数字贸易规则"欧式模板"的典型特征及发展趋向[J]. 国际经贸探索,2018(3):96-106.

[43] 周念利,陈寰琦. RTAs 框架下美式数字贸易规则的数字贸易效应研究[J]. 世界经济,2020(10):28-51.

[44] 周念利,陈寰琦. 基于《美墨加协定》分析数字贸易规则"美式模板"的深化及扩展[J]. 国际贸易问题,2019(9):1-11.

[45] 周念利,陈寰琦,黄建伟. 全球数字贸易规制体系构建的中美博弈分析[J]. 亚太经济,2017(4):37-45.

[46] 周念利,王千. 美式数字贸易规则对亚洲经济体参与 RTAs 的渗透水平研究[J]. 亚太经济,2019(4):30-37.

[47] 周念利,陈寰琦. RTAs 框架下美式数字贸易规则的数字贸易效应研究. 世界经济,2020(10):28-51.

练习题

参考答案

请根据周念利和陈寰琦(2020)提供的数字贸易定义及数据下载来源,下载 15 个出口经济体(A 组)对 100 个进口经济体(B 组,包含 15 个 A 组经济体)的双边数字贸易出口数据,并对出口情况进行描述性统计分析。

请阅读 Shepherd B. The gravity model of international trade:A user guide(an updated version)2016" 文献,并从 https://artnet. unescap. org/publications/books-reports/gravity-model-international-trade-user-guide-updated-version 下载数据,运用 Stata 软件学习如何运用引力模型进行实证分析。

附录:对引力模型的进一步说明①

限于篇幅周念利和陈寰琦(2020)在文中,并未对引力模型进行详细说明。鉴于国内外文献使用引力模型的研究非常多,下面将介绍引力模型的基本内涵与估计方法,以满足有需要的同行和学生的需求②。

附录8.1 引力模型的基本内涵

作为事后分析手段,引力模型是国际贸易实证研究中最为成功的模型之一。若我们去知网或谷歌学术上搜索,会发现有成千上万篇论文使用引力模型进行实证研究。引力模型之所以这么受欢迎,是因为引力模型的其中一个特点就是在使用上具有较强的灵活性,可以使我们较为容易地研究不同事件或贸易政策对贸易的影响。黑德(Head)和迈尔(Mayer)曾将引力模型形象地比喻为工具箱(workhorse,toolkit)和食谱(cookbook)。

引力模型起源于牛顿万有引力公式,即两种物体之间的引力与它们之间的质量成正比,与它们之间的距离成反比。1962年,首届诺贝尔经济学奖得主丁伯根认为可以把类似的方程运用到国际贸易流量的估算上,他认为两国家之间的贸易量和它们的经济规模成正比,而与两国之间的距离呈负相关关系。后来,学者们又将引力模型扩展到对FDI、旅游、移民等领域的分析上。借鉴万有引力公式,国家间贸易引力关系可以描述为:

$$F_{ij} = G \frac{M_i^\alpha M_j^\beta}{D_{ij}^\theta} \tag{8-A1}$$

其中,F_{ij} 可代表 i 到 j 的贸易流量,如 i 地区到 j 地区的出口,也可表示 i 地区来自 j 地区的进口,或表示两个地区的总贸易流量(出口＋进口)。G 被称为引力常数。M 代表两个地区的经济规模,如 F 为贸易货币流量,M 通常代表两个地区的 GDP 或者 GNP;如 F 为移民流量,M 代表人口规模可能就更加合适。D 表示两个地区之间的距离,通常是指经济中心之间的距离,也可以表示为政治中心(首都)之间的地理距离。不同于物理上的引力方程,在贸易流量方程中,经济规模和地理距离对贸易流量的弹性是不确定的。不过,大量的实证研究表明,货物贸易流量与 GDP(距离)成正(反)比,且弹性接近 1。但对于服务贸易而言,其贸易成本的弹性一般小于 1,因为跨境服务贸易不直接涉及运输成本。

---

① 附录部分的参考文献见"8.6 扩展性阅读"。

② 关于引力模型的详细介绍,请参考林发勤(2016)。

引力模型由于较好地解释了两国之间的贸易流量,提出之后便受到广泛欢迎。但由于早期的引力模型缺少经济学理论的支持,并且缺乏对引力模型自身的经济解释,利用引力模型做实证分析时往往会得出理论上难以解释的结果,如边境之谜。[①] 从Anderson(1979)开始,引力模型开始寻求正式的理论基础,但是这些努力始终没有得到贸易经济学家的一致认可,其中一大原因就是这些模型本身太复杂,不能直接拿来使用和分析贸易问题,直至安德森(Anderson)和温克尔帕(Wincoop)2003年发表在《美国经济评论》上的"Gravity with gravitas:A solution to the border puzzle"的文章奠定了引力模型的理论基础,使得引力模型的应用变得更加标准。

附录 8.2　包含"多边阻力项"的理论模型的构建

Anderson 和 Wincoop(2005)对引力模型的理论贡献在于强调了贸易成本变量的"多边阻力"概念,全面揭示了贸易成本对国家间贸易流量的影响。以距离为例,传统的引力模型仅仅强调双边关联性,即两国之间贸易流量与其之间的距离呈相关比例关系。他们的研究结论指出,两国之间的贸易流量不仅受其双边距离的影响,也和相对距离,即它们与其他国家之间的距离有密切关联,如果它们与其他国家之间相距遥远,那么它们之间的贸易关系就会密切许多。此外,除了距离,其他阻碍贸易的因素同样也存在"多边阻力",例如两国之间关税下降,理论上会促进双边贸易,但如果其中一国是某个自由贸易协定的成员,而该自由贸易协定成员间的关税为零,那么关税下降带来的贸易促进效应便会被削弱(徐世腾,2014)。直观而言,所谓"多边阻力",就是说一个区域与其他所有区域贸易的阻力越大,则它越会被推动着与一个给定的双边贸易伙伴开展贸易。也就是说,两个区域之间的贸易值取决于它们之间的双边贸易成本与它们和所有贸易伙伴之间的平均贸易成本之间的相对值(钱学峰,2008)。

Anderson 和 Wincoop(2003)假定消费者行为满足 CES 效用函数,喜好产品的多样性,由此推导出引力方程的形式:

$$X_{ij} = \frac{Y_i Y_j}{Y^W} \left(\frac{\tau_{ij}}{\pi_i P_j} \right)^{1-\sigma} \tag{8-A2}$$

其中,X_{ij} 代表从 i 国到 j 国的名义出口值。Y^W 代表世界名义 GDP;Y_i 和 Y_j 分别代表国家 i 和国家 j 的名义 GDP;从式(8-A2)中可以看出,两国的收入相对世界 GDP 的水平越高,双边的贸易流量就会越大。τ_{ij} 代表从 i 国到 j 国的贸易成本,满足对称性 $\tau_{ij} = \tau_{ji}$,且 $\tau_{ij} \geqslant 1$;如果 P_i 是货物原产国的净供给价格,那么 $P_{ij} = P_j \tau_{ij}$ 是 j 国的消费者所面对的

[①] 研究引力模型的文献中最著名的推断之一是 McCallum(1995)的发现,即美国和加拿大之间的边境导致 1988 年加拿大各省之间的贸易是美国各州和加拿大各省之间贸易的 22 倍,这就是著名的边境之谜(border puzzle)。Obstfeld and Rogoff(2000)将其视为开放经济条件下宏观经济学研究中的六大谜题之一。

商品价格。σ 为国内外商品间的替代弹性,且 $\sigma > 1$。π_i 和 P_j 分别代表 i 国的外向多边阻力条件和 j 国的内向多边阻力条件,可以称其为平均贸易成本,其表达式如下:

$$\pi_i^{1-\sigma} = \sum_j P_j^{\sigma-1} \theta_j \tau_{ij}^{1-\sigma} \tag{8-A3}$$

$$P_j^{1-\sigma} = \sum_i \pi_i^{\sigma-1} \theta_i \tau_{ij}^{1-\sigma} \tag{8-A4}$$

其中,θ_i 和 θ_j 分别是 i 国和 j 国的收入在世界总收入中所占的比例,即 $\theta_i = Y_i/Y^W$,$\theta_j = Y_j/Y^W$。π_i 和 P_j 形式上是 τ_{ij}、θ_i 和 θ_j 的隐函数,两者具有不可解析性,因此造成标准引力模型呈现非线性形式。从经济意义上看,π_i(i 国的外向多边阻力条件)是指 i 国出口商品至各进口国时发生的加权平均贸易成本;P_j(j 国的内向多边阻力条件)则代表 j 国从各出口国进口商品时发生的加权平均贸易成本。$\pi_i P_j$ 就可以被理解为是 i 国出口商品、j 国进口商品的过程中发生的总的平均贸易成本。由公式可知,两国进行双边贸易的相对贸易成本($\tau_{ij}/\pi_i P_j$)越小,所创造的贸易流量也就越多。

附录 8.3　多边阻力项的处理方法

根据 Anderson 和 Wincoop(2003)的引力模型理论分析结果,对式(8-A2)两边取对数,得到:

$$\ln X_{ij} = \ln Y_i + \ln Y_j - \ln Y^W + (1-\sigma)(\ln\tau_{ij} - \ln\pi_i - \ln P_j) \tag{8-A5}$$

传统引力方程在实证分析中能较好地估计式(8-A5)的前四项,但是忽略了后面两项,造成估计存在遗漏变量偏差。Baldwin 和 Taglioni(2007)把它称为"金牌(gold medal)"错误(最严重的错误)。[①] 因此,后来的估计逐步在改善,但后两项属于不可观测变量,不容易估计。很多学者尝试解决该难题,目前处理多边阻力项的方法主要有:

附录 8.3.1　价格指数法

Anderson 和 Wincoop(2003)注意到"多边阻力项"无法像其他自变量比如 GDP、人口、地理距离等那样被直接观察到,因此 Anderson 和 Wincoop(2003)首先用价格指数来代表"多边阻力",然后使用非线性最小二乘法(NLS)进行估计。然而,在过去的几十年,引力方程之所以得到广泛的运用,一个重要的原因就是可以很方便地利用普通最小二乘法(OLS)来估计和解释各种成本因素对贸易流量的影响。价格指数法恰恰放弃了这

---

① 此外,Baldwin 和 Taglioni(2007)还指出了"银牌(silver medal)"错误和"铜牌(bronze medal)"错误。银牌错误是指使用平均贸易流量(i 国和 j 国之间进出口贸易的平均值,一组国家对之间只有一个数据)导致的错误。根据理论上的引力模型,应该用单向的贸易(即从 i 国到 j 国的出口为一个观测值,从 j 到 i 国的出口为另外一个观测值)进行方程估计。铜牌错误是指把名义贸易数据换成真实数据导致的错误。通过理论模型可知,引力模型是将名义国内生产总值分配到名义进出口的消费函数,因而不适当的压低可能通过虚假的相关性而产生偏差。

一重要优点,其操作的复杂性无疑阻碍了该方法的广泛推广使用。除此之外,Baldwin 和 Taglioni(2007)还指出,很多人都没有注意到 Anderson 和 Wincoop(2003)是在使用截面数据的前提下采用这种方法的,也就是说,如果研究中采用面板数据,这种方法就不那么恰当了(唐锋,谭晶荣,2014)。

附录 8.3.2 差分法

差分法的处理思路是,考虑另一个国家 k 对 j 的贸易方程:

$$\ln X_{kj} = \ln Y_k + \ln Y_j - \ln Y^W + (1-\sigma)(\ln \tau_{kj} - \ln P_k - \ln P_j) \tag{8-A6}$$

式(8-A6)减去式(8-A5),得到:

$$\frac{\ln X_{kj}}{\ln X_{ij}} = \ln \frac{Y_k}{Y_i} + (1-\sigma)\left(\ln \frac{\tau_{kj}}{\tau_{ij}} - \ln \frac{P_k}{\pi_i}\right) \tag{8-A7}$$

通过筛选国家 k,假定满足 $P_k \approx \Pi_i$,则式(8-A7)可以简化为:

$$\frac{\ln X_{kj}}{\ln X_{ij}} = \ln \frac{Y_k}{Y_i} + (1-\sigma)\ln \frac{\tau_{kj}}{\tau_{ij}} \tag{8-A8}$$

对式(8-A8)进行估计可以避免遗漏变量偏差,从而得到无偏的估计量。Djankov 等(2010)利用差分法对时间如何影响贸易流量进行了实证分析。他们研究了 98 个国家从工厂到码头装船的时间数据,结果发现,产品在装船前每多耽搁一天会导致贸易量缩减超过 1% 或相当于其到贸易伙伴的平均距离增加了 70 千米。差分法的优点在于简单、直接,缺点在于当两国的贸易成本、GDP 等变量很接近时,差分法会导致某些数据被直接处理掉,很难准确估计参数值(徐世腾,2014)。

附录 8.3.3 固定效应法[①]

第三种更为简便的方法就是使用固定效应来把观察不到的价格指数考虑进去,这也是目前使用最为广泛的处理"多边阻力项"的方法。这种方法的一大好处在于可以适用普通最小二乘法,克服了非线性最小二乘法估计复杂的问题,保持了引力模型估计简便的好处。固定效应又包含以下几种具体的操作方法。第一种做法相对简单,即在进口国、出口国上分别设置虚拟变量,此时,多边阻力项被进口国、出口国虚拟变量代替。在使用面板数据的情况下,还需要设置时间虚拟变量,反映的是对于所有贸易伙伴国都一样的不被观察到的全球时间效应。第二种方法是设定固定效应,即设置虚拟变量,这是为了代表在所有年份中未被观察到的双边固定贸易壁垒(Baldwin and Taglioni,2007);第三种是 Stack(2009)认为比较理想的处理方法,即除了包含国家对固定效应外,还应使用进口国—时间固定效应和出口国—时间固定效应,他认为贸易阻力的关键因素都是

---

① 本部分内容参考:唐锋. 农食产品标准的国际贸易效应研究[D]. 杭州:浙江工业大学,2017:24;林发勤. 贸易中的引力模型:理论基础和实证应用[M]. 北京:经济科学出版社,2016:40.

随时间变化的,不应只控制国家上或时间上的平均贸易阻力。如果有 100 个国家 20 年的数据,则有 198000 个观测值,理想的情况是有 4950 个国家对固定效应,2000 个出口国—时间固定效应,以及 1980 个进口国—时间固定效应,共 8950 个虚拟变量,但模型仍然是可以识别的,因为有 198000 个观测值。

然而,固定效应法也并非完美,首先它会产生较多的虚拟变量,对计量软件的计算能力是一个很大的考验。其次,在考察贸易政策变量的影响效应时,常由于和国家—时间固定效应之间存在完全共线性而被吸收掉,造成无法估计政策变量的影响效应的问题。

附录 8.3.4 泰勒级数法

Baier 和 Bergstrand(2009)用泰勒级数法来解决多边阻力问题,他们把这种方法叫作"绝佳的传统最小二乘估计(bonus vetus OLS 或者 good old OLS)",其处理的关键是假定两国具有对称的贸易成本,即 $\tau_{ij} = \tau_{ji}$。他们通过对对数线性引力模型进行一阶泰勒展开,得到有理论基础但又外生的可观测到的多边价格阻力条件,可以直接应用最小二乘法进行估计(林发勤,2016)。根据他们的研究,多边阻力项可以近似地表示为:

$$\ln\pi_i + \ln P_j \approx \frac{1}{N_i}\sum_i \tau_{ij} + \frac{1}{N_j}\sum_j \tau_{ij} - \frac{1}{N_i N_j}\sum_i\sum_j \tau_{ij} \qquad (8\text{-}A9)$$

于是,需要估计的引力方程就变为:

$$\ln X_{ij} = \ln Y_i + \ln Y_j - \ln Y^W + (1-\sigma)\Big(\ln \tau_{ij} - \frac{1}{N_i}\sum_i \tau_{ij} - \frac{1}{N_j}\sum_j \tau_{ij} + \frac{1}{N_i N_j}\sum_i\sum_j \tau_{ij}\Big)$$

$$(8\text{-}A10)$$

根据式(8-A10),可以很容易地估计出变量系数。泰勒级数法的优点同样是估计方法简单,并且符合理论基础,同时可以估计政策变量的影响效应。缺点主要是当国家间的对称性假设条件不满足时,估计方法便变得十分复杂且中点值的选择对实证结果影响非常大。

附录 8.4　因变量零值问题处理[①]

近年来,引力模型计量发展的第二个内容就是如何更加恰当地处理因变量取零值的问题,以得到更为准确的计量结果。经典引力模型需要将原式的乘法性质通过取对数转化为线性,那么如果因变量取零值的话,就会出现无法取对数的情况。特别是运用细分类的贸易数据进行分析时,会存在很多贸易零值情形,如果在研究中简单地删除或者忽略这些零值观测值,会导致模型估计严重偏误。传统上,处理贸易零值的做法有以

---

① 本部分内容参考:唐锋.农食产品标准的国际贸易效应研究[D].杭州:浙江工业大学,2017:25-26.

下三种(孙林,2011):第一,直接将零值样本剔除;第二,在零值上加一个很小的数字,比如 1 或者 0.1,以方便取对数;第三,采用不同的估计方法。线性估计方法有 Tobit 模型[①];非线性估计方法中,最常用的包括非线性最小二乘法(NLS)、Gamma 最大似然估计(GPML)、泊松伪最大似然估计(PPML)以及 Hechman 样本选择模型。

第一种"零值剔除法"的局限比较明显,剔除零值样本要求零值是随机分布的,如果零值包含了有用信息,比如其产生是基于企业异质性,或者零值发生是因为地理距离太远、国民收入低或者缺乏发生贸易的文化或历史联系,那么直接剔除零值就会低估这些变量的贸易效应(Rauch,1999),因此此时剔除法就意味着损失了这部分用以解释极低贸易值发生的原因的信息,导致结果不一致;并且如果贸易零值大量存在,剔除法会大大减少样本数量。第二种在零值基础上加一个很小的正数的方法可以很简便地处理因变量取对数的问题,并且这种在零值上加一个极小值的方法还可以避免丢失样本中的观察值,但是这是一种事后措施,其做法是武断的,并不能反映潜在的期望值。因此,从近几年的文献来看,几乎已经不采用这两种方法。

在三种方法中具体使用哪种估计方法,部分取决于贸易零值出现的理由。Tobit 模型是为了解决样本删失的问题,反映的是部分观测值因为小额贸易被调整为零或者实际上反映的是"预期的"负贸易而被记录为零的情形。由于真实的贸易值无法被观测到,使用最小二乘法无法得到一致估计,因而使用 Tobit 模型予以纠正。但如果零值产生的原因是两个国家现实中确实没有发生过双边贸易,使用 Tobit 模型就不是很恰当。

从非线性估计方法的选择来看,目前对于处理零值问题公认的更好的方法是 PPML 和 Heckman 样本选择模型。Silva 和 Tenreyro(2006)提出的 PPML 方法的优点是在估计过程中,因变量 Y 不取对数,保留原始的贸易流量数值,这样便解决了零值取对数后部分数据信息缺失的难题。其次,PPML 法可以在模型存在异方差的情况下依然得到无偏的估算结果。无论是在涉及贸易政策的实证研究还是在模拟研究中,PPML 估计法的稳定性和对异方差的修正也在大量的实证研究中都得到了肯定,特别是在样本中存在大量零贸易流量和小国的情况下,PPML 估计法的优势突出(Sun and Read,2010)。Correia 等(2020)进一步修正了 PPML 估计法,在存在高维固定效应(multiple high-dimensional fixed effects)的前提下进行 PPML 回归,称为高维固定效应泊松伪极大似然估计法(PPMLHDFE)。与 PPML 估计法相比,PPMLHDFE 估计法可以更为稳健地检验伪极大似然估计。

为了解决选择性偏差问题,通常采用 Heckman 样本选择模型(或称 Heckman 两步估计法)。这个模型由诺贝尔经济学奖获得者赫克曼(Heckman)教授于 1979 年提出。赫克曼选择模型分为两个步骤,步骤一为"选择机制",利用全部样本数据,运用 Probit

---

① Tobit 模型也被称为截尾回归模型或删失回归模型(censored regression model),属于受限因变量(limited dependent variable)回归的一种。

模型估计两个经济体之间发生贸易的概率大小;步骤二将在选择机制中得到的贸易发生概率作为一个自变量放入原来的引力模型中,用加权最小二乘法(WLS)、广义最小二乘法(GLS)或 OLS 等对部分样本数据(即贸易量大于零的数据)进行估计。此外,选择方程的自变量个数一定要大于步骤二贸易方程的自变量个数,这个多出来的变量被称为"排除变量(excluded variable)",这个排除变量只影响选择过程,即它只与一个国家是否出口有关,与它具体的出口量无关。赫克曼选择模型的好处在于是否出口的决策和出口多少的决策在模型中不再认为是完全独立的,这个模型允许在选择方程和贸易方程的误差项之间存在一定的相关关系,以更好地反映决策过程。同时,由于赫克曼选择模型对两个方程进行估计,因此可以同时考虑自变量对于是否出口的决策(扩展边际)和出口量的决策(集约边际)的影响。由于不需要单独计算二元边际的值,赫克曼选择模型为贸易二元边际研究提供了一种简单便利的方法。

附录 8.5 数据及 Stata 应用实例

引力模型分析所需的 GDP 以及贸易成本数据都可以从 CEPII 数据库上免费下载(需先注册会员),该数据库会定时更新,目前包含 257 个国家和地区 1948—2019 年的数据;所需贸易流量数据可以从 WITS(World Integrated Trade Solution)或 UN Comtrade 网站下载(见附图 8-1)。

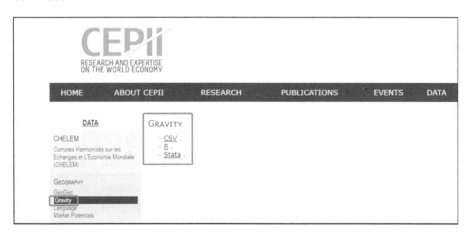

附图 8-1 CEPII 引力模型数据下载页面

接下来,我们使用 Shepherd(2016)提供的 2005 年 218 个国家和地区双边服务贸易数据展示如何拟合引力模型。

实证分析的第一步是检验变量之间的相关性。为此,我们首先使用 Stata 的"generate"命令将数据转换为对数形式。然后,使用"correlate"命令来生成一个相关矩阵,如附图 8-2 所示。通过增加 if 选项,将计算限制在 SER 部门,即服务贸易部门。我们感兴趣的相关关系反映在矩阵的非对角元素中,可以看到,服务贸易出口额(ln_trade)

和出口国（地区）的 GDP(ln_gdp_exp)及进口国（地区）的 GDP(ln_gdp_imp)显著呈正相关，而和距离(ln_distance)显著呈负相关，这一发现支持了引力模型的基本假说，即两国（地区）之间的贸易流量与其经济规模成正比，而与两国（地区）之间的距离成反比。

```
3    use "servicesdataset 2.dta", clear
4    * Correlation matrix for basic gravity variables
5    gen ln_trade = ln(trade)
6    gen ln_distance = ln(dist)
7    gen ln_gdp_exp = ln(gdp_exp)
8    gen ln_gdp_imp = ln(gdp_imp)
9    estpost correlate ln_trade ln_gdp_exp ln_gdp_imp ln_distance if sector ==
↳    "SER", matrix listwise
10   esttab, unstack not noobs
```

	(1)			
	ln_trade	ln_gdp_exp	ln_gdp_imp	ln_distance
ln_trade	1			
ln_gdp_exp	0.364***	1		
ln_gdp_imp	0.373***	-0.310***	1	
ln_distance	-0.265***	0.0518**	0.0431**	1

* $p<0.05$, ** $p<0.01$, *** $p<0.001$

附图 8-2　变量之间的相关关系

其次，可以使用 Stata 的"twoway"命令以图形方式再次予以验证。该命令将一个图叠加到另一个图上，可以将感兴趣的变量的散点图和线性拟合图组合在一起，从而反映变量之间的相关性。附图 8-3 左侧显示了使用出口国（地区）和进口国（地区）的经济总量，即其 GDP 的乘积作为解释变量的线性拟合结果，右侧展示了距离作为解释变量的线性拟合结果。散点图与拟合线均显示贸易流量与 GDP 之间存在明显的正相关关系，与距离呈现明显负相关关系，即图形证据也验证了引力模型的基本假说。

附图 8-4 展示了使用 Stata "regress"命令进行 OLS 回归的估计代码及分析结果。命令语中"ln_trade"为被解释变量——服务贸易出口额，"ln_gdp_exp ln_gdp_imp ln_distance contig comlang_off colony comcol"为一系列解释变量，除了上文中 GDP 及距离变量外，我们参考引力模型的相关文献，加入了一些其他可能影响贸易成本的虚拟变量作为控制变量。具体来说，模型中包括了两国（地区）是否拥有共同的边界(contig)、共同的语言(comlang_off)，一方是否在某个时间点是另一方的殖民地（colony）或被共同的侵略者殖民过(comcol)等地理和历史变量。命令语中 if 选项表示我们将回归分析限定在服务贸易部门，robust cluster（dist）表示以双边距离为聚类变量来计算聚类稳健的标准误。

```
12    *Scatter plot and line of best fit for trade versus combined GDP
13    gen ln_gdp_both=ln(gdp_exp*gdp_imp)
14    twoway (scatter ln_trade ln_gdp_both if sector=="SER")(lfit ln_trade
      ln_gdp_both if sector=="SER"), saving(trade_gdp.gph, replace)
15
16    *Scatter plot and line of best fit for trade versus distance
17    twoway (scatter ln_trade ln_distance if sector=="SER")(lfit ln_trade
      ln_distance if sector=="SER"), saving(trade_distance.gph, replace)
18    graph combine trade_gdp.gph trade_distance.gph
```

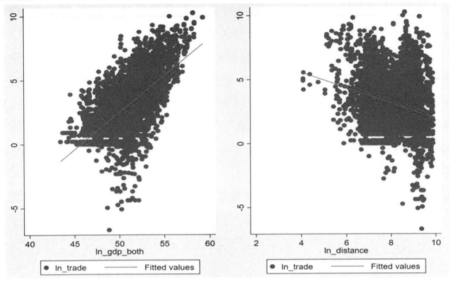

附图 8-3 服务贸易与综合 GDP 的散点及线性拟合图

```
20    *OLS estimates of the intuitive gravity model using stata
21    regress ln_trade ln_gdp_exp ln_gdp_imp ln_distance contig comlang_off
      colony comcol if sector=="SER", robust cluster(dist)
```

Linear regression

Number of obs	=	3,884
F(7, 2151)	=	442.01
Prob > F	=	0.0000
R-squared	=	0.5431
Root MSE	=	1.5281

(Std. err. adjusted for 2,152 clusters in dist)

ln_trade	Coefficient	Robust std. err.	t	P>|t|	[95% conf. interval]	
ln_gdp_exp	.6011672	.0132209	45.47	0.000	.5752401	.6270942
ln_gdp_imp	.6176062	.0142666	43.29	0.000	.5896284	.6455839
ln_distance	-.7385146	.03536	-20.89	0.000	-.8078579	-.6691714
contig	.3989524	.1829276	2.18	0.029	.0402191	.7576858
comlang_off	.8861328	.0993078	8.92	0.000	.6913835	1.080882
colony	1.202965	.1201971	10.01	0.000	.9672503	1.43868
comcol	-.0245067	.2018195	-0.12	0.903	-.4202883	.371275
_cons	-22.03706	.671738	-32.81	0.000	-23.35438	-20.71974

附图 8-4 基本引力模型的 OLS 回归分析

如附图 8-4 所示,引力模型对数据的拟合度相对较好,R^2 为 0.54,即这些解释变量可以解释服务贸易变化的 50% 之上。随着向模型中添加更多的变量,特别是如果应用面板数据进行分析,拟合优度会进一步上升。从估计结果来看,出口国(地区)和进口国(地区)GDP 系数在 1% 的置信水平上显著为正,GDP 的总值增加 1%,服务贸易出口额会增加 0.60% ~ 0.62%;距离系数在 1% 的置信水平上显著为负,两国(地区)之间的距离每增加 1%,贸易额会减少 0.74%。距离对服务贸易的影响效应要弱于货物贸易,货物贸易的估计弹性往往在 -1 左右。这是因为跨境服务贸易不直接涉及运输成本,因而地理距离对服务贸易流量的影响较弱。但同时,地理距离仍然对服务贸易有显著负向影响的事实表明,服务贸易并不会毫无成本地跨越边境,距离对服务贸易的影响并没有消失。其余地理和历史控制变量中,除共同殖民(comcol)变量的系数不显著外,所有变量都具有预期的正向效应。例如,就表示地理邻接的共同边境变量(contig)的估计结果而言,边境邻接的国家(地区)之间比边境非邻接的国家(地区)之间的服务贸易往来多 49% 左右 $[(e^{0.40}-1)\times 100\%]$。

下面,纳入 OECD 提供的 ETCR 规制改革指数[①]进行模型扩展,结果如附图 8-5 所示,ectr_exp 和 ectr_imp 的系数显著为负,并且 R^2 上升至 0.68,由此可知,出口国(地区)和进口国(地区)的政策规制是影响服务贸易往来的重要解释变量,规制越严格,服务贸易出口额越少。

```
23    *OLS estiamtes of an augmented gravity model
24    regress  ln_trade etcr_exp etcr_imp ln_gdp_exp ln_gdp_imp ln_distance
 ɔ    contig comlang_off colony comcol if sector=="SER", robust cluster(dist)

Linear regression                        Number of obs    =       816
                                         F(8, 413)        =    139.24
                                         Prob > F         =    0.0000
                                         R-squared        =    0.6833
                                         Root MSE         =    1.3835

                                    (Std. err. adjusted for 414 clusters in dist)
```

ln_trade	Coefficient	Robust std. err.	t	P>|t|	[95% conf. interval]	
etcr_exp	-.3605257	.0910402	-3.96	0.000	-.5394858	-.1815657
etcr_imp	-.3721994	.0796389	-4.67	0.000	-.5287475	-.2156512
ln_gdp_exp	.7736852	.0349451	22.14	0.000	.7049927	.8423777
ln_gdp_imp	.8223475	.0349431	23.53	0.000	.753659	.891036
ln_distance	-1.114939	.0626474	-17.80	0.000	-1.238087	-.9917915
contig	-.5579995	.2452544	-2.28	0.023	-1.040102	-.075897
comlang_off	1.378263	.2090961	6.59	0.000	.9672377	1.789289
colony	.1771059	.2077632	0.85	0.394	-.2312993	.5855111
comcol	0	(omitted)				
_cons	-27.11023	1.799003	-15.07	0.000	-30.64657	-23.57388

附图 8-5 纳入规制改变变量的扩展引力模型的 OLS 回归分析

[①] ETCR(regulation in energy,transport and communication)指数是能源、运输和通信领域规制的简写形式,ETCR 指数所涉及的部门往往是非竞争性的规制部门。ETCR 指标评分介于 0~6,越接近于 0,规制越缓和,表明该国(地区)的自由化水平越高;越接近于 6,则显示规制越严格,表明该国(地区)的规制改革进展越慢。

下面,演示如何运用固定效应法和泰勒级数法来解决多边阻力项问题。运用固定效应法的 Stata 代码和分析结果如附图 8-6 所示,首先运用 group( )命令,将字符型出口国(地区)(exp)与进口国(地区)(imp)变量生成数值型,然后基于最小二乘虚拟变量法(LSDV)加入国家(地区)层面的虚拟变量生成固定效应进行回归分析即可。[①] 该方法简单易操作,为研究者常用。然而,由于政策变量以及 GDP 变量和国家(地区)层面的固定效应存在完全多重共线性,因此应用固定效应法进行回归分析时,政策变量和 GDP 变量常因共线性而被吸收掉。因此,如果想要分析国家(地区)层面政策变量的具体影响效应,固定效应法不再是最优选择。

```
26    *OLS estimates of a gravity model with fixed effects by importer and
 ↳    exporter
27    egen exporters = group(exp)
28    egen importers = group(imp)
29    regress ln_trade ln_distance contig comlang_off colony comcol i.exporters i
 ↳    .importers if sector=="SER", robust cluster (dist)
```

Linear regression

Number of obs	= 4,184
F(383, 2328)	= .
Prob > F	= .
R-squared	= 0.7681
Root MSE	= 1.1333

(Std. err. adjusted for 2,329 clusters in dist)

ln_trade	Coefficient	Robust std. err.	t	P>|t|	[95% conf. interval]	
ln_distance	-1.014767	.0469219	-21.63	0.000	-1.10678	-.9227543
contig	.235591	.202185	1.17	0.244	-.1608905	.6320725
comlang_off	.3982351	.0936922	4.25	0.000	.2145062	.5819639
colony	1.173628	.1159908	10.12	0.000	.9461722	1.401084
comcol	-.088625	.2584496	-0.34	0.732	-.5954404	.4181904
exporters						
2	-.3386272	.530869	-0.64	0.524	-1.379652	.7023981
3	2.01065	.6859219	2.93	0.003	.6655682	3.355731

附图 8-6 使用固定效应法解决多边阻力项问题

下面,借鉴 Baier 和 Bergstrand(2009)提出的泰勒级数法来解决多边阻力项问题,该方法的优点是可以估计出感兴趣的国家(地区)层面政策变量的影响效应。首先,需要利用式(8-A9)计算多边阻力项变量,然后在回归分析中加入该变量。需要说明的是,为简单起见,在附图 8-7 所示的 Stata 操作中,贸易成本变量 τ_{ij} 仅使用了距离作为代理变量。如果研究者在具体分析中需要加入其他的贸易成本变量,参照距离变量的计算方法计算即可。从估计结果可以看出,ectr_exp 和 ectr_imp 的系数均显著为负,从影响效应上看,ECTR 评分规制增加 1 分,出口量会减少 34%~35%。

---

① 由于示例是横截面数据,无法使用组内估计量"xtreg,fe"命令,故这里用 LSDV 法进行回归分析。事实上,LSDV 法和组内估计量 FE 是等价的。LSDV 法的 Stata 命令为 regress x1 x2 x3 i. id,"i. id"表示根据变量 id 生成的虚拟变量。

```
31    *OLS estimates of a simple gravity model estimated using the Baier and
      Bergstrand(2009)methodology
32    egen temp1 = mean(ln_distance), by (exp sector)
33    egen temp2 = mean(ln_distance), by (imp sector)
34    egen temp3 = sum(ln_distance), by (sector)
35    gen ln_distance_star=ln_distance-temp1-temp2+(1/218^2)*temp3
36    regress ln_trade ln_distance_star etcr_exp etcr_imp ln_gdp_exp ln_gdp_imp
      if sector=="SER", robust cluster(dist)
```

```
Linear regression                          Number of obs     =        816
                                           F(5, 413)         =     169.23
                                           Prob > F          =     0.0000
                                           R-squared         =     0.6060
                                           Root MSE          =     1.5402

                                    (Std. err. adjusted for 414 clusters in dist)
```

ln_trade	Coefficient	Robust std. err.	t	P>|t|	[95% conf. interval]	
ln_distance_star	-1.222378	.0763004	-16.02	0.000	-1.372363	-1.072392
etcr_exp	-.3487383	.0945515	-3.69	0.000	-.5346006	-.1628761
etcr_imp	-.3422279	.0890743	-3.84	0.000	-.5173235	-.1671323
ln_gdp_exp	.6892404	.0357058	19.30	0.000	.6190525	.7594282
ln_gdp_imp	.7401311	.0362637	20.41	0.000	.6688466	.8114156
_cons	-40.93818	2.10845	-19.42	0.000	-45.08281	-36.79355

附图 8-7　使用泰勒级数法解决多边阻力项问题

　　下面,展示如何运用 PPML 和 Heckman 样本选择法处理因变量零值问题。Stata 包含一个内置的"poisson"命令,可以很容易地应用于引力模型,但它存在一些数值问题(numerical issues),这些问题有时会导致结果不稳定或不可靠。对于研究人员来说,更好的选择是使用由 Silva 和 Tenreyro (2006) 开发的 PPML 命令。可以通过在 Stata 命令窗口中键入"findit ppml"并按照提示安装该命令。如果运用固定效应法进行 PPML 估计,首先需要运用"tabulate"命令生成国家(地区)层面的虚拟变量,然后在估计中加入虚拟变量即可。PPML 命令自动使用稳健标准误(robust standard error)进行估计,因此可以不用 robust 选择项。cluster 选择项用以指定聚类变量,这里依然用距离(dist)作为聚类变量。如果 PPML 命令遇到估计问题,有时可以通过将因变量表示为以数千或数百万美元而不是以美元为计量单位的数值来解决这些问题。因为因变量的值过大难以进行数值处理,并且更换因变量单位对估计结果是没有影响的。新的 PPML 命令通常比旧版本更受欢迎,比如在需要考虑多维固定效应情形时,可以选择"PPMLHDFE"命令进行估计。

　　附图 8-8 给出了使用 PPML 命令估计的考虑固定效应的引力模型分析结果。需要注意的一点是,正如预期的那样,使用 PPML 估计的观测数明显多于使用 OLS 估计的观测数:6580>4184。这种差异说明数据集中存在大量的零观测值,由于在 OLS 估计中因变量是用对数表示的,很自然,这些观测值在 OLS 估计中被删除了;但在 PPML 估计中,因变量用的是自然数,因而所有观测值都可以被包括在内,避免了样本选择偏误所引发的估计偏差。同样值得注意的是,PPML 估计效果要优于 OLS 估计,前者的 R^2 为 0.87,而后者为 0.77。最后,在估计系数方面,两种估计方法有显著差异,特别是在 PPML 估计下的距离系数绝对值明显小于 OLS 估计;由于 PPML 估计能更好地处理异方差问题,显然,PPML 估计下的系数更符合预期。

```
38    * Poisson estimates of a fixed effects gravity model
39    quietly tabulate exporters, generate (exp_dum_)
40    quietly tabulate importers, generate (imp_dum_)
41    ppml trade ln_distance contig comlang_off colony comcol exp_dum_* imp_dum_*
⤶       if sector=="SER", cluster (dist)
```

Number of parameters: 405
Number of observations: 6580
Pseudo log-likelihood: -256224.74
R-squared: .86676832
Option strict is: off

(Std. err. adjusted for **3,357** clusters in dist)

trade	Coefficient	Robust std. err.	z	P>|z|	[95% conf. interval]	
ln_distance	-.55767	.0483891	-11.52	0.000	-.6525108	-.4628292
contig	.2205841	.1670074	1.32	0.187	-.1067443	.5479126
comlang_off	.4592715	.1174326	3.91	0.000	.229108	.6894351
colony	.1420645	.1153311	1.23	0.218	-.0839803	.3681094
comcol	-.5527961	.3745067	-1.48	0.140	-1.286816	.1812235
exp_dum_1	-2.046243	.7759107	-2.64	0.008	-3.567	-.5254857
exp_dum_2	-3.371437	.567183	-5.94	0.000	-4.483095	-2.259779
exp_dum_3	.423517	.4630347	0.91	0.360	-.4840144	1.331048

附图 8-8　使用 PPML 方法解决因变量零值问题

　　下面,展示如何运用 Heckman 样本选择模型进行估计(见附图 8-9)。如上文介绍,Heckman 样本选择模型的关键是选择一个排除变量,这里我们使用世界银行营商环境数据库提供的进口国(地区)与出口国(地区)的市场准入成本的乘积(ent_cost_both)作为排除变量,很明显,该变量影响贸易决策,但不会影响贸易量。

　　附图 8-9 所示,估计结果的上半部分展示的是结果方程——服务贸易出口额的估计结果;下半部分展示的是选择机制——是否进行服务贸易出口的估计结果,与预期一致,市场准入成本变量(ent_cost_both)的估计系数显著为负;最后一部分提供了结果方程和选择方程误差项相关关系的检验信息,如果两个方程的误差项相关,表明样本存在选择性偏差,此时采用 Heckman 样本选择模型估计是恰当的修正。两个方程误差项相关关系的检验由参数 rho 来反映,rho 在统计上显著并且绝对值越大(最大为 1),意味着样本选择偏差越严重,而如果 rho 等于 0,则意味着两个方程的误差项不存在相关关系,即样本数据不存在选择偏差,可以直接使用 OLS 进行估计。Stata 输出的最后一行是对 rho 等于零的零假设(null hypothesis)的检验,很明显,在本例中,rho 在 1% 的水平上显著不为 0,零假设被拒绝,意味着两个方程的误差项相关,即直接运用 OLS 估计会产生样本选择偏差,研究者应该根据 Heckman 样本选择模型来做出统计推断。

```
43    * Heckman estimates of a fixed effects gravity model
44    gen ent_cost_both=ent_cost_imp*ent_cost_exp
45    heckman ln_trade ln_distance contig comlang_off colony comcol i.exporters i
 ↳    .importers if sector=="SER", select (ln_distance contig comlang_off colony
 ↳    comcol ent_cost_both) robust cluster(dist)
```

```
Heckman selection model                      Number of obs    =      5,164
(regression model with sample selection)         Selected    =      3,483
                                              Nonselected     =      1,681

                                             Wald chi2(322)   =          .
Log pseudolikelihood = -8187.417             Prob > chi2      =          .
```

(Std. err. adjusted for **2,617** clusters in dist)

ln_trade	Coefficient	Robust std. err.	z	P>|z|	[95% conf. interval]	
ln_trade						
ln_distance	-.9165905	.0475422	-19.28	0.000	-1.009772	-.8234094
contig	.3189849	.2093127	1.52	0.128	-.0912606	.7292303
comlang_off	.3798945	.1031007	3.68	0.000	.1778208	.5819681
colony	.8682312	.1259985	6.89	0.000	.6212786	1.115184
comcol	.6412301	.2732677	2.35	0.019	.1056353	1.176825
select						
ln_distance	-.2946317	.0298658	-9.87	0.000	-.3531677	-.2360958
contig	.2692444	.2289095	1.18	0.240	-.1794099	.7178987
comlang_off	.1530888	.0908675	1.68	0.092	-.0250082	.3311859
colony	.6071693	.1364429	4.45	0.000	.3397461	.8745924
comcol	-.6887013	.1666877	-4.13	0.000	-1.015403	-.3619995
ent_cost_both	-.8668569	.2471834	-3.51	0.000	-1.351327	-.3823863
_cons	2.989825	.2591524	11.54	0.000	2.481896	3.497755
/athrho	-1.106352	.1283712	-8.62	0.000	-1.357955	-.8547491
/lnsigma	.2475226	.0346722	7.14	0.000	.1795663	.3154788
rho	-.8027691	.0456439			-.8759179	-.6935424
sigma	1.280848	.0444098			1.196698	1.370916
lambda	-1.028225	.0912609			-1.207094	-.8493573

Wald test of indep. eqns. (rho = 0): chi2(**1**) = **74.28**   Prob > chi2 = **0.0000**

附图 8-9 使用 Heckman 样本选择模型解决因变量零值问题